Willibald Beyschlag

Gehören die Jesuiten ins Deutsche Reich?

Ein Beitrag zur Tagesfrage

Willibald Beyschlag

Gehören die Jesuiten ins Deutsche Reich?
Ein Beitrag zur Tagesfrage

ISBN/EAN: 9783743650282

Hergestellt in Europa, USA, Kanada, Australien, Japan

Cover: Foto ©Suzi / pixelio.de

Weitere Bücher finden Sie auf **www.hansebooks.com**

Gehören die Jesuiten ins Deutsche Reich?

Ein Beitrag zur Tagesfrage.

Von

D. Willibald Beyschlag,

ord. Professor der Theologie an der Universität Halle-Wittenberg.

Durchgesehener Sonderabdruck aus dem „Deutschen Wochenblatte."

Berlin 1891.
Walther & Apolant's Verlagsbuchhandlung.

So wäre denn die Rückberufung der Jesuiten glücklich auf die deutsche Tagesordnung gesetzt. Selbstverständlich stand sie auf dem Programm der deutsch-redenden römischen Intransigenten schon längst; aber neuerdings sind die Wetterzeichen so günstige geworden, daß Meister Reineke seine Höhle verläßt, um uns — selbstverständlich unter dem Beifall des „deutschen Freisinns" — zu beweisen, daß die Freiheit, die Gerechtigkeit, die Parität, das Interesse der Frömmigkeit wie der Moral, das Interesse der socialen Frage insonderheit, kurz alles, was zum zeitlichen und ewigen Wohle Deutschlands gehört, die Rückberufung der Jesuiten und ihrer Geistesverwandten erheische.

Man begreift die Zuversicht, mit der dies Schauspiel aufgeführt werden kann. Seit Jahren wird das Jesuitengesetz in einer Weise gehandhabt, die an dem Ernste und Muthe der Regierungen Zweifel erwecken mußte. In den deutschen Schutzgebieten sind die frommen Väter bereits wieder zugelassen und haben sich den dortigen Reichsbehörden, die von dem Jesuitenspruch: „Wie Lämmer haben wir uns eingeschlichen, wie Wölfe haben wir regiert," nichts zu wissen scheinen, bestens empfohlen. Die gegenwärtige bairische Regierung, deren kirchenrechtliche und kirchenpolitische Principien sich bekanntlich nach ihren Budgetbedürfnissen richten, steht erklärtermaßen der Wiederzulassung der Redemptoristen, dieser eifrigsten Mitvertreter von Jesuitenbigotterie und Jesuitenmoral, „wohlwollend gegenüber";

sie scheint auch um derentwillen schon beim Bundesrath angeklopft zu haben. Und nun ist zu alledem die socialistische Aufregung gekommen. Nicht nur, daß das Fallenlassen des einen Ausnahmegesetzes das Fallenlassen des andern zu fordern scheint: man rechnet auch — und wie es scheint, bei manchen protestantischen Konservativen nicht ohne Grund — auf ein gewisses verzweifelte Bundesgenossenbedürfniß; man rechnet darauf, daß die durch die akute Krankheitserscheinung im Volke Erschreckten und Verwirrten nicht so genau zusehen werden, ob die ihnen dringlich empfohlene Arznei nicht vielleicht ein langsam tödtendes Gift ist.

Wir nun sind von Letzterem überzeugt, und darum ergreifen wir in zwölfter Stunde das Wort. Da nun unsere Ueberzeugung ebensowohl auf die Lehren der Geschichte, wie auf die Lebensbedingungen der deutschen Gegenwart sich gründet, und erst aus der Zusammenschau beider auf die Jesuitenfrage die richtige Antwort gegeben werden kann, so erscheint es nöthig, der Erörterung des Für und Wider in betreff der Rückberufung des Jesuitenordens eine geschichtliche Charakteristik desselben vorausgehen zu lassen. Das Unternehmen ist mißlich, indem es kaum möglich erscheint, eine so umfassende und umstrittene geschichtliche Erscheinung auf wenigen Blättern so zu kennzeichnen, daß das Urtheil sich als hinreichend begründet darstellt. Dennoch muß es gewagt werden, denn die betreffenden Thatsachen, wenn auch in einer Reihe gründlicher Schriftwerke hinlänglich dargelegt und nachgewiesen, sind dem heutigen gebildeten Deutschland lange nicht so bekannt, wie sie sein sollten.

I.

Ursprung des Ordens.

Gewiß gehört die „Gesellschaft Jesu" zu den denkwürdigsten Gebilden der neueren Geschichte und ihr Stifter zu deren gewaltigsten persönlichen Trägern. In seiner Schöpfung hat sich die Gegenströmung gegen die große deutsche Reformbewegung des 16. Jahrhunderts wie in nichts anderem zusammengefaßt und organisirt. Aber was ist es für ein Geist, welcher hier der weltbewegenden Geistesmacht deutscher Reformation sich entgegensetzt?

Zunächst ist es der spanisch-mittelalterliche Geist. Die Reformation ist eine eigenartige Großthat des deutschen Geistes, aus den Tiefen des deutschen Gemüths, Gedankens und Gewissens geboren; darum sie auch im germanischen Norden unüberwindlich und ihr Bekenntniß in Deutschland trotz alles gewaltsamen Abbruchs die eigentliche Volksreligion geblieben ist, aus der bis heute alle tieferen Antriebe des deutschen Geisteslebens entspringen. Aber auch in den romanischen Hauptländern, Frankreich und Italien, war sie nicht unvorbereitet; tiefgreifende Konflikte des Volkslebens mit der herrschenden Kirche hatten im späteren Mittelalter den unbedingten Glauben an dieselbe erschüttert und das Verlangen nach etwas Besserem geweckt. Anders lagen die Dinge in Spanien. Durch die entlegene iberische Halbinsel war im ganzen Mittelalter niemals eine tiefer greifende Entzweiung mit der Kirche gegangen; vielmehr, dies Volk war das ganze Mittelalter hindurch aufgegangen in den Kampf wider den Islam, der ein sinnlicher Kampf des Kreuzes wider dessen leibhafte Feinde war; — der Kreuzzugsstandpunkt, im übrigen Abendlande seit Jahrhunderten vergangen, war noch am Ausgang des Mittelalters der geistige Standpunkt Spaniens. Hier waren die Vorbedingungen vorhanden für eine in großen Maßstäben sich organisirende gegenreformatorische Bewegung, für einen Bund, der unberührt von allen kritischen Gedanken über Kirchenlehre und Kirchenpraxis, sich mit der Begeisterung eines vermeintlich geistlichen und dennoch fleischlichen Ritterthums für das bestehende Kirchenregiment, für das Papstthum in die Schranken werfen sollte. Die beiden Grundzüge, welche der spanische Geist — vielleicht gerade im jahrhundertelangen Ringen mit dem darin ähnlichen arabischen Geiste — mit einander ausgeprägt hat, die religiös-schwärmerische Glut, die im Fanatismus auflodert, und die weltklug berechnende, despotisch durchgreifende Verständigkeit, fanden sich in ungemeinem Maße in dem Urheber jenes Unternehmens beisammen.

Und nun ist dieser spanische Geist eben als religiöser zugleich ein durch und durch unevangelischer Geist. Man hat die Bekehrungsgeschichten Luthers und Loyola's, aus denen dort die Reformation, hier der Jesuitismus hervorgeht, oft mit einander verglichen; im Grunde sind sie das vollkommene Widerspiel. Aus tief innerlichen Gewissenskämpfen wird in Luther der Reformator geboren. Die Majestät des heiligen Gottes hat ihn durchschauert, und kein Trost und Rath der Kirche vermag das durchbohrende Gefühl jener „traurigen Blöße" von ihm zu nehmen, in welcher „der Mensch dasteht vor des Gesetzes Größe":*) erst in der persönlichen Liebe und Gnade dieses heiligen Gottes, wie sie ihm in Christo Jesu aufgeht, findet er Frieden; er wirft sich vertrauensvoll, glaubend in die Arme dieses gnädigen Gottes, und in diesen Armen findet er sich selbst; als freie sittliche Persönlichkeit geht er, ein neuer Mensch, aus seiner Lebenskrise hervor. Von dem Archimedespunkte aus, den er im persönlichen Erfahrungsglauben an die Liebe Gottes in Christo gefunden hat, hebt sich ihm das ganze mittelalterliche Lehr- und Zuchtsystem, in welchem die Kirche die Geister und Völker gefangen hält, aus den Angeln, und an die Stelle tritt ein freier Kindesgehorsam gegen den himmlischen Vater, ein freies Eindringen in die Quellschriften der ewigen Wahrheit, ein freier Zusammenschluß der Gläubigen zu einer Gemeinde des allgemeinen Priesterthums. Loyola's Kämpfe gehen nicht von den Nöthen eines vor Gott erschrockenen Gewissens aus, sondern von den Nöthen einer zwischen Erde und Himmel hin- und hergeworfenen Phantasie und eines für die weltliche Laufbahn gebrochenen, darum nun ein höheres Ziel des Ehrgeizes suchenden Thatendrangs. Der ihm von Kind auf vorgemalte katholische Himmel mit seinen menschenähnlich gefaßten drei Personen der Gottheit, mit seinen Heiligengestalten und seiner jungfräulich-mütterlichen Königin wird ihm überwältigend; aber die Wahrheit dieser Vorstellungswelt ist ihm ja nur verbürgt durch die sichtbare Kirche, die ihm im Papste gipfelt, und

---

*) Schiller, „das Ideal und das Leben."

so bleibt er in seinem neuen geistlichen Ritterthum dieser Kirche geistgebundener Knecht. Auch die Bußkämpfe, die er hernach durchmacht, münden nicht wie die ungleich tieferen und wahreren Luthers in eine grundlegende religiös-sittliche Erfahrung, sondern in entzückende Visionen und in eigenwillige Entschließungen.*) So reist hier einerseits der phantastisch-fanatische Schwärmer, andererseits der eisern willenskräftige kirchliche Condottiere, aber kein freies Gotteskind, kein evangelischer Christ. Dieser „Heilige" zeigt keine Spur lebendiger, persönlicher Gotteserkenntniß, auch gar keinen Trieb danach, keine Frage nach reinerer Wahrheit: prüfungslos setzt er die trüben Lehren der Kirche voraus und verbohrt sich in dieselben lediglich mit Phantasie und Ekstase. Aber auch von der praktischen Seite bleibt das evangelische Christenthum ihm fremd. Er kann sich sinnlich kasteien bis zum Uebermaß, aber davon, daß christliche Heiligung bestehe in der Herausbildung eines Gottesebenbildes, dessen Züge Liebe, Güte, Geduld, Sanftmuth, Wahrhaftigkeit sind, weiß er nichts. Er will im Dienste Gottes auf die Welt einwirken; aber davon, daß das Reich Gottes gebaut sein will in allen von Gott geordneten natürlich-menschlichen Verhältnissen, nur frei von innen heraus, davon hat er keine Ahnung, — ihm fällt das Bauen des Reiches Gottes zusammen mit dem Kriegsdienst für die Weltherrschaft der päpstlichen Kirche. Und die Mittel dieser seiner vermeintlich geistlichen Ritterschaft sind nicht geistlich, sondern im biblischen Sinne des Wortes fleischlich, — nicht Geist und Wort, Glauben und Liebe, sondern Enthusiasmus und Disciplin, List und Gewalt.

Demgemäß artet sich der Orden, den er in's Dasein ruft. Nach kurzem Umhertasten in den Spuren älterer

Eigenart.

---

*) Nach Döllinger's „Bellarmin" (S. 326) hat Ignatius gegen sein Lebensende dem Luis Gonzalez dictirt: seine großen Bußwerke habe er geübt, „nicht so sehr um für seine Sünden genugzuthun, als um Gott einen Gefallen zu thun" (ut deo gratificaretur). Auch gesteht er, daß, wann immer er von einem Heiligen Außerordentliches gelesen oder sonst erfahren, sein Ehrgeiz ihn gestachelt habe, noch entsprechend Größeres zu vollbringen.

Ordensstifter erkennt der aus wahlverwandten Genossen erwachsende Verband seine Bestimmung in einem kirchlichen Kriegsdienst, der sich dem Papst zur unbedingten Verfügung stellt. Er will kein Orden sein wie andere, keine Zuflucht weltmüder Seelen, die um ihr eigenes Heil fasten und beten, keine Heimath gelehrter Studien, die um ihrer selbst willen getrieben werden, auch kein Predigerorden zur Zurechtleitung des armen, unwissenden, in Ketzerei verfallenen Volkes — dafür gibt es ja Inquisition, — sondern eine Compagnie von Soldaten, welche die Feldzüge „Christi", d. h. des Papstes machen will. Sie legen die gewöhnlichen Mönchsgelübde ab, aber dazu ein viertes, das des unbedingten Papstgehorsams. Sie bleiben mit Mönchstracht und -askese verschont, um leichtfüßig in die Welt ziehen zu können, aber um so strenger ist die Zucht der geistlich-militärischen Subordination. Die anfänglichen Barmherzigkeitswerke, auch die Straßenpredigt, treten bald zurück, um einer entschiedenen Vorliebe für die höheren Stände Raum zu geben, durch die man die Welt regieren kann. Durch Predigt, Schulehalten, Beichtehören dieser höheren Stände Herr zu werden, bleibt die Hauptsache; ebenhierzu und aus keinem anderen Grunde werden Studien angestrengt und Wissenschaften gepflegt. Eine ungemein weltkluge Verfassung, die uns — je nachdem — Bewunderung oder Grauen abgewinnen kann, spannt alle Kräfte der Ordensgenossen zu möglichst allseitiger und einheitlicher Wirksamkeit im Dienste der Ordensidee an. Der Eintretende bricht mit seinen natürlichen Verhältnissen, gibt sein Vermögen weg, sieht Vater und Mutter, Bruder und Schwester als verstorben an, — er gehört nur noch dem Orden. Bis in's Innerste ist er demselben offenbar durch geregelte Selbstbekenntnisse und Ueberwachungen; man weiß genau, auf welchen Posten er paßt. In vier Stufen gliedert sich der Geheimbund: Novizen, Scholastiker d. h. den Studien Lebende, weltliche und geistliche Coadjutoren für die regelmäßigen Thätigkeiten des Ordens; endlich die Professen, die vollkommen Eingeweihten, auf denen die Erhaltung und Regierung des Ganzen beruht. An der Spitze ein auf Lebenszeit gewählter General mit monarchischer Ge-

walt, doch wieder an seine Assistenten und die Ordens=
congregationen gebunden und von ihnen kontrolirt. Diese
ganze Kerntruppe, zugleich enthusiasmirt und disciplinirt
wie nichts andres im Kampfe der Zeit, trägt sich dem
Papste in eben dem Moment an, als es um ihn am ge=
fährlichsten steht, als Deutschland so gut wie verloren er=
scheint und in Italien die evangelischen Anschauungen alle
Gebildeten ergreifen, ja bis in's Kardinalskollegium
bringen. Hic est digitus dei, ruft Papst Paul III. aus,
als er ihren Verfassungsentwurf liest. Er griff zu, und
nicht umsonst: von Stund an begann ein Umschwung der
Dinge, und wenigstens halb gelang es, das Blatt der
Weltgeschichte zu wenden.

Eine Geschichtschreibung, die sich in die Wolkenhöhe
angeblich reiner Wissenschaftlichkeit setzt, erhaben auch über
den Gegensatz des Guten und Bösen, mag an dieser Ent=
wickelung das gleiche intellektuelle Vergnügen haben wie
an der Entwickelung der Reformation. Wir, die wir vom
Jesuitismus wieder praktischen Gebrauch machen sollen,
werden wohlthun, uns auf einen praktischen Standpunkt
zu stellen; uns zu fragen, ob diese „Gesellschaft Jesu"
irgend ein sittliches Recht hatte auf den Namen, den sie
führte, ob sie sich als christlich=gut oder wenigstens als
menschlich=edel, als einen Segen der Menschheit bewährte,
oder ob sie als ein völliges Zerrbild des Christenthums,
als eine der schlimmsten Erscheinungen der Weltgeschichte
beurtheilt werden muß. Die Antwort wird sich uns er=
geben, wenn wir einmal die Religion, weiter die Moral,
endlich die Politik des Jesuitenordens ins Auge fassen.

Die Religion der Jesuiten. Ohne Zweifel hat es *Religion der Jesuiten.*
unter den Jesuiten zahlreiche aufrichtig religiösen Leute
gegeben, d. h. Menschen, die von dem Gefühl und Be=
wußtsein, daß über unserem Dasein eine höhere, übersinn=
liche und uns verpflichtende Macht walte, kräftig durch=
drungen waren. Aber Religiosität, an sich nur eine geistige
Naturmacht, ist doch nur dann eine himmlisch segnende und nicht

dämonisch verheerende Glut, wenn ein Strahl von Oben sie durchdringt und sie zu einem hellen Geisteslichte entzündet, in welchem Wahrheit und Täuschung des religiösen Gefühls sich scheiden können: erst die erkannte Wahrheit aus Gott, sagt Christus (Joh. 8, 31), kann uns sittlich befreien. Die Religiosität der Jesuiten dagegen hat keinen Wahrheitstrieb, und darum enthält auch die Religion der Jesuiten kein Licht der Erkenntniß; es gibt nicht leicht eine Richtung in der ganzen Kirchengeschichte, der die Frage nach der Wahrheit des Ueberlieferten, der Trieb nach lebendiger religiöser Erkenntniß, das Bedürfniß zwischen Glauben und Aberglauben zu scheiden so gänzlich fehlte wie dieser. Natürlich haben sie, um Geistliche zu werden, Theologie treiben müssen; aber kein geistiger Lebenshauch geht durch ihre Theologie; sie wiederholen nur die dürre Scholastik eines Thomas von Aquin, und wo sie von demselben abweichen, wie in ihrer Marienvergötterung und Moralverkehrung, da ist es am wenigsten der religiöse Erkenntnißtrieb, der sie leitet. Aber auch in ihren Schulanstalten spielt, ganz gegen Erwarten, der Religionsunterricht eine sehr untergeordnete Rolle. Der Religionsunterricht, aber nicht die Religionsübung, die überreich vertreten ist. Denn die jesuitische Religion — das löst uns das Räthsel — ist eben keine solche, die gelehrt und gelernt, dem erkennenden Geiste vom erkennenden Geiste dargeboten, sondern die eingeübt, die — um ihren eigenen Ausdruck zu gebrauchen — einexercirt wird. Tritt der Novize in den Orden ein, dann empfangen ihn jene „Exercitien", welche in unseren Tagen auch der Weltgeistlichkeit zu deren Jesuitisirung dargeboten zu werden pflegen, eine an die antiken Mysterien erinnernde, von Loyola selbst ausgesonnene Mystagogie, durch welche der Aufzunehmende zum Nacherleben der wunderbaren Erlebnisse des Ordensstifters gebracht werden soll. In weltabgeschiedener Einsamkeit, in stundenplanmäßiger Reihenfolge werden unter der Leitung eines Exercitienmeisters, dem man seine Seele rückhaltlos zu unterwerfen hat, dreißig Tage hindurch Betrachtungen, Gebete, Beichtgespräche vorgenommen und die mittelalterlichen Vorstellungen von Sünde und

Verdammniß, vom Heilsrathschluß, vom Leiden Christi und von seiner Auferstehungsherrlichkeit gefühls- und phantasiemäßig durchwandert. Sinnliche Mittel, Wachen und Fasten, entsprechende Verfinsterung und Erleuchtung der Zelle, der Anblick von Todtengebeinen und wiederum von Blumenflor u. s. w. werden zu Hülfe genommen, um die Meditation zur Exaltation, womöglich zur Hallucination zu steigern; mit allen fünf Sinnen soll, nach den eigenen Worten der Anweisung, der Neophyt Hölle und Himmel wahrzunehmen glauben, während doch alles nur künstliches Machwerk, nur Betrug der Nerven ist. An wem diese Einübungen der katholischen „Religion" abgleiten, der ist für den Orden unbrauchbar; wen sie übermeistern, der geht aus ihnen hervor nicht als ein im biblischen Sinne sittlich neugeborener, wohl aber als ein geistig vergewaltigter und verschrobener Mensch, der zu der übersinnlichen Welt nicht in einem Verhältniß vernünftiger Erkenntniß und sittlicher Erfahrung steht, sondern in einem Verhältniß trügerischer Sinneswahrnehmung und phantastischer Schwärmerei, aus dem als Trieb der Bethätigung in der Welt nur der Fanatismus zu entspringen vermag. Man begreift nach dieser religiösen Grundlegung, daß im Jesuitenorden allerdings eine religiöse Fruchtbarkeit waltet, aber nur in der Richtung des Aberglaubens. Die von dem Geleite der Vernunft und des Gewissens abgedrängte und lediglich dem Gefühl und der Phantasie überantwortete Religiosität hat jedes Unterscheidungsvermögen zwischen Gotteswürdigem und Abgeschmacktem verloren; daher die jesuitische Ueberlieferung von den unsinnigsten und lächerlichsten Wundergeschichten wimmelt; sie bedarf und erzeugt sich fortwährend neue, ihrer eigenen Erzeugungsweise gleichartige Nahrung. Die Marienvergötterung, die Anbetung des „Herzens" d. h. leiblichen Herzmuskels Jesu, der unsägliche Ablaßunfug, das Rosenkranz-, Skapulier-, Wunderquellwesen und aller der bodenlose Aberglaube, der immer mehr die thatsächliche Religion des katholischen Volkes zu werden droht, kommt größtentheils auf Rechnung der Jesuiten.

Freilich, mit einer bloßen Phantasiereligion erobert und beherrscht man die Welt nicht. Es muß zum schwärmerischen Prinzip ein willenhaftes hinzukommen, das die exaltirten Seelenkräfte in eine bestimmte praktische Richtung treibt. Die andere, praktische Seite der Jesuitenreligion ist die religiöse Verpflichtung zu blindem Ordensgehorsam. Derselbe entspringt nach dem Willen des Stifters aus jener phantastischen Religionseinübung, welche nach seiner wörtlichen Erklärung dahin führen soll, daß der Zögling was sein Auge weiß sieht, schwarz nenne, wenn es der Kirche beliebt. Die Kirche ist die sichtbare Vertretung jener übersinnlichen Welt, und wie sie sich dem Orden als Ganzem im Papste darstellt, dem er unbedingten Gehorsam gelobt, so dem einzelnen Ordensgliede in seinem Vorgesetzten, schließlich im Ordensgeneral, von dem die Constitutionen der Gesellschaft wohl fünfhundertmal betonen, daß man in ihm Christum selbst zu erblicken habe. Daß ein Gehorsam, der für „Christum" in Anspruch genommen wird, ein Stück Religion sei, wird keines Beweises bedürfen; er ist es aber auch vermöge seiner Ausdehnung auf ein Gebiet, das nur Gott angehört, auf das Gebiet der innersten Persönlichkeit. Von dem Ordensmitgliede wird verlangt, daß es „in der Nachfolge Christi Gedächtniß, Freiheit, Verstand und jeglichen Willen opfere und nur die Liebe Gottes behalte." Das ist mehr, als Gott und Christus verlangen, denn die Liebe Gottes und Nachfolge Christi will nicht ohne Verstand und Willen, sondern mit Vernunft und Freiheit geübt sein; aber die „Kirche" und der Orden, die sich hier an Gottes und Christi Stelle setzen, verlangen eben ein Anderes. „Mögen die übrigen religiösen Genossenschaften,' sagt Loyola, uns durch Fasten, Nachtwachen und andere Strengheiten in Nahrung und Kleidung übertreffen; — durch wahren und vollkommenen Gehorsam, durch Verzichtleistung auf Willen und Urtheil müssen unsre Brüder hervorleuchten". Der Gehorsam im Werk — so wird ausdrücklich gelehrt — ist unvollkommen; vollkommner der im Willen; „aber wer sich Gotte ganz opfern will, der muß mit dem Willen auch den Intellekt darbringen; der muß nicht nur dasselbe wollen, sondern auch denken wie sein Vorgesetzter; er muß alles, was dieser gebietet und denkt, auch für recht und wahr halten." Und wiederum:

„Diejenigen, welche unter dem Gehorsam leben, müssen sich von der göttlichen Vorsehung durch Vermittelung ihrer Vorgesetzten ebenso bewegen und regieren lassen, wie wenn sie ein Leichnam wären, den man in jede beliebige Lage bringen und auf jede beliebige Art behandeln kann". Perinde ac si cadaver essent! Es gibt eine noch furcht=
barere Stelle, in der geradezu auch eine Verpflichtung zur Sünde ausgesprochen erscheint, falls der Obere „um großen Nutzens willen" dieselbe im Namen Christi oder in Kraft der Verpflichtung zum Gehorsam befehle*). Doch wird diese Stelle von Manchen in einem unschuldigen Sinne ge=
deutet, und zuweilen ist bei den Gehorsamseinschärfungen der Vorbehalt „Wenn es sich nicht um eine offenbare Sünde handelt" gemacht. Nur ist nicht einzusehen, wie der Befehl des Oberen für denjenigen noch eine offenbare Sünde enthalten könne, der grundsätzlich auf das eigene Urtheil verzichtet und alles, was ihm der Obere sagt, „für wahr und recht zu halten" sich verpflichtet hat.

Aus den bisherigen Ausführungen erhellt, welches Ver=
hältniß die Jesuitenreligion zur Moral hat und allein haben kann. Es ist das göttliche Wahrheitssiegel des Christenthums, daß in ihm aus dem religiösen Leben das sittliche mit innerer Nothwendigkeit abfolgt; daß aus dem Glauben, den es predigt, die Liebe Gottes und des Nächsten, das voll=
kommenste sittliche Princip, wie von selbst hervorgeht. Mit der Jesuitenreligion ist es anders; sie ist sittlich un=
fruchtbar, wenn nichts schlimmeres. Es liegt das im Wesen des Aberglaubens, der Phantasiereligion. Der biblische Heiland zieht seinen Jünger sich nach, daß er durch ihn der Sünde absterbe und zu einem neuen Leben der Ge=
rechtigkeit auferstehe: die Jungfrau Maria, wie Jesuiten und Liguorianer sie als die Leichtmacherin dessen, was Christus schwer gemacht, preisen, ist schon zufrieden, wenn man ihr den Rosenkranz abplappert und fünfhundert=
mal an einem Tage Ave=Maria zuruft**). Der Gott des

---

*) Die Stelle ist angeführt und erörtert in J. Jacobi's drei Vorträgen über die Jesuiten (Halle 1862) S. 17.
**) S. Huber, der Jesuitenorden, Berlin 1873; S. 324 ff.

Evangeliums fordert und schafft im Menschen ein reines
Herz und einen neuen und gewissen Geist; der Gott der
Jesuiten begnügt sich damit, daß der Mensch parire, beichte,
zur Messe gehe, oder daß er auch nur bis an seinen Tod
ein Marienbild am Hut oder auf der Brust trage; dann
wird er, auch wenn er bis ans Ende in Sünden und
Schanden gelebt, nach den Versicherungen der Jesuiten jeden=
falls selig*). Was andererseits den Cadavergehorsam
angeht, den der Orden seinen Mitgliedern auferlegt, so ist
er allerdings ein aus der Jesuitenreligion entspringendes
und in den Bereich des Moralischen fallendes Princip,
aber ein positiv=unsittliches; denn in diesem Cadavergehor=
sam gibt der Mensch preis, was er um Gottes willen, wenn
er vor ihm sittlich handeln will, nicht preisgeben darf, die
persönliche sittliche Selbstverantwortung, sein Gewissen. —
Nun würden wir allerdings den Jesuiten Unrecht thun,
wenn wir aus alledem folgern wollten, es herrsche bei
ihnen grundsätzlich keine Moralität: sie sind ja Glieder der
römisch=katholischen Kirche, denen die zehn Gebote in ihrem
Wortverstand von Kind auf eingeprägt sind, und jener
Cadavergehorsam soll ja im Allgemeinen der Befolgung
dieser Gebote nichts abbrechen. Auf Grund derselben haben
die Jesuiten in manchem Betracht bessere Zucht unter sich
gehalten als andere Orden, wenigstens in ihrem ersten,
noch von einem Schwung der Begeisterung getragenen
Jahrhundert. Daß ihnen dennoch der Geist specifisch christ=
licher Sittlichkeit im Großen und Ganzen fremd geblieben
ist — wir reden natürlich nicht von Einzelnen, die
wahre Christen blieben oder wurden trotz des Ordens,
sondern von dem Ordensgeiste, wie er sich als Gesammt=
charakter geschichtlich ausgeprägt hat — ist gleichwohl
nicht zu verkennen; es springt in die Augen vor allem in
ihrem Verhältniß zu den christlichen Grundgedanken der
Wahrheit und der Liebe. Wahrheit und Liebe sind dem
Neuen Testament die großen Grundzüge des göttlichen
Wesens; an der Wahrheitsliebe und an der Liebeswahrheit
vor allem soll das Gotteskind erkannt werden; — keine

---

*) Huber a. a. O., S. 325.

von beiden Tugenden ist jesuitisch. Die erstere angehend, so ist wohl in der ganzen Kirchengeschichte nicht so viel „in majorem dei gloriam" gefälscht und gelogen worden, wie von den Jesuiten. Den Pseudoisidor, dessen Unechtheit bereits erkannt war, vertheidigten sie, weil er ihren Tendenzen entsprach; die Honoriusgeschichte, weil sie ihre Lieblingsmeinung von der päpstlichen Unfehlbarkeit aktenmäßig vernichtete, erklärten sie für eine Fälschung der Akten. Ein Jesuit hat die Stelle 2 Kor. 13, 10 „die Gewalt, die uns Gott gegeben hat zur Erbauung und nicht zur Verstörung", angeführt mit Weglassung des „nicht", um so eine biblische Beweisstelle zu haben, daß dem Papst eine Gewalt von Gott gegeben sei auch zum Zerstören.*) Im jansenistischen Streite lasen Jesuiten dem Papst Clemens VIII. Beweisstellen aus Augustin vor, die sie selbst erst hineingefälscht hatten: man holte des Papstes eigenes Exemplar, in dem nichts dergleichen stand, und mit einem „Versuchet ihr so die Kirche Gottes zu betrügen?" donnerte der Papst den Fälscher nieder.**) Aber wer könnte die hundert und hundert ähnlichen Züge aus der Jesuitengeschichte aufzählen? Ueberall, wo sie in Verlegenheit kamen, oder der Vortheil des Ordens es zu erheischen schien, waren sie mit Lüge und Betrug sofort bei der Hand. Und schon Ignatius selbst, der nach seinem Ausspruch „auserlesene Klugheit mit geringer Heiligkeit einer geringeren Klugheit mit größerer Heiligkeit" vorzog,***) soll in diesem Stück nicht sauber gewesen sein. — Was die christliche Liebe angeht, so ist sie sowohl als besondere Bruderliebe wie als allgemeine Menschenliebe dem Charakter des Jesuitenordens fremd. Wer in einem so engen Verbande, wie der Orden ist, brüderliche Liebe, Offenheit, Zutrauen, Freundschaft suchen würde, fände sich seltsam enttäuscht. Nicht auf solche Mächte, wie sie Jesus in seinem Jüngerkreise aufgerufen hat, sondern auf Mißtrauen, Heimtückerei, Spionage ist die „Gesellschaft Jesu" erbaut. Freundschaften werden nicht

---

*) Huber a. a. O. S. 236.
**) Huber a. a. O. S. 282.
***) Huber a. a. O. S. 11.

geduldet; jeder hat seinen Aufpasser, der über ihn Geheim=
berichte gibt; Ordensmitglieder, die man nicht brauchen
kann, stößt man aus, behält aber ihr eingezahltes Ver=
mögen zurück, und noch schlimmere Beseitigungen deutet
ein hervorragendes Glied der Gesellschaft, Mariana, an.*)
Von allgemeiner Menschenliebe aber, von Barmherzigkeit
mit Verirrten und Verlorenen nach Jesu Beispiel ist die
Theorie und Praxis der Jesuiten in betreff der Inquisition
das ärgste Widerspiel. „Der Ketzer, diktirt ein Jesuit, ist
bürgerlich ehrlos, und wird, wenn er unbußfertig bleibt,
mit dem Tode bestraft; seine Güter, auch wenn sie Majorate
sind, werden konfiscirt; auch über seine Kinder, außer
wenn sie ihre Eltern selbst anzeigen, werden Strafen ver=
hängt." „Schwangere Frauen, heißt es im gleichen Zu=
sammenhang, können gefoltert werden bis zum vierzigsten
Tage vor ihrer Entbindung;" es ist auch „probabel", daß
ein rückfälliger Ketzer, nachdem man ihm Straflosigkeit ver=
sprochen, um ihn zum Geständniß zu bringen, doch noch
bestraft werden muß. „Es ist gewiß, lehrt ein Anderer,
daß Heiden aus einer Gegend vertrieben werden dürfen,
wo sie friedlich als Unterthanen eines christlichen Fürsten
lebten, allein deßhalb, weil sie Ungläubige sind."**) Mit
welcher herzlosen Grausamkeit die Jesuiten als Anschürer
und Helfershelfer der Inquisition nach diesen Grundsätzen
verfahren sind, davon hat die Geschichte tausend und
tausend Beispiele zu erzählen: wo aber findet sich ein einziges,
da ein Jesuit in solchem Falle sich des Heilandswortes
erinnert hätte: „Wisset ihr nicht, weß Geistes Kinder ihr
seid; des Menschen Sohn ist gekommen, der Menschen
Seelen zu retten und nicht zu verderben?" —

---

*) Vgl. die Geständnisse des Jesuiten Mariana, Huber a. a. O.
S. 84—85 und S. 57.
**) Vgl. Huber a. a. O. S. 273—275.

Es kann bei einer solchen Stellung zum sittlichen Christenthum befremden, daß die Jesuiten sich gleichwohl als Schriftsteller mit der Moraltheologie mehr abgegeben haben, als mit irgend sonst einem theologischen Gebiet. Aber sie haben das nicht gethan aus sittlichem Ernst und Eifer; nicht einmal aus wissenschaftlichem, sondern um des Beichtstuhls willen, um welchen als einen Hauptstützpunkt weltbeherrschenden Einflusses sie sich aus allen Kräften bemühten. Ihre Morallehre ist denn auch eine solche, daß man von ihnen nicht einmal sagen kann, wie Jesus von den Pharisäern: „Thuet nach ihren Worten, und nicht nach ihren Werken"; vielmehr tritt hier ihr gänzliches Unberührtsein vom sittlichen Geiste des Christenthums erst recht heraus. Das Christenthum führt alle wahre Sittlichkeit — mit Kant zu reden — auf einen wahrhaft guten Willen zurück, auf die rechte Gesinnung, die Liebe Gottes, die jedem sittlichen Einzelakt erst seine Weihe und Seele geben muß, damit er gut sei. Der Jesuitismus dagegen behandelt die ganze Sittenlehre „casuistisch", d. h. er isolirt nicht nur die einzelnen Gebote Gottes, sondern auch deren einzelne Anwendungs- und Uebertretungsfälle, und löst sie so von der Frage nach der einheitlichen, Herz und Nieren prüfenden Grundforderung Gottes völlig ab. Allerdings haben die Jesuiten diese casuistische Behandlung der Moral nicht zuerst erfunden, ebensowenig wie den damit zusammenhängenden sogleich zu erwähnenden „Probabilismus": aber sie haben diese Moralbehandlung in ihre äußersten unchristlichen und frivolen Folgerungen durchgeführt. Um der Sündenvergebung und des Sakramentsempfanges würdig zu sein, lehren sie z. B., bedürfe es nicht jenes Leidtragens der Buße, das sich nach Wiederversöhnung mit Gott zurücksehnt, der „contritio", sondern nur der „attritio", d. h. jener natürlichen Reue, die ohne Gottesliebe aus den peinlichen Folgen der Sünde oder aus Furcht der Strafe entsteht. Aber ist denn ohne Liebe zu Gott überhaupt ein Christenstand, eine Heiligung, ein Seligwerden möglich? Man traut seinen Augen nicht, wenn man die Antworten der Jesuiten auf diese Frage liest, denn sie sind ein wahrer Hohn auf den Grundgedanken biblischer Religion und

Moral der Jesuiten.

Sittlichkeit. Nach dem Einen „genügt es, Gott zu lieben am Ende des Lebens", nach dem Andern: „bei der Taufe oder an Festtagen". Hurtado entscheidet: „alle Jahre einmal", Coninch: „alle drei bis vier Jahre; Filiutius aber findet es „wahrscheinlich, daß man nicht so strenge und genau alle fünf Jahre dazu verurtheilt" sei*).

Die jesuitischen Moralisten gehen noch weiter; sie wissen den Menschen nicht nur die Vergebung, sondern auch die Begehung der Sünden zu erleichtern. Es geschieht dies durch die schändlichen Theorieen einerseits des Probabilismus, andererseits der reservatio mentalis, Amphibologie und „Lenkung der Absicht". Der Probabilismus, d. h. die Lehre, daß eine sittlich zweifelhafte Ansicht und Handlung, obwohl das persönliche Gewissen über sie nicht im Reinen ist, gleichwohl gewagt werden dürfe, wenn sie nur „probabel" sei, d. h. wenn sie nur etwas für sich habe, nämlich die Autorität etlicher moraltheologischen Lehrer, vielleicht nur eines einzigen Jesuiten, — diese Lehre führt die Tendenz, den Menschen von seiner Selbstverantwortung vor Gott abzuziehen und ihn der Autorität eines Beichtvaters auszuliefern, mit der ganzen Schlauheit des Versuchers auf die Spitze. Denn der sittlich-schwankende Mensch wird eine solche Autorität nicht suchen, weil sie strenger, sondern weil sie laxer ist als sein eigenes Gewissen, und so wird er auf diese Weise geradezu verführt, wider sein Gewissen zu handeln und Sünde zu thun. Damit aber die Menschen, insonderheit die Leute der vornehmen Welt ihre beichtväterliche Autorität jeder andern vorziehen möchten, bemühten sich die Jesuiten, die „gütigsten" Beichtväter zu sein, d. h. die laxesten Moralgrundsätze aufzustellen, und das wird eben durch die genannten weiteren Kunstgriffe erreicht. Reservatio mentalis und Amphibologie: man kann versichern, was nicht wahr ist, beschwören, was man nicht halten will, wenn man nur seinen Worten in Gedanken etwas hinzusetzt, was die Behauptung aufhebt, die Versicherung illusorisch macht, oder wenn man sich eines Ausdruckes bedient, dem man bei sich selbst einen

---

*) Huber a. a. O., S. 288.

andern Sinn beilegt, als in dem der Andere ihn nimmt. „Lenkung der Absicht": man kann so ziemlich jede Sünde begehen (natürlich ausgenommen die der Ketzerei), ohne daß eine Todsünde daraus entsteht, wenn man nur bei der Begehung seine Absicht nicht auf das Sündige der Handlung als solches lenkt, sondern auf eine an sich erlaubte Seite derselben; wenn man nur die sündige Handlung vor sich selber unter einen moralischen Gesichtspunkt zu stellen versteht. Die konkreten Anwendungen, welche die Jesuiten selbst in ihren Schriften diesen niederträchtigen Grundsätzen gegeben haben, liegen in Pascals unsterblichen Lettres provinciales, in Johannes Hubers Schrift „der Jesuitenorden", in Döllinger-Reusch's klassischem Werke „die Moralstreitigkeiten in der römisch-katholischen Kirche" und ähnlichen vollkommen zuverlässigen Werken in reicher Auswahl, und zwar im Wortlaut und mit Angabe von Band und Seite der Quellschrift vor*): wir beschränken uns hier auf einige wenigen Beispiele. Ein Versprechen bindet dich nicht, wenn du nicht die Absicht hattest, dich zu verpflichten. — Ein Kaufmann ist nicht verpflichtet, zuviel empfangenes Geld, das er unter das seinige gemischt hat, dem unvorsichtigen Kunden auf dessen Verlangen herauszugeben. — Ein Bankerottirer kann mit gutem Gewissen von seinen Gütern so viel zurückbehalten, als er bedarf, um mit seiner Familie anständig zu leben. — Uneheliche Kinder darf man, wenn man den Vater nicht kennt, aussetzen, falls dies erforderlich ist, um ein Verbrechen zu verheimlichen oder einer großen Schande zu entgehen. — Ein begangenes Verbrechen braucht man dem Richter nicht zu offenbaren, wenn einem dadurch beträchtiger Schaden erwächst; man kann geradezu leugnen, es begangen zu haben, indem man hinzudenkt: „im Gefängniß". — Ein Eheversprechen kann abgeschworen werden, wenn man dabei denkt, daß man es nicht gemacht habe, um dadurch gebunden zu sein. — Wer weiß, daß wegen eines von ihm begangenen Mordes ein Anderer im Gefängniß sitzt, ist nicht verpflichtet, mit eigener Lebens-

---

*) Die wenigen Ungenauigkeiten, die man Pascal lange nach seinem Tode nachgewiesen hat, sind ganz untergeordneter Natur.

gefahr sich anzugeben. — Eine Ehebrecherin, von ihrem Manne bedroht, kann, um der Lebensgefahr zu entgehen, sagen: „Ich habe keinen Ehebruch begangen", indem sie hinzudenkt: „den ich dir eingestehen möchte", oder sie kann sagen non violavi fidem, indem sie fides im Sinne von „Glauben" und nicht von „Treue" nimmt, oder sie darf das Wort „Ehebruch" in dem metaphorischen Sinne nehmen, in welchem es, so oft in der Bibel vorkommt, im Sinne von Abgötterei. — „Wenn sich jemand an dem fleischlichen Verkehr mit einer verheiratheten Frau erfreut, nicht weil sie verheirathet, sondern weil sie schön ist, indem er absieht von dem Umstand der Ehe, so involvirt nach mehreren Autoritäten diese Ergötzung nicht die Sünde des Ehebruchs."*) — Nach dem Jesuiten Lessius ist es „probabel", daß man einen Menschen, der uns bei Fürsten und Richtern fälschlich anklagt, zur Wahrung des guten Rufes heimlich tödten darf. Namentlich einem Kleriker oder Ordensmann, sagt der Jesuit Amicus, wird es erlaubt sein, einen Menschen, welcher droht, ihm oder seinem Orden schwere Verbrechen verleumderisch nachzusagen, zu tödten, wenn eine andere Art der Abwehr nicht möglich ist. Aus dieser Resolution des Amicus haben Jesuiten und Jesuitenschüler die Folgerung gezogen, „es sei eine probable Meinung, der ein Mönch folgen könne, daß er die feile Dirne, mit der er sich vergangen, tödten dürfe, damit sie ihn nicht in Verruf bringe", und in unserem Jahrhundert hat, wie der Kriminalist Feuerbach in seiner „Aktenmäßigen Darstellung merkwürdiger Verbrechen" berichtet, der jesuitisch geschulte Pfarrer Franz Salesius Riembauer nach dieser „doctrina probabilis" auch gehandelt**).

Es geht nicht an, solche und unzählige ähnlichen Schändlichkeiten lediglich auf Rechnung einzelner Autoren

---

*) So wörtlich nach Huber (S. 293) aus einem 1834 in Freyburg in der Schweiz erschienenen und bald darauf im Straßburger Priesterseminar eingeführten Moralkompendium, mit dem interessanten Zusatz: „diese Ansicht wird auch von Liguori (dem heiliggesprochenen Stifter der Redemptoristen) sehr probabel genannt.
**) Die Nachweise bei Huber a. a. O.. S. 300 f. Döllinger-Reusch, I. S. 445.

zu setzen. Alle diese „Moralschriften" sind veröffentlicht, wie auf ihren Titelblättern zu lesen, cum permissu superiorum, und die strenge Kontrole, der im Orden alles Thun und Lassen des Einzelnen unterliegt, schließt die Annahme gänzlich aus, sie seien vor ihrer Veröffentlichung von den Oberen nicht gelesen worden. Noch weniger kann die Ausflucht gelten, diese casuistischen Entscheidungen seien müßige Spiele eines verstiegenen Scharfsinnes ohne praktische Tendenz. Gewiß ist verstiegene Dialektik oder Sophistik genug in diesen casuistischen Handbüchern; aber die Tendenz ist eine durchaus praktische: sie wollen Beichtväter bilden und Beichtkinder anziehen; so sind diese Bücher auch verstanden worden, und so haben sie praktisch gewirkt. „Die Sünden werden jetzt viel einfacher getilgt, als sie ehedem begangen wurden", ruft die jesuitische Imago primi saeculi prahlend aus, und den Pater Bauny, dessen Schriften den Seligkeitsweg möglichst breit machten, nannte das frivole Witzwort der Zeit Ecce agnus dei, qui tollit peccata mundi. Einer der laxesten jesuitischen Moralisten, der Pater Lemoine, präsentirte dem eleganten Frankreich seine Doctrinen unter dem Titel „die bequeme Frömmigkeit" (la dévotion aisée 1652) und jenen Père la Chaise, der als Beichtvater Louis XIV. zur Aufhebung des Edikts von Nantes so wirksam gewesen ist, nannte die Montespan mit einem unübersetzbaren Witze une chaise de commodité. Und nun hat es jenen schändlichen Moraldoctrinen an schärfster und nachhaltigster Kritik seitens der ernsteren Zeit- und Glaubensgenossen keineswegs gefehlt, so daß, wenn der Orden dieselben hätte mißbilligen und als etwas Fremdes von sich abweisen wollen, er dazu Anlaß genug gehabt hätte. Seit Pascals durchbohrender Streitschrift ging ein Sturm der Entrüstung über die Jesuitenmoral durch den besseren Theil der katholischen Kirche; die Sorbonne verdammte manchen Jesuitensatz und manche Jesuitenschrift; auch die besseren Päpste fühlten sich je und dann gedrungen, gegen gewisse schändlichen und gefährlichen Lehren einzuschreiten: die Jesuiten duckten dann für den Augenblick, sie versuchten es mit dem si fecisti, nega, und bei nächster Gelegenheit zeigten sie, daß sie die Alten waren. Nur einmal ist im Orden selbst ein ernstlicher Versuch gemacht worden, der frivolen Morallehre zu steuern; er ging aus von dem auf Empfehlung eines ernstdenkenden Papstes 1687 zum General gewählten Thyrsus Gonzalez, einem Manne, dessen tragischen Lebenskampf das große Werk von Döllinger-Reusch erst unlängst ans Licht gestellt hat*). Er scheiterte völlig. Sein erstes Buch wider den Probabilismus wurde auf Betrieb der Ordensgenossen unterdrückt, das zweite von den Censoren so verändert, daß es mehr für als gegen sie redete. Kaum entging der reformgesinnte General der Absetzung; er wurde kaltgestellt, indem man ihm wegen angeblicher Kränklichkeit einen Generalvicar setzte, der die Zügel statt seiner in die Hand nahm. So siegte der Probabilismus mit allen seinen abscheulichen Folgerungen und blüht auch in dem in unserem Jahrhundert wieder hergestellten Orden weiter, wie das vielverbreitete, auch in deutschen Priesterseminarien gebrauchte Handbuch von Gury beweist. Ja, es gelang der Jesuitenmoral im neunzehnten Jahrhundert, selbst den Widerspruch des Papstthums für die Zukunft unmöglich zu machen: mittelst der Erhebung des Alphons von Liguori zum Heiligen und zum Doctor ecclesiae. Dieser Stifter des Redemptoristenordens, dessen Leben gerade in die Zeit der vorübergehenden Aufhebung des Jesuitenordens fällt, ist sowohl was Marienvergötterung, als was Moralverderb angeht, getreulich in dessen Fußstapfen getreten, so daß das bei seiner Heiligsprechung gefällte Urtheil, daß in seinen Schriften nihil censura dignum zu finden sei, eine ungemeine, von den Jesuiten bejubelte Tragweite erhält. Er ist, wie das Döllinger-Reusch'sche Werk eingehend nachweist und die Jesuiten selbst bestätigen, durchaus Probabilist, und kleiner spitzfindiger Unterschiede ungeachtet ein solcher, der in die frivolen Folgerungen dieses jesuitischen Princips vollständig mitgeht. „Ist der Verführer eines Mädchens, nachdem er ihm, ohne daß es ihm Ernst war, die Ehe versprochen hat, auch dann verpflichtet, sein Versprechen zu halten, wenn er bedeutend vornehmer und reicher ist

---

*) Döllinger-Reusch, Moralstreitigkeiten p. p., I. S. 120—272.

als das Mädchen, und dieses den Standesunterschied gekannt hat?" Liguori entscheidet: „Sehr probabel antworten viele mit Nein; der Mann ist auch dann nicht verpflichtet das Versprechen zu halten, wenn er es beschworen hat; denn ein Eid verpflichtet nur nach der Absicht des Schwörenden."*) Oder: „die Braut, die sich mit einem Anderen eingelassen hat, kann nach Liguori, auch wenn sie von ihrem Bräutigam gefragt wird, dissimuliren und mit einer restrictio non pure mentalis leugnen, indem sie antwortet, sie habe ihre Jungfräulichkeit nicht verloren, und hinzudenkt: Nach der allgemeinen Annahme, oder so, daß ich es gestehen müßte."**) Welcher ehrenhafte Deutsche möchte nicht ein Pfui ausrufen vor solchen Moralgrundsätzen des modernen päpstlichen „Heiligen"? .... Gleichwohl, — die bairische Regierung steht, nach ihrer wiederholten Erklärung im Landtag, der Wiederzulassung der Jünger desselben zu aushülflicher Seelsorge im bairischen Volke „wohlwollend gegenüber". —

Ueber alledem gibt es in der jesuitischen Moralliteratur einen noch dunkleren Punkt, den einige der angeführten Beispiele nur eben errathen lassen; das ist ihre Behandlung des sechsten Gebotes. Man wird es verstehen, wenn wir denselben hier nur streifen und auf alle Belege verzichten. Die Jesuiten haben sich von thätlichen Verstößen gegen das sechste Gebot im Ganzen vielleicht freier gehalten als andere Orden: dagegen haben sie sich mit den bei ihnen besonders ausgebildeten Seelenkräften, der üppigen Phantasie und dem zergliedernden Verstand, in die Materie des sechsten Gebotes auf eine nach dem Urtheil der Kundigen grauenhafte Weise verbohrt. Nach ihrer casuistischen Manier haben sie alle möglichen Erscheinungen und Verirrungen des Geschlechtslebens sich ausgemalt und in ihren Moralhandbüchern und Beichtanweisungen schamlos erörtert. Vornehmlich ausgezeichnet hat sich in diesem Kapitel der Jesuit Moja, der die Sodomie für eine leichtere Sünde hält als die Entwendung von dreißig Realen, und

---

*) Döllinger-Reusch a. a. O. I. S. 448.
**) Ebenda S. 448.

bei dessen literarischer Verurtheilung die Sorbonne die Bemerkung hinzufügte, es sei um der öffentlichen Sittlichkeit willen unmöglich, die verwerflichen Sätze auch nur zu citiren. Und dieser Mensch war der Beichtvater einer Königin.*) Aber er steht nichts weniger als allein. Schon Thomas Sanchez in seinem 1592 in Genua erschienenen Folianten de matrimonio gefiel sich, wie Huber sagt, in der umständlichsten Beschreibung aller möglichen Variationen der Geschlechtssünde, und die Casuisten des Ordens bis auf den (dem 19ten Jahrhundert angehörigen) Gury herab halten sich an diesen Katalog der Unzucht, um danach die Praxis des Beichtstuhls zu bestimmen. Wie es unter solchen Umständen mit der inneren Sauberkeit solcher Seelenhirten auch bei unbeflecktem Wandel aussehen muß, dafür ist der ebengenannte Alphons v. Liguori ein erschreckendes Beispiel. Dieser Ascet, der ohne Zweifel ein unbescholtenes Leben geführt hat, mußte noch als gebrechlicher Greis, wenn er Frauen begegnete, nach seinem eigenen Geständniß die Augen niederschlagen, um sich unkeuscher Gedanken zu erwehren; ja er wagte — ein furchtbares Zeugniß über die innere Unschuld eines „Heiligen" — seiner eigenen Mutter und seinen Schwestern nie ins Gesicht zu sehen.**) Und diese Leute waren nun die Beichtväter von Frauen und Mädchen und schütteten den ganzen unsäglichen Schmutz ihrer Unzuchtscasuistik eben dazu aus, wiederum Beichtväter zu bilden! Armes, verrathenes katholische Volk, das seine Frauen und Jungfrauen in die Beichtstühle jesuitisch geschulter Priester schickt, ohne zu ahnen, in welche Tiefen unzüchtiger Geheimnisse sie da, wo ihre Seele Reinigung sucht, mittelst unverschämter Fragen eingetaucht werden.***)

---

*) Huber a. a. O. 155 und 302—304.
**) Döllinger-Reusch a. a. O. I. S. 376.
***) Vgl. das beachtenswerthe Buch von Chiniqui: der Priester, die Frau und die Ohrenbeichte, Barmen bei Wiemann.

Wenden wir die Augen hinweg von diesen ekelhaftesten Ausläufern einer systematischen Verunsittlichung der christlichen Sittenlehre, und kehren wir sie dem Gebiete zu, auf welchem unstreitig die weltgeschichtliche Größe des Jesuitenordens liegt, seiner Politik; — das Wort im weitesten Sinne genommen. Freilich, auch hier nur eine herostratische Größe, die ihr Gericht in sich selbst trägt. Der Jesuitismus ist immer nur groß gewesen im Zerstören, nirgends im Bauen; und auch da, wo er hat bauen wollen, hat er mit seiner tiefen Unlauterkeit seine eigenen Werke untergraben und sein eigenes Gericht vollzogen. Es kommt hier einmal sein Kampf gegen den Protestantismus, weiter seine innerkatholische Wirksamkeit, endlich seine Arbeit in der Heidenwelt in Betracht.

Politik der Jesuiten.

Im Jahre 1541 schwankte das durch die unwiderstehlich vordringende Reformationsidee erschütterte Papstthum zwischen Besserungsgedanken und Verstockung, Vermittelung oder Gewalt. Das Angebot der Compagnie Jesu entschied für den letzteren Weg. In Trient haben die Jesuiten durchweg die äußersten antireformatorischen Grundsätze vertreten, und die Durchführung derselben mit Gewalt, mit den grauenhaften Mitteln der 1542 wiederhergestellten Inquisition war durchaus nach ihrem Sinn; sie waren bald neben den Dominikanern die Hauptträger derselben. Gewiß, sie wirkten auch mit geistigen Mitteln; sie bestiegen die Kanzeln, eröffneten Schulen, bildeten Missionare; schon 1551 stifteten sie das collegium romanum und 1552 zur Rekatholisirung Deutschlands das collegium germanicum, ein Missionsseminar, mit dem ein Pensionat für junge Adlige verbunden ward. Aber überall, wo es zu haben war, halfen sie nach mit Feuer und Schwert. Es war der Jesuit Possevin, der die Waldenserverfolgung von 1561 anstiftete und leitete; bei den Schlächtereien in Unteritalien 1562, bei denen die wehrlosen Opfer kaum wußten, weßhalb sie wie Schlachtschafe abgethan wurden, haben Jesuiten assistirt. Aber schon vorher hatten sie Deutschland, das Mutterland der Ketzerei, in Angriff genommen: nachdem 1549 der Baiernherzog sie gerufen, eröffneten sie fast gleichzeitig ihre Schulen und die Inquisition. In Oesterreich,

Bekämpfung des Protestantismus.

wo kaum mehr ein Zehntel des Volkes zur alten Kirche hielt, fanden sie 1551 Eingang; in der nächstfolgenden Zeit besetzten sie alle noch katholischen deutschen Bischofssitze; überall begannen sie mit Predigt, Unterricht, Beichte; überall fuhren sie, sobald sie des weltlichen Armes sicher waren, mit den empörendsten Gewaltthaten fort. Glücklich die Protestanten, die noch ins Exil gehen durften: Lutheranos et omnes alios haereticos, heißt es in einer Jesuitenpredigt des 17. Jahrhunderts, mortis supplicio exterminandos, interficiendos, propulsandos, reprimendos, delendos, ustionibus et sectionibus exstirpandos, tollendos, explodendos, viriliter exstirpandos, trucidandos, internecione delendos, — der Blutdurst kann sich im Ausdruck nicht genug thun. „Sollten einige es hindern, sagt ein anderer Jesuit in Bezug auf die Durchführung des Restitutionsedicts, — so soll man brennen, daß die Engel die Füße an sich ziehen und die Sterne schmelzen." Es ist nach solchen Recepten verfahren worden, zunächst in Böhmen, einem blühenden Lande von drei Millionen Einwohnern im Reformationsjahrhundert, — nach seiner Rekatholisirung waren noch 800000 meist arme Leute übrig. Dafür besaßen dieselben jetzt an Hussens Statt die Jesuitenlegende vom heiligen Nepomuk, und die Jesuiten selbst besaßen die weiten Gutsherrschaften der protestantischen Abligen, die man verjagt und geköpft.

Wir dürfen hier nur Zeilen und nicht Bücher schreiben, und wollte man alle Schand- und Blutthaten der Jesuiten wider den Protestantismus beschreiben, wie viel Bände müßte man füllen. Daß die Jesuiten die hauptsächlichsten Urheber des dreißigjährigen Krieges gewesen sind, jenes furchtbarsten Niederganges unsrer Geschichte, der uns bis an den Rand des nationalen Unterganges geführt hat, ist überall, wo nicht Janssen'sche Geschichtskunst waltet, anerkannt: dafür haben sich die Jesuiten niemals eines so willfährigen und freigebigen Gönners erfreut als des zweiten Ferdinand. Und wäre sein Sohn ihnen ganz gefolgt, so wäre auch nach dreißigjähriger Verstörung des Mordens und Brennens noch kein Ende gewesen, alles in majorem dei gloriam. In anderen Ländern, welche gleichfalls von der Reformation ergriffen waren, ist ihnen theils mehr, theils weniger gelungen als in unserm durch sie bis heute innerlich zwiegetheilten Vaterland. Wie sie Dänemark, wie sie Schweden zu umgarnen suchten, selbst im Gewande evangelischer Prediger, wie sie in hundertjähriger Verschwörerarbeit um England rangen, bis das Haus Stuart ihre Umtriebe mit der Krone bezahlte, wie der große Bahnbrecher der religiösen Duldung, Wilhelm von Oranien, durch die meuchlerische Kugel eines Jesuitenzöglings fiel und die Mittel Loyolas mit denen Albas vereint die Hälfte der Niederlande dem Evangelium wieder entrissen, sei nur flüchtig in Erinnerung gebracht. An der Aufhebung des Ediktes von Nantes und allen den Gräueln, die aus derselben gefolgt sind, haben sie die Hauptschuld; die Dragonaden Ludwig's XIV. waren ein treues Nachbild der mittelst der Liechtensteinischen Dragoner in Schlesien geübten jesuitischen Bekehrungsmethode. In Ungarn haben sie so gehaust, daß Prinz Eugen äußerte: „Es hat nicht viel gefehlt, daß die Jesuiten durch die Verfolgung der Protestanten das Haus Habsburg um diese Krone gebracht hätten;" nur durch die Türken ist eine evangelische Kirche in Ungarn erhalten worden. In Polen haben sie gewüthet bis ins achtzehnte Jahrhundert hinein; noch 1724 entsetzten die Thorner Justizmorde die protestantische Welt; freilich nicht lange danach hieß es auch: Finis Poloniae! Ueberall haben die Länder und Völker die Kosten dieser traurigen Siege zu tragen gehabt; mit dem Triumph der Jesuiten hebt jedesmal der nationale Niedergang an. Während der zertretene und verblutete deutsche Protestantismus sich mit unverwüstlicher Kraft wieder aufrichtet und die geistige wie staatliche Führung Deutschlands übernimmt, breitet ein Leichentuch sich aus über Baiern und Oesterreich, Ungarn und Polen, Italien und Spanien, und selbst — worauf wir sogleich zurückkommen — über das hochstrebende, hochgewaltige Frankreich. „Wo der Jesuit den Fuß hinsetzt — so hat Döllinger ein vom Türken geltendes persische Sprichwort in's Abendländische übersetzt — da verdorrt die Erde."

Innerkatho-lische Wirk-samkeit.

So haben sie überhaupt nicht dem Protestantismus, sondern dem Katholicismus die tiefsten und unheilbarsten Wunden geschlagen. Sie haben jede Reform desselben, jede Annäherung an die biblische Wahrheit vereitelt, und jede Selbständigkeit in der Kirche, die zu einer Reform hätte führen können, zerstören helfen, nur um das Papstthum auf die verderbliche Höhe unfehlbarer, d. h. unverbesserlicher Allgewalt zu erheben und mittelst desselben die Kirche und die Welt zu beherrschen. Und um diese Herrschaft den weltlichen Gewalten gegenüber zu stützen, haben sie das Christenthum an den Weltsinn verrathen, den Beichtstuhl entweiht und in Theorie wie Praxis der Sünde Vorschub gethan, bis zuletzt die großgezogene Verachtung der abendländischen Welt ihren Orden, und mit demselben dann auch Kirche und Christenthum zu den Todten warf. Es ist vor allem die französische Geschichte des 17. und 18. Jahrhunderts, die diese Tragödie in großem welthistorischem Styl vor die Augen stellt. Als es am Anfang des 17. Jahrhunderts entschieden war, daß der Katholicismus die Religion der Mehrheit der Franzosen bleiben werde, wo wären alle Bedingungen einer gedeihlichen katholischen Reform so beisammen gewesen wie hier? Die Nation unter einem noch nicht despotischen Königthum im kräftigsten, nicht blos politischen, sondern auch geistigen Aufstreben; die gallicanischen Freiheiten eine hinreichende Basis einer auch kirchlich selbständigen Entwicklung; neben der protestantischen Minderheit, die geduldet immer ein kräftiger Sporn des wissenschaftlichen und sittlichen Wetteifers blieb, eine an der Mystik oder an Augustin sich erholende tief religiöse Erhebung des katholischen Geistes; — es darf nur an Namen wie Fenelon, Bossuet, Pascal, die Arnauds erinnert werden. Den Jesuiten gebührt das Verdienst, das alles ruinirt zu haben. Sie haben nicht nur die Duldung des Protestantismus in die scheußlichste Ausrottung zu verwandeln gewußt: sie haben auch in hundertzwanzigjährigem Kampfe mit dem Jansenismus den besseren Geist im französischen Katholicismus bis auf spärliche Aschenfunken ausgerottet; und mit welchen Mitteln haben sie das gethan! Sie haben auf der einen Seite das Papstthum durch die absurdeste Vorspiegelung seiner Unfehlbarkeit, selbst in einer question du fait, zu verführen gewußt, daß es wider Recht und Wahrheit ihnen starke Hand lieh und die Gewissen der besten Katholiken vergewaltigte, und auf der anderen Seite haben sie die Hülfe des weltlichen Armes dadurch erkauft, daß sie das Königthum in seinen despotischen Neigungen und in seiner schandbaren Privatmoral duldsam umschmeichelten. Hier, in der fast in jedem Einzelakt schändlichen Erwürgung aller frömmeren und freieren Regungen der französischen Kirche durch die Stricke der Jesuitendoctrin und -moral, liegt die Aussaat der französischen Revolution nach der Seite der Religion und Kirche hin, indem diese dem nachwachsenden Denkergeschlecht nur noch als ein System der Heuchelei und der schnödesten Selbstsucht erscheinen konnten. Aber auch nach der politischen Seite hin hatten ja die Jesuiten durch ihre Theorieen von der Volkssouveränität und dem Tyrannenmord, durch ihre Verherrlichungen des Königsmörders Clement dem Jahre 1793 trefflich vorgearbeitet.

Man sucht in der grauenhaften Nachtarbeit der Jesuitenpolitik nach einem einzigen leuchtenden Stern, und ein Leibniz, Haller, Herder meinten ihn wenigstens in ihren Heidenmissionen zu entdecken. Heute wissen wir, daß auch die ein Werk der List und Gewalt gewesen sind, das mit dem Christenthum kaum mehr als den Namen gemein hat. Gewiß haben die Jesuiten beim Eindringen in die Heidenländer jenen todesmuthigen Heroismus bewiesen, den auch der Islam seinen Sendboten einzugeben vermag: Christenthum brachten sie den Heiden deswegen noch nicht. Gleich die ersten Erfolge Xaviers in Indien waren trügerische Massenbekehrungen, und bald stellte sich das als Princip der jesuitischen Mission heraus, die Heiden in ein ceremoniales Namenchristenthum hineinzutäuschen, ohne ihnen zu einem Herzenschristenthum auch nur die Mittel der Unterweisung zu bieten. Das Evangelium, das sie in Indien, China und anderen alten Kulturländern ausbreiteten, war ein verlogener Mischmasch kirchlicher Riten mit einheimischem Heidenthum. In Indien accommodiren sie sich dem Kasten-

<small>Heidenmission.</small>

wesen bis zu der Schändlichkeit, dem getauften Paria das Abendmahl nicht zu reichen, sondern vor die Thür zu stellen, in China geben sie das Christenthum für die alte echte Lehre des Confucius aus und reduciren es demgemäß auf einen moralisirenden Deismus mit katholischen Kultusformen. Und als die nebenbuhlerischen Dominikaner diese Trügereien in Rom anzeigen und der Papst einen Legaten zur Untersuchung schickt, so sorgen sie dafür, daß derselbe eingesperrt und schließlich vergiftet wird. In Japan ziehen sie die bürgerliche Gewalt auf ihre Seite, beginnen die buddhistischen Priester grausam zu verfolgen, führen die Inquisition ein, und erfahren dann freilich die Wahrheit des Wortes: „Wer das Schwert nimmt, wird durch's Schwert umkommen": in Folge eines politischen Umschlages werden ihre Schöpfungen in hartnäckiger Verfolgung fast völlig ausgetilgt. Nicht anders in Abessinien, wo sie die alte starre Landeskirche romanisiren wollten. Als sie den König mit einem Anhang gewonnen hatten, stachelten sie ihn zu grausamem Glaubenszwang gegen sein übriges Volk an; ein blutiger Bürgerkrieg entbrannte, aber der König besann sich nach einer siegreichen Schlacht; er verjagte die Anstifter, und das Volk sang ein Jubellied: „Entronnen sind die Schafe Aethiopiens den Hyänen des Abendlands". So brachen überall ihre anscheinend großartigen, von ferne blendenden Missionen an ihrer inneren Unwahrheit zusammen, und nur spärliche Trümmer derselben sind übrig geblieben, während die nachgekommene evangelische Mission langsam und ehrlich gedeiht. „Die Erfahrung von drei Jahrhunderten, sagt Döllinger, ergibt, daß die Jesuiten keine glückliche Hand haben; auf ihren Unternehmungen ruht nun einmal kein Segen. Sie bauen emsig und unverdrossen, aber da kommt ein Windstoß und zertrümmert ihr Gebäude, oder eine Sturmflut bricht herein und spült sie weg, oder das wurmstichige Gebäude bricht ihnen unter den Händen zusammen."

Herrschsucht. Nur eines schien unter allen Ruinen, die sie anrichteten, immerfort zu gedeihen: ihr Orden. Und auf den kam es ihnen schließlich auch allein an. Wohl hatten sie von Anbeginn nur die gehorsamsten Kriegsknechte des Papstes sein wollen; „wenn wir von der Kirche reden, so meinen wir darunter den Papst", hieß es offen, und die Geltendmachung seiner persönlichen Unfehlbarkeit und Allgewalt, die Beugung jeder kirchlichen und weltlichen Instanz unter ihn blieb auch die Richtlinie ihrer Politik, die ihnen päpstlicherseits durch die maßlosesten Privilegien gelohnt ward. Allein auf die Dauer ging es auch hier, wie es mit Prätorianern und Janitscharen überall geht; sie wollten, daß der Papst absolut sei, damit er ihren Willen thue; that er ihn nicht, so bezweifelte man, daß der h. Geist durch ihn rede, und wußte, wenn nicht ihn, seinen Nachfolger wieder zurecht zu leiten. Als Innocenz XI. mehrere ihrer nichtsnutzigen Lehren verwarf, nannten sie ihn einen Jansenisten und ließen in Paris Aufforderungen zum Gebet für seine Bekehrung anschlagen*), und als im Jahre 1700 ihre trügerischen Missionskunstgriffe in's Gedränge kamen, appellirten sie gegen die päpstlichen Censuren an den chinesischen Kaiser. So ward unter dem Wechsel begünstigender und widerstrebender Päpste das Ordensideal immer mehr die Weltherrschaft des Ordens selbst.. Und wer wäre zu unmittelbarer Wahrnehmung derselben mehr in der Lage gewesen als diese durch alle Gebiete der katholischen Welt verzweigte Organisation? Das wesentlichste Mittel, die Weltherrschaft im Großen aus der Weltbeherrschung im Kleinen erwachsen zu lassen, war die Beichte. Fast überall waren die Jesuiten die Beichtväter des Adels, der Fürsten und Könige; sie saßen, worüber einst Clemens VIII. sich wunderte, oft mit denselben Personen vier, fünf Stunden im Beichtstuhl zusammen; — da erkundeten sie die Verhältnisse und Charaktere des ganzen Kreises, in dem der Beichtende lebte, und bekamen so die Fäden, um die Menschen zu leiten, in ihre Hände; in Rom aber, im Zimmer des Jesuitengenerals, liefen alle diese Fäden zusammen. Man erzählt, daß dieser General eines Tages einem Besucher gesagt

---

*) Auch in den Jahren 1846—49, als Pius IX. liberalisirte und dem Kirchenstaat eine freiere Verfassung geben wollte, ließen die Jesuiten — selbst in Nonnenklöstern — für den Unfehlbaren beten, damit er von seiner „Freimaurerei" zurückkäme.

habe: Sehen Sie, mein Herr, von diesem Zimmer aus beherrsche ich Paris, und nicht nur Paris, sondern auch China, und nicht nur China, sondern die Welt, ohne daß man weiß, wie es geschieht." Man begreift, welchen Zauber es auf begabte Männer üben mußte, an dieser Geheimregierung der Welt Antheil zu nehmen, in diesem Vorsehung spielenden Organismus auch ein thätiges Glied zu sein; nur daß diese Herrschlust mit dem Christenthum nichts mehr gemein hat.

Habgier. Und das trat um so mehr hervor, als sich der Herrschsucht ihre noch gemeinere Schwester, die Habsucht zugesellte. Ursprünglich hatte der Orden Armuth gelobt. Bald wurde das mit päpstlicher Genehmigung nur auf den Einzelnen bezogen, der Gesellschaft als solcher dagegen Vermögenserwerb gestattet. Und nun begann eine Jagd nach Geld, ein Haschen nach dem Vermögen der Novizen, eine Erbschleicherei bei den Beichtkindern, die ihres Gleichen suchte. Fürsten wie Ferdinand II. überschütteten den Orden mit liegenden Gütern; — sie waren ja wohlfeil, sie waren konfiscirtes Protestantengut. Allerdings brauchte man viel, zu Ordenshäusern, Kirchen, Schulen und für die Mission, aber man empfing und besaß viel mehr als man brauchte, und allmählich ward das Erwerben zum selbständigen Zweck. Namentlich die Missionen boten dazu reichliche Gelegenheit, und die Gewandtheit wie Gewissenslosigkeit der Ordensmitglieder gefiel sich in zweideutigen Handelsgeschäften. In China wurden die Jesuiten zu Bankiers, die 25 bis 100 Procent nahmen. Bald fanden sie es noch einträglicher, betrügerische Bankerotte zu machen; so 1649, wo sie die Wittwen und Waisen von Sevilla um 400 000 Dukaten prellten, zu einer Zeit, da man die Ordenseinkünfte bereits nach Millionen berechnete. „Heiligster Vater, schrieb Bischof Palafox hierüber an Innocenz X, was werden die ketzerischen Holländer sagen, die an diesen Küsten, wo man so oft diese Klagen wider die Jesuiten vernimmt, ihren Handel treiben? was die deutschen Protestanten, die sich einer so unverletzlichen Treue in ihren Verträgen und eines ehrlichen und offenen Benehmens im Handel befleißigen?" Daß Urban VIII. und Clemens IX.

in eigenen Bullen dem Orden die Handelsgeschäfte unter den schwersten Kirchenstrafen verboten, änderte so gut wie nichts; es wurde fortgehandelt in aller Welt, mit allem, was Geld eintrug, auch mit Sklaven. Doch sollten die Excesse dieser Habgier schließlich die Klippe werden, an der das Ordensschiff scheiterte. Gegen die Mitte des 18. Jahrhunderts gewannen die jesuitischen Handelsgeschäfte in Westindien, unter der Leitung eines Pater Lavalette, „Generalprokurators der Missionen," einen fast monopolisirenden Umfang. Eine Summe von 2400000 Lires, die Lavalette von einem Marseiller Kaufhaus bezogen, wollte er mit Kolonialwaaren bezahlen; da nahmen die kriegführenden Engländer seine Schiffe weg, und der Marseiller Handelsfreund stand vor dem Ruin. Um ihn nicht schadlos halten zu müssen, erklärte Lavalette sich bankerott. Der Orden, der sich urkundlich für Lavalettes Geschäfte verbürgt hatte und allein auf Martinique ein liegendes Vermögen von vier Millionen besaß, weigerte sich gleichwohl für seinen Mandatar einzutreten; er bot dem Marseiller Kaufmann Seelenmessen an Zahlungsstatt.*) So kam die Sache vor das französische Parlament, und dies verurtheilte den Orden nicht nur zur Zahlung, sondern ergriff auch die Gelegenheit, dessen ganzes Thun und Treiben in Untersuchung zu ziehen. Die schändlichen Moraldoctrinen des Ordens wurden vorgenommen, die betreffenden Handbücher und Beichtanweisungen durch Henkershand verbrannt, die Ordenscollegien geschlossen und verboten, und der Orden für unverträglich mit dem Geiste christlicher Staaten erklärt. Gerne hätte Ludwig XV. seine milden Beichtväter gerettet; er unterhandelte mit dem Jesuitengeneral über eine Reform des Ordens, aber er erhielt die berühmte trotzige Antwort: Sint ut sunt, aut non sint. Da ließ er ihn fallen.

Es war der Anfang vom Ende. Ein neuer Geist, der eigenthümliche Geist des achtzehnten Jahrhunderts war erwacht und durchwehte auch die katholischen Länder; der

<small>Untergang des Ordens.</small>

---

*) Vgl. über diese ganze Geschäftskatastrophe des Ordens den Aufsatz von Fridolin Hoffmann: „Judas Ischarioth und sein Krach", in den Deutsch-ev. Blättern, 1885, VI.

kirchliche Fanatismus war erloschen und eine scharfe, kühle Kritik an die Stelle getreten; den Regierungen fielen in Betreff des Jesuitenordens die Schuppen von den Augen. Schon vor jener französischen Katastrophe hatte Portugal, das Land, das er einst am völligsten zu regieren, ja zu besitzen schien, ihn abgeschüttelt. Spanien folgte; desgleichen die italienischen Fürstenthümer; aber auch Oesterreich nahm sich seiner nicht an. Schon vorher war Papst Benedict XIV, der sein Freund nicht war, mit dem Gedanken der Aufhebung umgegangen: umsonst suchte Clemens XIII. ihn zu retten; der Franziskaner Ganganelli, Clemens XIV, einer der unterrichtetsten und innerlich frömmsten Päpste, die je regiert, ward eben dazu gewählt, ihm ein Ende zu machen. Zaghaft, mit gründlicher Untersuchung, mit aller Schonung für die Einzelnen, mit dem Vorgefühl, im Todesurtheil des Ordens sein eignes Todesurtheil zu schreiben, aber in der Ueberzeugung, seine Pflicht zu thun, ging er daran, und indem er aussprach: „es sei kaum oder gar nicht möglich, daß so lange die Gesellschaft Jesu bestehe, der wahre und dauerhafte Friede in der Kirche hergestellt werden könne," erklärte er ihn für „aufgehoben, unterdrückt, ausgelöscht, abgethan." Am 2. Juli 1773. —

Das war das einmüthige Urtheil der katholischen Welt und Kirche vor hundert Jahren. Und heute bedrängen die Wortführer derselben Kirche das junge deutsche Reich, daß es demselben Orden Thür und Thor aufthue. Wir haben uns die ausdrückliche Erörterung der gegenwärtigen Frage vorbehalten und wollen ihr hier nicht vorgreifen. Aber schon hier, am Schluß dieser aus notorischen Thatsachen zusammengesetzten historischen Skizze drängt sich die Frage auf: Ist denn die Geschichte dazu da, daß man nichts aus ihr lerne? —

II.

Von 1773 bis 1870.

Wir haben die Geschichte des Jesuitenordens verfolgt bis zu dem Punkt, da sich das Gericht der Geschichte an ihm vollzog. Es war, wohlgemerkt, das katholische Europa, das jenes Gericht an ihm vollstreckte: das protestantische war zufrieden, mit ihm längst außer Berührung zu sein, und gedachte nicht, jemals wieder in eine solche zu kommen, — die Laune Friedrichs d. Gr., die anscheinend unschädlich Gemachten für seinen Lehrermangel zu benutzen, war weiter nichts als eine individuelle Laune des Freigeistes auf dem preußischen Thron. Heute erscheint die katholische Welt, zumal in Deutschland, wie umgewandelt in diesem Punkt; „wir lassen uns todtschlagen für die Jesuiten," ruft ein Centrumsmann aus, und sie alle, die Verehrer des unfehlbaren Papstthums, bezweifeln nicht, daß im Jahre 1773 ein unfehlbarer Papst in einer Sache, die wahrlich Glauben und Sitten anging, ein ganz verfehltes Urtheil gesprochen; sie muthen uns deutschen Protestanten zu, mit ihnen gemeinsam die Unschuldigen, arg Verkannten als Mitarbeiter ins deutsche Vaterland zurückzurufen. In der That, die Weltgeschichte hat ihre Wunderlichkeiten. Versuchen wir zunächst den Umschwung von 1773 zu 1890 und damit die Forderung, die heute an uns herantritt, geschichtlich zu begreifen.

Daß der hülflose Greis, der 1815 durch die Großmuth meist nicht-katholischer Mächte auf den verödeten römischen Stuhl wieder erhoben ward, nach einem Stabe griff; daß er die Herstellung des Jesuitenordens, der sich dem Aufhebungsdekret nie ehrlich unterworfen hatte und schon von den vorhergehenden Päpsten theilweise wieder anerkannt worden war, seine erste weltbeglückende That sein ließ, war im Grunde begreiflich genug. Die Sintfluth der revolutionären und napoleonischen Epoche war abgelaufen, und die europäische Welt stand vor der Frage, ob sie Ruinen restauriren oder ein Neues schaffen wolle; aber für das Papstthum existirte diese Frage nicht. Es hatte keine schöpferische Kraft, keinen Gedanken noch Willen der Reform; es fragte nur nach Mitteln, seine alte Existenz wieder herzustellen, seine alten Herrschaftsansprüche wieder aufzunehmen und in der injuria temporum möglichst zu verfolgen, und da bot ihm die alte Leibgarde, der Jesuitenorden, die beste, ja die einzige Hülfe. Kein junger Trieb wollte, wie damals im Reformationsjahrhundert, dem gealterten, entlaubten Baume des Katholicismus entsprießen; wenigstens keiner, der dem Papstthum gegen den unverstandenen, widerwärtigen Geist der neuen Zeit, den Freiheitsgeist, der durch Europa wehte, die ersehnte Widerstandskraft und Gegenwirkung verheißen hätte: man mußte schon nach der alten, verrufenen, weggeworfenen Gesellschaft Jesu greifen. Hatte sie auch für die neue Zeit und deren Bedürfnisse ebensowenig Verstand und Herz wie das Papstthum selbst, so verhieß sie doch in ihrer Geschlossenheit, Rührigkeit, Biegsamkeit, in ihrer Fähigkeit sich in alle Verhältnisse einzuschlängeln, jede Schwäche des Gegners zu entdecken und auszubeuten, und in ihrem wandellosen Naturtrieb, mit allen Mitteln für die päpstliche Weltherrschaft zu arbeiten, als Reactionswerkzeug gegen den Freiheitstrieb des Jahrhunderts das Menschenmögliche. So haben sie miteinander ihren Bund geschlossen, das restaurirte Papstthum und der restaurirte Jesuitenorden, und dieser Bund ist immer inniger, immer unauflöslicher geworden, je innerlich ohnmächtiger das von keinen Mächten ächter Religion neubeseelte, sondern nur von überlebten Ansprüchen zehrende Papstthum sich den gewaltigen, gährenden Entwickelungen der Zeit gegenüber fühlte, — eine verfallende Weltmacht wie das Römerreich im Beginne der Völkerwanderung, im Vorgefühl des nahenden Unterganges, aber mit seiner militärischen Tradition und Disciplin noch immer im Stande, dies und jenes jugendliche Volksleben zu vernichten.

Die abendländische Welt war doch recht erstaunt, daß, wie der Papst sagte, ein allgemeine Bekümmerniß den Jesuitenorden wiederbegehrt haben sollte. Niemand als vielleicht einige Erzreactionäre, die nichts gelernt und nichts vergessen hatten, hatte nach ihm verlangt. Alles was Freiheit liebte, was Verjüngung anstrebte, was gesund war oder genesen wollte, verhielt sich ablehnend gegen ihn, in dem bestimmten Gefühl, daß der Jesuitismus die geistige Knechtschaft, der geistige Tod sei. Erst seit die Nebel der

Reaction sich dichter über das Abendland lagerten, seit den zwanziger Jahren, begannen sie sich auszubreiten, meist nicht gerufen, sondern sich einschleichend, und je und dann daran erinnert, daß sie von Rechtswegen zu gehen hätten, ja mehr als einmal in den katholischen Ländern wieder ausgewiesen. Aber überall, wo der Freiheitsgeist ermattete oder durch seine Verirrungen eine Gegenströmung hervor= rief, da waren sie da, in jedem Niedergang des Volks= geistes sich einnistend, und von jeder Erhebung desselben wieder ausgestoßen wie Gift. Das ist ihre wechselvolle Geschichte in Spanien, in Frankreich, in der Schweiz; der in der letzteren mißlungene Versuch, ein confessionell ge= mischtes Staatswesen zu sprengen (1847), gelang ihnen in den Niederlanden; die belgische Revolution haben sie ge= macht, — was sie seitdem aus einem zum Besten ange= legten Lande und Volke gemacht haben, liegt vor Augen. In Deutschland convertirten sie 1825 den Herzog und die Herzogin von Köthen, und lockten so viele junge Preußen ins Collegium germanicum, daß Friedrich Wilhelm III. 1827 den Besuch desselben verbot. Noch gab es in Deutschland einen protestantischen Staatsbegriff, der die Duldung und Parität nicht in ein grenzenloses Laisser-faire nach Rom hin ausarten ließ; noch gab es auch einen Katholicismus, der auf Verinnerlichung, reli= giöse Wahrheit und kirchliche Reform, auf Wiederversöh= nung der Confessionen gerichtet war und in seiner evan= gelisch beeinflußten Wissenschaft und Frömmigkeit den jesuitischen Bestrebungen ein Gegengewicht hielt. Erst das tolle Jahr 1848 hat uns in Deutschland — im Sinne rechtlicher Zulassung — die Jesuiten gebracht. Zwar noch in der Paulskirche er= klärte General v. Radowiz im Namen sämmtlicher katho= lischen Abgeordneten (— Herr Peter Reichensperger war auch dabei —) daß sie die geforderte volle Freiheit der katholischen Kirche nicht zur Wiedereinführung der Jesuiten benutzen wollten, deren Wirksamkeit in Deutschland ein Unglück sein würde. „Der Nutzen, den man sich aus dem Jesuitenorden für die katholische Kirche Deutschlands ver= sprechen könnte, würde in gar keinem Verhältniß stehen zu den tiefen Störungen und Gefahren, welche seine Gegen=

wart hervorrufen müßte." Gleichwohl, in den nächstfolgenden Jahren, den Jahren unserer tiefen nationalen Enttäuschung und Entmuthigung, in denen dafür der Weizen des Romanismus in Deutschland blühte, waren sie da. Sie hielten „Missionen" in katholischen und in protestantischen Gegenden, blendeten unkundige Protestanten mit ihren schauspielerhaft einstudierten, immer auf Täuschung berechneten rednerischen Schönfärbereien, eröffneten gelegentlich den katholischen Frauen und Mädchen in „Standespredigten" ihre grauenhafte Kenntniß der Sünden wider das 6. Gebot*), und waren gleichwohl von Regierungen und Bevölkerungen wohlgelitten. Sie gaben die „Stimmen von Maria=Laach" heraus, erwarben schöne Landgüter, bauten prächtige Institute, gewannen zahlreiche Schüler, übernahmen den theologischen Unterricht in bischöflichen Seminaren, überschütteten das Land mit Schulbrüdern und Schulschwestern, mit katholischen Kasinos, Gesellenvereinen, Bruder= und Schwesterschaften, stifteten unter Studenten und Gymnasiasten marianische Sodalitäten u. s. w. In dieser Zeit haben sie die Ultramontanisirung des katholischen Deutschlands begründet, die wir gegenwärtig genießen. Vor allem gingen sie auf die Erstickung der deutschen katholischen Wissenschaft und Theologie aus; auf ihren Betrieb wurde die Günther'sche und Frohschammer'sche Philosophie in Rom geächtet und Döllingers Versuch, mittelst der deutschen katholischen Gelehrtenversammlung eine unabhängige katholische Wissenschaft zu behaupten, in der Geburt unterdrückt. Deutschland aber lag am Boden und verzehrte sich in widerspruchsvollen Velleitäten sich zu erheben.

---

*) Ich habe die Jesuitenmission in Trier und in Halle miterlebt. In Halle fesselte und täuschte Pater Roh mit seinen auf alle Schwächen der Zuhörer berechneten Vortrags=Rollen zahlreiche Protestanten. In Trier belagerten die katholischen Frauen den Dom von Mitternacht an, um einen Platz darin zu erhalten. Eines Abends kam die würdige katholische Hauswirthin unseres Divisionspredigers, eine 70jährige Wittwe, aus der „Standespredigt" heim. „Ich gehe nie wieder zu den Jesuiten, rief sie entrüstet aus: was ich heute in der Kirche habe hören müssen, darüber bin ich alte Frau schamroth geworden."

Da ging ein Erbeben durch Welt und Zeit, und zweierlei Mächte erreichten zugleich das nächste Ziel ihrer Sehnsucht: der Jesuitenorden und das deutsche Volk.   *Von 1870 bis 1890.*

Die Jesuiten hatten immer danach gestrebt, daß ihre Auffassungen und Verfahrungsweisen in der katholischen Kirche als die allein=berechtigten förmlich und feierlich an= erkannt würden. Jetzt unter dem innerlich gebrochenen, theologisch unwissenden, phantastisch devoten Pio IX. er= reichten sie es. Seit seinem liberalen Schiffbruch war er voll= kommen in ihren Händen. Er kanonisirte ihnen ihre Heiligen; er sanktionirte ihre Marienanbetung durch die Verkündigung des Dogma's von der unbefleckten Empfängniß; er ließ sich von ihnen den Syllabus diktiren, diese Verdammung der Gewissensfreiheit, der Toleranz, Parität und gesammten modernen Weltordnung; er ließ sich endlich von ihnen zum unfehlbaren Gottesorakel und absoluten Universal= bischof der Kirche krönen, und verhalf damit nicht nur zweien ihrer Lieblingsdoktrinen zur dogmatischen Aner= kennung, sondern vernichtete ebendamit für alle Zukunft die Möglichkeit einer römisch=katholischen Wissenschaft (denn wie könnte eine solche unter dem permanenten Orakel bestehen?) und die Möglichkeit eines bischöflichen Widerstandes gegen die ab= solute Romanisirung der Kirche. Natürlich, daß mit dieser Krönung des innerkirchlichen jesuitischen Gebäudes der Jesuiten= general zum unwiderruflichen Erstlingsberather des Papstes gemacht war; der Bund von Papstthum und Jesuitismus war vollendet.

Aber, als wollte die Hand Gottes von vornherein einen Strich durch diese Rechnung machen, folgte diesem welt= geschichtlichen Abschluß unmittelbar ein anderer, weniger berechneter und darum weit wunderbarerer. Als in der Schlußsitzung des vatikanischen Koncils unter jenem den Himmel schwärzenden Unwetter, das zum Anzünden von Kerzen am Tage nöthigte, die entscheidenden Dekrete ver= lesen wurden, da waren, herausgefordert von der kaiser= lichen Jesuitenfreundin Eugenie, die siegreichen deutschen Heere bereits auf dem Wege nach Paris, und der Krönung des römischen Bischofs zum unfehlbaren Diktator seiner geknechteten Kirche folgte die Krönung des Hohenzollern=

königs zum Kaiser des frei=geeinten Deutschen Reiches auf dem Fuße nach. Die beiden neuverfaßten Mächte schauten einander ins Angesicht: konnten sie einen Augenblick über ihre absolute Unverträglichkeit und angeborene Todfeind= schaft im Zweifel sein? Dies neugeborene Deutsche Reich war wesentlich eine Ausgeburt der Reformation, des Prote= stantismus. Der von der jesuitischen Gegenreformation ge= waltsam niedergetretene deutsche Protestantismus hatte sich wieder aufgerichtet im Staate des großen Kurfürsten, in der großen Literatur und Philosophie des 18. Jahrhunderts, in der religiös=sittlichen Erhebung der Freiheitskriege; er war, während das katholische Deutschland in den Todes= banden des Jesuitismus lag, die unzerstörbare Triebkraft des deutschen Volksthums geblieben, und nun hatte er auch den katholischen Theil mit fortgerissen, ihn in eine zunehmende Staats=, Kultur=, ja Glaubensgemeinschaft mit den Geisteserben der Reformation hineingezogen, — eine herrliche Vorbedingung und Aussicht für das junge deutsche Reich, aber ein Querstrich durch alle Jesuitenpläne, die sich auf Deutschland bezogen. Dies neue deutsche Reich hatte nicht nur einen protestantischen Kaiser und eine Mehr= heit protestantischer Bürger: es war getragen von jener aus der Reformation geborenen Staatsidee, die keine theo= kratische Bevormundung des bürgerlichen Gemeinwesens kennt und demselben die Mitarbeit an allen, auch den höchsten Aufgaben des Volkslebens zuspricht; es war von Haus aus ein Reich der Geistes= und Gewissensfreiheit, angewiesen auf brüderliche Achtung der verschiedenen Be= kenntnisse gegen einander, auf eine höhere Einheit über den Gegensätzen, die in freier Fortentwickelung zu pflegen war. Und da drüben war das Staatsprincip Bonifacius' VIII. „Wisse, daß du in geistlichen und in weltlichen Dingen Mir unterthan bist" so eben als unfehlbare Regel des öffent= lichen Lebens bestätigt, war soeben die geistliche Diktatur proklamirt worden, um die Leiber wie die Geister systema= tischer als je dem römischen Papst und seiner Leibgarde unterthänig zu machen! Casca il mondo? soll der Kardinal= staatssekretär Antonelli bei der Nachricht von dem Siege bei Königgrätz ausgerufen haben: vielleicht hat's bei

den Botschaften von Wörth, von Metz und Sedan, von Paris und Versailles im Jahre 1870 71 der Jesuitengeneral mehr als einmal wiederholt. Doch nein, das junge deutsche Reich, so stark es sei, hat seine Achillesferse, es hat zwei Fünftel Katholiken: kann man die vatikanisiren, jesuitisiren, kann man die organisiren zu einer geschlossenen Opposition, und so das Ganze theilen, einschüchtern, innerlich verwirren und zerreißen, dann ist die Todeswunde da....
Mit jenem sicheren, klaren Blick, der dem Menschen in großen Wendepunkten seines Lebens vergönnt ist, erkannte das junge deutsche Reich seinen Todfeind; es war eine seiner ersten Lebensäußerungen, die Gesellschaft Jesu aus seinen Grenzen auszuweisen. —

Und heute wird ihm zugemuthet, diesen Akt der Selbsterhaltung zu widerrufen! Ja was ist denn in diesen achtzehn Jahren geschehen, daß wir ihn widerrufen sollen? Leider ist vieles geschehen, das nichts getaugt hat. Naturgemäß haben, nachdem die äußere Lebensfrage Deutschlands gelöst war, die inneren ungelösten Lebensfragen sich in den Vordergrund gedrängt, und ihnen gegenüber war die Meisterhand, welche unsere äußeren Verhältnisse so herrlich zu ordnen und zu schirmen verstanden, leider keine Meisterhand. Die kirchliche Lebensfrage war dem jungen Reiche durchs vatikanische Koncil von vornherein in schroffster Weise aufgedrängt. Die Mahnung des weitschauenden Fürsten Hohenlohe, den vatikanischen Beschlüssen vorzubeugen, ward in den Wind geschlagen. Als das Koncil vorüber und das katholische Deutschland, selbst in der Mehrheit seiner Bischöfe und Priester, über die Ergebnisse desselben entsetzt war, da ward die unwiederbringliche Gelegenheit, Roms Macht auf deutschem Boden zu brechen, in unbegreiflicher Weise versäumt. Erst als die den vatikanischen Dekreten abgeneigten Bischöfe und Priester, vom Staate verlassen, sich dem jesuitischen Joche gebeugt und ihr Gewissen zum Opfer gebracht hatten, begann der Versuch, sie durch Gesetz und Polizei den Lebensbedingungen des deutschen Staates unterwerfen zu wollen. Als dieser Versuch, zu spät und theilweise mit falschen Mitteln unternommen, eben daran war, wenigstens eine formelle Nachgiebigkeit zu erreichen, setzte man sich selbst ins Unrecht, indem man den Rückzug anzutreten begann. Und wenn man noch einen stolzen Frieden geschlossen hätte, einen Frieden, der gesagt hätte: wir kennen einander, und wenn wir euch gewähren lassen — hütet euch es zu übertreiben! Statt dessen ist man in das System einer unwürdigen Liebedienerei gegen Papst und Bischöfe verfallen, durch welches man die Evangelischen erbittert und den Römischen wahrlich nicht imponirt. Es ist nur natürlich, daß durch das alles der Uebermuth der Ultramontanen in Deutschland aufs Aeußerste gesteigert worden ist, und die Frucht dieses Uebermuthes ist jetzt das Verlangen, daß auch das Reich seinen Canossagang thue und die Schutzwehr abtrage, die es gegen die römische Ueberflutung aufgerichtet hat. — Und nun ist auf der anderen Seite die sociale Frage mit akuter Macht über uns gekommen, und hat die ganze religiös-sittliche Zerfahrenheit weiter gebildeter Kreise unter uns von neuem offenbar gemacht. Während der deutsche Katholicismus sich schweigend einer Vertretung unterwirft, die ihre Losungen aus Rom empfängt und mit einer an den Jesuitenorden erinnernden Disciplin ausführt, wissen hochgebildete und einflußreiche protestantische Politiker weder über die eigene Konfession und Kirchengeschichte, noch über die gegnerische Bescheid, oder sie folgen in ihrem inneren religiösen Bankerott der Losung: „Religion ins Volk, einerlei welche, — ich selber mache ja keinen Gebrauch davon", d. h. Obst her, und wenn's Tollkirschen wären, denn ich selber esse nicht mit! Es klingt wie Wahnsinn, wenn ein deutscher Protestant sagen wollte: „Wir haben nun die Segnungen Luthers in unsrem Vaterlande lange genug genossen: wir wollen es auch einmal mit den Segnungen Loyolas probiren: — unser deutsches Volk ist in einer schweren religiös-sittlichen Krisis, in einer Krisis zwischen Gottesfurcht und Gottlosigkeit, zwischen Zucht und Bestialität: der Jesuitenaberglaube und die Jesuitenmoral werden wohl die geeignetsten Mittel sein, um diese Krise zum Besten zu wenden; — wir haben nun nach jahrhundertelangem Ringen ein einiges, mächtiges, blühendes deutsche Reich: so dürfte es an der Zeit sein, die Geister zurückzurufen, die einst den dreißigjährigen Krieg über uns gebracht." Und doch wird ohne Zweifel demnächst mancher „deutsch=freisinnige" Protestant eben dahin stimmen, für die Wiederkehr der Jesuiten stimmen, aus principiellen oder aus taktischen Gründen; denn was wiegt das religiös=sittliche Wohl oder Wehe unseres Volkes gegenüber dem abstrakt liberalen Princip oder gegen die taktische Rücksicht auf das Centrum? So sind wir in diese Stunde nationaler Versuchung gekommen, in eine schicksalsvolle Stunde; denn sie wird darüber entscheiden, ob wir noch weiter in's Schlüpfrige, Bodenlose hinabgleiten sollen, oder ob wir nach langem Hinabgleiten das erstemal wieder festen Fuß fassen werden gegen den schlimmsten Erbfeind unseres Vaterlandes.

Hören und prüfen wir zunächst die Gründe, die uns für die Rückkehr der Jesuiten angeführt werden. Es sind dieser Gründe eine ganze Reihe, wie gewöhnlich da, wo man den eigentlichen Grund nicht sagen will und kann, aber weder einzeln noch zusammen wiegen sie schwer. *Prüfung der Gründe für.*

Vorab, wenn wir die Fürsprecher des Ordens hören, sind die Jesuiten die unschuldigsten, bestverläumdeten Leute von der Welt, ebenso gelehrte als heilige Männer, die nur der Haß der Freimaurer, Protestanten und Atheisten so schwarz angestrichen hat. Eine Anzahl guter deutschen Katholiken, auch aus gebildeten Ständen, mag das in der That glauben, weil sie für alles, was für ihre Kirche streitet und von ihrer Kirche empfohlen wird, ein gutes, von ernstlichem Studium der Sache nie gestörtes Vertrauen haben. Die können wir, wenn sie nicht an die Quellen selbst gehen wollen, nur an Pascal, Huber, Döllinger=Reusch und ähnliche über jeder Verdächtigung stehenden katholischen Wahrheitsfreunde verweisen. Dagegen sind die jetzt ausgestreuten Entlastungsschriften Blendwerke, deren Verfasser, mehr schlau als ehrlich, sich wohl hüten auf die eigentliche Frage einzugehen. Man erzählt uns Züge von Gutem, was einzelne Jesuiten gethan, z. B. in den Lazarethen des letzten Krieges, oder man stellt die günstigen

Gelegenheitsäußerungen einzelner Protestanten und die pflichtigen Lobebriefe vaticanisirter Bischöfe als einen Areopag „unparteiischer Zeugen" über die Jesuiten zusammen. Als ob irgend jemand bezweifelte, daß Jesuiten mitunter auch Gutes thun können, zumal wenn es ihnen von ihren Oberen im Interesse des Ordens aufgetragen wird; und als ob es nicht leicht genug wäre, jenen dürftigen Entlastungszeugnissen eine erdrückende Uebermacht gegentheiliger Urtheile von unabhängigen und glaubwürdigen Katholiken gegenüberzustellen! — Die unverfrorenste Apologetik spart sich auch dies scheinbare Zeugenverhör, leugnet und schimpft blos. „Ueberall im Reiche, schreibt ein vor mir liegendes „Katholische Sonntagsblatt für das Königreich Baiern", besteht eine gewisse Sympathie für die zweifellos mit Unrecht und ohne Richterspruch aus dem Lande Verbannten; ja die glaubens- und gewissenlosen Zeiten verlangen gebieterisch „Religion ins Land!" „Trotzdem gibt es noch Schmier- und Hetzblätter, welche gegen die Jesuiten losziehen und einen Unsinn über den andern berichten, um Lästerungen gegen die größten und solidesten Geistesmänner auszustoßen, welche schon tausendmal widerlegt sind." Das ist den geschichtlichen Thatsachen gegenüber der Standpunkt der vollendeten Frechheit, wie ihn nur der entschlossene Lügner einnimmt; mit ihm ist natürlich nicht zu verhandeln.

Feiner, aber nicht besser ist der Appell an unsere Freiheitsprincipien, an unsere Toleranz. „Ihr habt für so vieles Duldung, Freilassung, warum nicht auch für die Jesuiten?" Irre ich nicht, so hat Goethe irgendwo gesagt, man könne gegen allerlei tolerant sein, nur nicht gegen die grundsätzliche Intoleranz. Toleranz ist Duldung gegen die Schwachen und Irrenden, ist Verzicht darauf, anders auf dieselben einzuwirken als mit den Mitteln der Wahrheit und Liebe: aber den Feind meines Vaterlandes in dasselbe einlassen, das ist nicht Toleranz, sondern Verrath. Auch sollte man sich ultramontanerseits schämen, immer die Freiheit anzurufen wo man in der Minorität ist, da man sie doch nie gewährt hat, wo man die Gewalt hatte, und sie auch bei uns erwürgen würde an dem Tage, da man die Macht dazu erlangte: wer die Freiheit nicht principiell anerkennt, hat kein Recht sie für sich in Anspruch zu nehmen. — Insonderheit hat man den üblen Klang, den das Wort „Ausnahmegesetz" in den Ohren doktrinärer Liberalen hat, und den halb freiwilligen Verzicht der Reichsregierung auf das Socialistengesetz verwerthet, um für die Aufhebung des Jesuitengesetzes Stimmung zu machen. Nun, Ausnahmegesetze für Ausnahmefälle! Die Existenz einer vaterlandslosen Geheimgesellschaft, die sich unter dem Titel der Religion in alle Weltangelegenheiten einmischt und vermöge ihrer politischen Principien eine permanente Verschwörung gegen das Deutsche Reich darstellt, ist gottlob ein Ausnahmefall in der civilisirten Welt, dem gegenüber das Deutsche Reich nur ein Ausnahmegesetz haben kann. Was aber die Analogie des Socialistengesetzes angeht, so wollen wir zwar die Aehnlichkeit der schwarzen Internationale mit der rothen nicht in Abrede stellen, aber schon mit den Socialisten, wie vielmehr mit dem Socialistengesetz ist es doch ein anderes Ding. Die Socialdemokraten sind verirrte Kinder unseres Volkes, mit denen wir in Güte und Strenge zurechtkommen müssen. Die Jesuiten sind eine auswärtige Geheimgesellschaft, der wir nichts schuldig sind; wer aus Deutschland seit 1872 in sie eingetreten ist, der ist wie ein Deserteur heimlich über die Grenze gegangen und hat im Ordensgelübde sein Vaterland abgeschworen, — er mag bleiben wo er ist, oder wiederkommen und auf sein Ordenshandwerk verzichten. Und was das Socialistengesetz angeht, so war dasselbe auf Zeit gegeben; die Reichsregierung konnte zweifelhaft sein, ob sie eine Verlängerung erreichen werde, und sie konnte hoffen, durch den Verzicht darauf das Uebel zu verringern und sich zur Ueberwindung desselben den Weg zu bahnen. Das Jesuitengesetz dagegen gilt einfach weiter, wenn es nicht positiv aufgehoben wird; daß aber diese Aufhebung das Uebel des Jesuitismus in Deutschland verringern und seine Ueberwindung erleichtern würde, hat wohl noch niemand gedacht. Die ganze Logik jenes vom Socialistengesetz hergenommenen Argumentes läuft mithin auf den stark nach Schilda schmeckenden Satz hinaus: Weil uns nach Einer Seite eine Schutzwand hingefallen ist, so müssen wir uns beeilen auch die nach einer anderen Seite hin aufgerichtete abzutragen.

Aber, so lautet ein weiteres und ganz besonders betontes Argument: Wir brauchen die Jesuiten ja eben zur Ueberwindung der Socialdemokratie! Man sagt, daß auch ernsthafte Männer sich von diesem Argument bestechen lassen; ich gestehe, daß es mir schwer fällt, dasselbe ernsthaft zu behandeln. Womit sollen denn die Jesuiten die Socialdemokratie überwinden helfen? Etwa mit ihrem kolossalen Vermögen? Ich habe nie gehört, daß sie mit demselben irgend eine gemeinnützige, auf die Hebung socialer Nothstände gerichtete Unternehmung gemacht hätten; im Gegentheil, sie sind die selbstsüchtigsten Großkapitalisten, die es gibt; sie haben es allezeit seliger gefunden, zu nehmen, auch vom armen Volke, als zu geben. Oder sollen sie den bösen Geist der Socialdemokratie, die irreligiöse Weltanschauung, überwinden mit ihrer überlegenen Religiosität? Ja, wenn der religiöse Materialismus den irreligiösen austreiben könnte. Aber wer wird denn glauben, daß die von den Höhen mißbrauchter Naturwissenschaft in die Niederungen des Volkslebens herabgezogenen Verneinungsgeister, die Zweifel an dem lebendigen Gott, an seiner väterlichen Vorsehung und an der übersinnlichen Natur und Bestimmung unserer Seele, zergehen würden vor Marienvergötterung, Ablaßzetteln und Wasser von Lourdes? Und wenn sie's thäten, so wäre doch nur der Teufel ausgetrieben durch Beelzebub, und es wäre uns wenig damit geholfen, daß an die Stelle der Herren Bebel und Liebknecht die Herren Fußangel und Dasbach als Volksvormünder getreten wären. Es thut aber nicht noth, jenes vage Argument, das nur auf die momentane besinnung=raubende Angst gewisser Kreise berechnet ist, eingehender zu widerlegen; denn wie schon mehrseitig bemerkt worden ist — wenn die Jesuiten ein Arcanum besäßen, die socialdemokratische Zeitkrankheit zu heilen, so würden sie dasselbe ohne Zweifel in Belgien angewandt haben, wo sie die freieste Hand haben, die ein modernes Gemeinwesen ihnen gewähren kann. Nun aber ist Belgien in ganz Europa das socialdemokratisch unterwühlteste Land.

Bescheidener und verschämter lautet ein weiteres Argument, welches die Jesuiten zurückverlangt wegen Mangels an seelsorgerischen Kräften in der römischen Kirche. Es ist dies dasselbe Argument, mit welchem in Baden die Ultramontanen diesem bis dahin mit Klöstern verschonten Lande die Orden überhaupt aufdrängen wollen, und wir sind so frei, dasselbe für einen puren Vorwand zu halten. In den sechziger Jahren kam im protestantischen Deutschland ein Geistlicher auf 1532 Seelen, im katholischen schon auf 865; das scheint doch genug. Und wenn man wahrnimmt, wie die römisch-katholische Kirchenleitung bald eine ganze Schaar von Klerikern an einem Orte zusammenhäuft, bald Missionspfarrer in protestantische Gegenden verstreut, wo sie an einer Handvoll Katholiken gar keine ausreichende Berufsarbeit finden, oder wie sie mitunter ihre fähigsten Köpfe zu Zeitungsredaktionen beurlaubt, so möchte man auch für den gegenwärtigen Moment eher auf Luxus, als auf Mangel schließen. Bestände aber letzterer wirklich, so wären doch die Jesuiten die ungeeignetsten Leute, denselben auszufüllen. Denn bekanntlich fragen sie der bischöflichen Autorität nichts nach, sondern gehorchen nur ihren eigenen Oberen; und machen der geordneten Seelsorge viel lieber Konkurrenz, als daß sie sich mit derselben in Reih' und Glied stellten. Die römischen Bischöfe, welche einen so großen Einfluß auf ihre Heerden haben, würden also besser thun, begabte Jünglinge, welche geistliche Neigungen haben, vom Eintritt in den Jesuitenorden abzuhalten und sie zum Dienst der Kirche im Pfarramt heranzuziehen.

Das letzte mir bekannt gewordene Argument für die Zurückberufung der Jesuiten hat vor den seither angeführten jedenfalls den Vorzug der Aufrichtigkeit voraus: es sei das Recht der römischen Kirche, ihre Jesuiten wieder zu haben; die Freiheit der Kirche erheische die volle, ungehemmte Entfaltung ihrer Lebenstriebe, auch nach der Seite des Ordenswesens, insonderheit des Jesuitenordens. Wir wollen diesem Argument nicht die Frage entgegenhalten, wie denn der Jesuitenorden eine wesentliche Entfaltung des römisch-kirchlichen Lebens sein könne, wenn doch ein unfehlbarer Papst denselben als mit der Wohlfahrt und dem Frieden der Kirche unverträglich aufgehoben hat: Widersprüche mit ihrer Vergangenheit kommen ja seit 1870 für die römische Kirche nicht mehr in Betracht. Wohl aber dürfen wir entgegnen, daß wer zu viel beweist, nichts beweist. Zur vollen „Freiheit" und Selbstentfaltung der römischen Kirche würde nicht nur die Rückberufung der Jesuiten gehören, sondern die volle Verwirklichung der Syllabusgrundsätze in Deutschland, also z. B. die Aufhebung der Staatsschule, der Gewissensfreiheit, und überhaupt aller derjenigen Einrichtungen, die den modernen Staat vom mittelalterlichen unterscheiden, bis zur Wiedereinführung der Inquisition, die uns Herr Professor Schroers in Bonn bereits als eine segensreiche Einrichtung von welterhaltender Bedeutung wieder empfiehlt. Ja, das alles würde noch eher kommen müssen als der Jesuitenorden, denn der Syllabus ist durch die Unfehlbarkeitserklärung dogmatisirt, während die Nothwendigkeit der Jesuiten für Deutschlands Seelenheil bis jetzt noch nicht zum Glaubenssatz erhoben ist. Est modus in rebus. Im heutigen Rechtsstaat hat nun einmal niemand absolute Freiheit der Selbstentfaltung, sondern die Freiheit jedes Einzelnen sowie jeder Korporation, ob dieselbe „römische Kirche" heiße oder anders, hat ihre Schranke an dem Rechte Anderer und an den Existenzbedingungen des Ganzen. Und dies Ganze, der Staat, mißt allem, was unter seiner Oberhoheit wohnt und Schutz genießt, die Schranken seiner Selbstentfaltung zu. Das ist freilich nicht die Rechtsansicht der römischen Kirche: nach dieser ist die Kirche die oberste Gesetzgeberin mit göttlichem Recht, und hat jedem anderen Rechte auf Erden zuzurufen: ôte toi, que je m'y mette: allein mit diesen pseudoisidorischen Grundsätzen ist es in Deutschland seit der Reformation und dem westphälischen Frieden nun einmal vorbei, und muß ein für allemal vorbei sein, nicht blos wegen unserer Verfassungsurkunden, nicht blos weil das evangelische Bekenntniß in Deutschland heimathberechtigt und in der Mehrheit ist, sondern weil der deutsche Staat sich selbst aufgäbe und sein Todesurtheil unterschriebe, wenn er jenem Anspruch der römischen Kirche Raum geben wollte.

Freilich, das bleibt eine offene Wunde an unserem

deutschen Staatsleben, daß wir nun doch ein reichliches Drittel deutsches Volk haben, in welchem dieser Anspruch — seit dem Vatikanum — als Glaubenswahrheit gelehrt und so zum fanatischen Stachel wider Kaiser und Reich gemacht werden kann. Das hat uns der ehrwürdige Döllinger, einer der tiefsinnigsten Durchschauer der Welt= und Kirchen= geschichte, unmittelbar nach dem Vatikanum vorausgesagt: „ich kann mir nicht verbergen, daß diese Lehre, an deren Folgen das alte Deutsche Reich zu Grunde gegangen ist, falls sie bei dem katholischen Theil der deutschen Nation herrschend würde, sofort auch den Keim eines unheilbaren Siechthums in das so eben erbaute neue Reich verpflanzen würde". Die ganze seitherige Verwirrung und Verschiebung unseres inneren Entwickelungsganges durch den Kulturkampf und die Centrumspartei bestätigen diese Weissagung, und der Jesuitenantrag ist nur ein neuer Beleg für sie. Wir werden diese offene Wunde tragen müssen, bis eine aus dem deutschen katholischen Volke hervorgehende und große Maß= stäbe annehmende religiöse Reformbewegung sie ausheilt; aber daß wir in die Wunde auch noch das jesuitische Gift einführen, das kann niemand von uns verlangen, und dazu werden Reichstag und Bundesrath hoffentlich nicht sich die Hand reichen.

———

Machen wir uns deutlich, was für Wirkungen die Die Gründe gegen. Wiederkehr der Jesuiten üben würde auf das evangelische, auf das römisch=katholische, und endlich auf das gesammte im Reiche staatlich verfaßte Deutschland.

Daß die Jesuiten wiederkehren würden nicht blos um Wirkung auf das evange= lische Volk. der deutschen Katholiken, sondern auch um der deutschen Protestanten willen, das könnte nur ein Schwachkopf ver= kennen. Die Bekämpfung und Vernichtung der „Ketzerei", d. h. des evangelischen Bekenntnisses, ist von Anbeginn der Hauptberuf der „Gesellschaft Jesu" gewesen; er ist ihr an= geboren, und niemals wird sie ihn gegen andere Aufgaben zurückstellen. Sie selbst läßt darüber nicht den geringsten Zweifel. „Es ist nicht zu leugnen," sagt die Jubiläums=

schrift, die der Orden nach dem ersten Jahrhundert seines Bestehens veröffentlicht hat, die Imago primi saeculi, — „es ist nicht zu leugnen, daß von uns ein heftiger und ununterbrochener Krieg für die katholische Religion gegen die Ketzerei übernommen worden ist. Vergeblich erwartet die Ketzerei, daß die Gesellschaft sich durch Stillschweigen mit ihr vertrage werde: so lange uns ein Hauch des Lebens bleibt, werden wir gegen die Wölfe zur Vertheidigung der katholischen Heerde bellen. Kein Frieden ist zu hoffen; die Saatkörner des Hasses sind (uns) eingeboren.*) Was Hamilkar dem Hannibal, das war uns Ignatius; auf seine Anstiftung hin haben wir ewigen Krieg an den Altären geschworen." Die Jesuiten würden also wiederkehren, um an dem deutschen Protestantismus, — da Inquisition und Scheiterhaufen für jetzt nicht zu haben sind — Propaganda zu treiben, ihn mit allen in unseren modernen Verhältnissen zu habenden Mitteln zu schädigen, zu untergraben, womöglich zu vernichten. Wir deutschen Protestanten dürften unsere Staatsgewalten fragen, woher sie das Recht nehmen wollten, auf unsere Religion und Kirche, die in Deutschland heimathberechtigt ist, der sie Schutz und Pflege gelobt haben, diese Soldateska loszulassen, welche die Bekämpfung und Vernichtung des Protestantismus offen als ihren unverbrüchlichen Lebenszweck bekennt. Man würde uns vielleicht antworten, daß die Jesuiten nicht mehr die politischen Gewaltmittel des 17. Jahrhunderts besäßen; daß wir gegen Uebergriffe des Schutzes der Gesetze sicher sein könnten; daß wir überhaupt nicht wohl thäten, Furcht vor den Jesuiten zu zeigen: aber diese Entgegnungen würden die Sache nicht treffen. Was zunächst die vielverspottete angebliche „Angst" vor der „Handvoll Jesuiten" angeht, — nun, diese Handvoll Officiere würden ihre Truppen schon finden, und dennoch

---

*) Daß hier im Lateinischen kein nobis steht, ändert an dem Sinne nichts. Denn der ganze Zusammenhang zeigt, daß nicht von wechselseitigem Hasse die Rede ist, vielmehr wird der Ketzerei der Wunsch eines Sichvertragens zugeschrieben und der Haß als Antrieb unabläßigen Krieges lediglich von dem Orden für sich in Anspruch genommen.

uns keine „Angst" einflößen. Aber man kann persönlich
ganz furchtlos sein und doch für sein Volk den Krieg
fürchten, schon weil der Krieg immer vom Uebel ist. Die
Wiederkehr der Jesuiten würde die evangelische Kirche in
Deutschland in eine Art von permanentem Belagerungs=
zustand versetzen, der unsere besten Kräfte zu steter Ab=
wehr in Anspruch nehmen, uns von friedlicheren, positiven
Aufgaben abziehen und auch auf unserer Seite eine steigende
Erbitterung erzeugen würde; — das zunächst scheuen wir.
Und weiter, — gewiß hat der kirchliche deutsche Pro=
testantismus keinen ehrlichen, mit geistigen Mitteln aus=
zufechtenden Kampf zu fürchten, den der Jesuitismus ihm
anbieten könnte; er ist diesem Gegner an Geisteskraft und
Gottesfurcht hundertmal überlegen: aber dieser Krieg
würde eben kein ehrlicher, allein mit geistigen Mitteln zu
führender Kampf sein. Was wir in der That fürchten,
das sind Kampfesmittel, auf deren Abwehr ehrliche
Leute nicht eingerichtet sind, Schleichwege und Hinter=
treppengänge, vor denen kein Gesetz und keine Regierung
uns schützen kann, wenn die, welche sich auf dieselben
verstehen, einmal mit uns unter demselben Dache wohnen
dürfen. Wenn die Jesuiten jetzt frei=öffentlich wieder=
kehren dürften, was würden sie gegen uns thun? Nun,
sie würden zunächst, wie in den fünfziger Jahren, ihre
„Missionen" in protestantischen Gegenden wieder auf=
nehmen, in wohleinstudierten Vorträgen mit verlogener
Schönfärberei die sogenannten Vorurtheile gegen ihre
Kirche bekämpfen und theologisch unwissende Protestanten
dadurch an ihren Lehrern und an ihrem Bekenntniß
irre zu machen suchen; sie würden auch ihre literärische
Thätigkeit wieder aufnehmen und vielleicht die jetzt so
unsäglich plump und roh gewordene Schmähliteratur
wider Luther, die Reformation, die deutsch=protestantische
Geschichte und Literatur durch eine feinere und bestechendere
Polemik zu ersetzen wissen: dawider aufzukommen, würden
wir Manns genug sein. Aber die Jesuiten würden
mehr thun. Sie würden den Seelenfang in der gemischten
Ehe, am Krankenbett, nach dem Tode der Eltern, in der
Diaspora, der freilich schon jetzt recht eifrig getrieben wird,

ins Ungemessene steigern; sie würden in die vornehmen Kreise Eingang suchen und finden, hin und wieder einen Herrn oder eine Dame von Adel konvertiren, mit deren Einflüssen und Geldmitteln sich dann Weiteres machen ließe; sie würden jede Konnexion und Protektion zu finden und zu verwerthen wissen, durch welche dem evangelischen Kirchenwesen ein Hinderniß oder Abbruch bereitet, dem römischen eine Bevorzugung erschlichen werden könnte, und sie würden durch ihre Andachten, Vereine, Beichtstühle das religiöse Mißtrauen und die sociale Feindseligkeit des katholischen Volkes gegen uns auf den Siedepunkt zu bringen wissen. Und gegen solche Dinge würden wir allerdings wehrlos sein. Um so wehrloser, als uns durch das Staats=kirchenregiment, unter dem wir stehen, in hundert Fällen die Hände gebunden sind, wo der römische Katholicismus sie gegen uns frei hat. Bekanntlich wird diese Gebunden=heit schon jetzt in evangelisch = kirchlichen Kreisen peinlich empfunden und hat eine gegen den Fortbestand des lan=desherrlichen Kirchenregiments gerichtete Bewegung erzeugt, die wir mißbilligen, die aber an der neuerlichen vielfachen Ver=leugnung des protestantischen Grundcharakters unseres Staats=wesens ihr verhältnißmäßiges Recht hat. Diese Bewegung könnte keinen stärkeren Sporn erfahren und das Vertrauen des evangelischen Volkes zum Kirchenregiment seiner Landes=herren keinen stärkeren Stoß erleiden, als wenn die be=rufenen Schirmherren der evangelischen Kirche es unter=ließen; dieselbe gegen die Nachstellungen der Jesuiten zu schützen.

Wirkungen auf's römisch=katholische Volk. Aber eine weit unmittelbarere und verderblichere Ein=wirkung als auf das evangelische Volk würden die zurück=kehrenden Jesuiten auf den katholischen Volkstheil üben. Wir wollen nicht reden von der materiellen Aussaugung, die für Peterspfennig, Mission, Propaganda, Jesuitenbauten und =anstalten alsbald ein erhöhtes Tempo annehmen würde; trotz seines, wie die Kölner Zeitung sagt, "mehr als Rothschild'schen Vermögens", das er auch heute wieder beisammen hat, liebt und versteht es der Orden, den „Gläubigen" zu solchen „guten Werken" unabläßige An=

regung zu geben.*) Die tieferen Schädigungen würden doch auf religiösem und sittlichem Gebiete liegen. Bekanntlich ist es die Art der Jesuiten, auf der Kanzel wie im Beichtstuhl der geordneten Seelsorge möglichste Konkurrenz zu machen, und die maßlosen Privilegien, mit denen das dankbare Papstthum den Orden ausgestattet hat, setzen die Bischöfe und Weltgeistlichen auch ganz außer Stande, sich dieser Konkurrenz, die sich ihre Erfolge durch die geschickteste Auswahl der Personen zu sichern weiß, zu erwehren. Ohne Zweifel sind trotz des Vaticanums noch heute im deutschen katholischen Klerus zahlreiche Elemente vorhanden, die sich nicht jesuitisirt haben; die sich bemühen, dem Kaiser zu geben, was des Kaisers, und Gotte, was Gottes ist, und ihre Gemeindeglieder nach Kräften zu praktischem Christenthum anzuleiten: dieselben würden vor der Wiederkehr der Jesuiten warnen, wenn sie in jetzigen Zeiten ihren Widerwillen gegen dieselben überhaupt noch äußern dürften. Die nächste Wirkung einer Zurückberufung des Ordens würde nun die sein, diesen besseren, vaterländischer und evangelischer gesinnten Theil des römischen Klerus vollends lahmzulegen und das katholische Volk von Staatswegen vollends in die religiöse und moralische Schule des Jesuitismus zu liefern. Die religiöse und moralische Schule des Jesuitismus, — was das heißt, davon haben wir namentlich nach letzterer Seite hin in unserer Charakteristik des Ordens einige Veranschaulichungen zu geben gesucht. Aber der Leser müßte eigentlich eines der jesuitischen Moralhandbücher, z. B. den dem neunzehnten Jahrhundert angehörigen und in Priesterseminaren eingeführten Gury selber studieren, um eine volle Anschauung von der Tiefe der sittlichen Verderbniß zu gewinnen, in welche eine Ausbreitung dieser Doktrinen unser katholisches Volk hinabreißen würde.**)

---

*) Ich habe in den fünfziger Jahren in Trier ein gewaltiges Jesuiteninstitut, sammt eigener schöner romanischen Kirche, alles aus behauenem Sandstein, wie über Nacht entstehen sehen. Die Kosten wurden in der keineswegs besonders wohlhabenden Stadt auf die zudringlichste Weise zusammencollectirt.

**) Von diesem Gury scheinen diejenigen, welche wie die „Frankfurter Zeitung" von vergilbten Folianten reden, auf die man mit den Moralanklagen gegen die Jesuiten zurückgreife, nichts zu wissen.

Noch zehren wir im deutschen Volksleben von einer vorangegangenen zuchtvolleren Zeit; aber dämonische Mächte arbeiten heutzutage von allen Seiten an der Entsittlichung unseres Volkes: es thut nicht noth, denselben auch noch die Jesuitenmoral hinzuzugesellen. Wohin man mit den Theorieen vom Probabilismus, von der Lenkung der Absicht und reservatio mentalis im praktischen Leben kommt, davon hat neulich der Straubinger Proceß gegen den bairischen Pfarrer Hartmann Regierungen und Parlamenten ein lehrreiches Exempel geboten. Dieser jesuitisch geschulte Geistliche ging darauf aus, das nicht unbeträchtige Vermögen einer beschränkten Frau, die ihn zum Seelenleiter gewählt hatte, den zuständigen Verwandten zu entziehen und einem belgischen Jesuitenstift zuzuwenden. Zu dem Ende belehrte er seine Clientin nicht nur wörtlich: „Karg gegen Menschen! alle Pfennige (die man von einem den Jesuiten bestimmten Kapital den Armen gibt) müssen verantwortet werden," sondern er verleitete sie geradezu zum Meineid, zur eidlichen Verleugnung des Vermögens vor Gericht. Man hat sein Verfahren mit sechs Jahren Zuchthaus geahndet; aber nach der Jesuitenmoral, auch nach den Lehren des hl. Alphons von Liguori — bemerkte ein altkatholisches Blatt — war es vollkommen probabel und erlaubt, und mit Recht sagte der Vertheidiger in seinem Schlußwort: „Der Vorwurf des Jesuitismus treffe nicht den, der in dieser Richtung erzogen sei, sondern die, welche diese Richtung im Staatsleben dulden und immer noch ausbreiten wollten." — Als Ersatz für den unberechenbaren Abgang, den die katholische Volkssittlichkeit in der Schule der Jesuitenmoral erleiden würde, träte dann in die Lücke der Zuwachs und Ueberschuß an jesuitischer Devotion. Wir haben die Jesuitenreligion und =religiosität in unserem ersten Artikel charakterisirt, aber den vollen Eindruck der Flut von Aberglauben und Fetischismus, von Mariendienst, Heiligenkult, Legendenglauben, Ablaßkram, Gebetsmechanik, Skapulier=, Medaillen= und Wunderwasserwesen und Aehnlichem, was hier an die Stelle der Anbetung Gottes im Geist und in der Wahrheit tritt, gewinnt man erst, wenn man dann und wann eines der kleinen jesuitischen Andachtsblättchen fürs Volk oder für bestimmte Vereine liest. Mit der Geistlosigkeit dieser Andachten, die jede Regung eines religiösen Denkens ausschließen, wetteifert nur ihre vollkommene sittliche Unfruchtbarkeit, ihre Unfähigkeit irgendwie das Gewissen zu schärfen. Und doch haben sie ihre Wirkung: sie versetzen das Volk in einen Gefühlsrausch, in eine mystische Stimmung und blinde Gläubigkeit, die sich dann im Leben als Fanatismus bethätigt. Eine dunkle Angst vor der Ketzerei und ein dunkler Haß gegen die Ketzer wird auf diese Weise großgenährt, und zerreißt jedes Band der christlichen Achtung, des menschlichen Vertrauens, des vaterländischen Gemeingefühls, das sich in den Zeiten nach den Freiheitskriegen um die beiden Confessionen in Deutschland zu schlingen begonnen. Wer wäre so thöricht, zu glauben, daß dieser Ketzerhaß angesichts der Träger der Staatsgewalt innehalten, daß er sich vor dem Throne des Königs auf einmal in Liebe und Verehrung verwandeln werde? Auch der König gehört, sammt der Mehrzahl seiner Minister und Beamten, zu diesen Ketzern, denen man nichts Gutes zutrauen darf, die als Kinder der Bosheit auf ewig in die Hölle kommen. Und welche Liebe zu König und Vaterland könnten auch Leute, welche beim Eintritt in den Orden jede Vaterlandsliebe abschwören und in dem nicht-katholischen König nur einen todeswürdigen Rebellen gegen die allein legitime päpstliche Weltherrschaft erblicken, im katholischen Volke erwecken?

Das führt uns auf die Bedeutung hinüber, welche die Wiederkehr der Jesuiten für unser Staatsleben als solches in sich bergen würde. Es wird angebracht sein, den Grundlagen gegenüber, auf welchen unser deutsches Staatsleben beruht, sich die politischen Grundanschauungen des Jesuitenordens kurz zu vergegenwärtigen. Zunächst, was wir soeben berührt: wie der Jesuit bei seinem Eintritt in den Orden keine Eltern, keine Familie mehr kennen darf, so auch kein Vaterland: „Ich habe keine Familie, Vater und Mutter sind mir gestorben, ich habe keine Heimath, kein Vaterland, keinen Gegenstand der Liebe und Verehrung als allein den Orden", heißt es in seinem Gelübde. Damit hängt zusammen, daß er in seinem Herzen

Wirkung auf den Staat.

dem Landesherrn die Huldigung weigert: „Die Kleriker, lehrt einer der Großen des Ordens, Bellarmin, haben ihren geistlichen Fürsten, von dem sie nicht nur in geistlichen, sondern auch in zeitlichen Dingen regiert werden, und es kann nicht geschehen, daß sie z w e i Fürsten in zeitlichen Dingen anerkennen, denn nach dem Evangelium kann niemand zweien Herren dienen." Und der Jesuit Saa folgert ganz logisch weiter, daß ein Kleriker, weil er überhaupt unter keiner weltlichen Gewalt stehe, auch nicht der Rebellion gegen den König oder des Verbrechens der beleidigten Majestät schuldig werden könne.*) Aber das sind nur einzelne Folgerungen der politischen Weltanschauung des Ordens; der Grundgedanke derselben ist der, welchen die berüchtigte Bulle Bonifaz' VIII. am rundesten ausgesprochen hat: daß dem Papste die Weltherrschaft zustehe, nicht nur die geistliche, sondern auch die weltliche. „In dem Augenblick," lehrt mit ausdrücklicher Approbation seines Generals der Jesuit Santarelli, „in dem Augenblick, da Christus das Papstthum einsetzte, hat er ihm auch alle Fürsten und Reiche der Erde unterworfen." Jene maßlosen Herrschaftsansprüche, welche die mittelalterlichen Päpste der weltlichen Gewalt gegenüber erhoben und durch welche sie zu Zeiten nicht blos Kaiser und Könige, sondern auch Bischöfe und Mönche zur Gegenwehr trieben, — sie haben an den Jesuiten ihre eifrigsten Vertheidiger gehabt, und nicht nur gehabt in hinter uns liegenden Jahrhunderten. Noch heute verkündet die jesuitische civilta cattolica von Zeit zu Zeit die Lehre von der Oberherrschaft des Papstes über alle christlichen Völker und Staaten, eine Oberherrschaft, deren Ausübung — wie ausdrücklich gelehrt worden ist — bis zur rechtmäßigen Ungültigkeitserklärung eines preußischen Steuer- oder Militärgesetzes gehen kann. Auf dem Vatikanum hat sich der Wiener Erzbischof Rauscher solchen Theorieen mit der Erklärung entgegengesetzt, man mache auf diese Weise jeden rechtgläubigen Katholiken zu einem geborenen Feinde des Staates. Aber eben dies wollten die Jesuiten mit ihrer — natürlich auch rückwirkenden —

---
*) Huber: a. a. O. S. 244.

Unfehlbarkeitserklärung, daß solche Grundsätze, wie die der
Bulle Unam sanctam unter das Panier der Unfehlbarkeit
gestellt und so zu katholischen Glaubensartikeln erhoben
würden, und sie haben es durchgesetzt. Dieselbe politische
Weltansicht, nach welcher der weltlichen Obrigkeit überall
nur so viel Gewalt bleibt, als die Gesetzgebung und
Regierung der Kirche, d. h. des Papstes, ihr übrig lassen
will, ist — wenn auch in möglichst zahmen Worten
— in der Encyclica über Staat und Kirche ausgesprochen,
die von Papst Leo XIII. vor einigen Jahren dem
Fürsten Bismarck freundschaftlich ins Haus geschickt ward:
sie hätte mit dem ernstesten Protest zurückgewiesen werden
sollen, denn zu lachen ist über solche den modernen Staat
zum Tode verurtheilenden Theorieen wahrlich nicht, wenn
Millionen von Staatsangehörigen angehalten werden, die=
selben in ihren Glauben aufzunehmen. — Die Herabdrückung
der weltlichen Obrigkeit, die aus dieser Ueberhebung der
geistlichen folgt, hat aber bei den Jesuiten noch eine ganz
besondere, äußerste Ausprägung gefunden: ihre Staats=
lehre ist durchaus demokratisch, ja mehr als das, sie ist
revolutionär. Nur das Herrscherrecht des Papstes, des
Oberhauptes der civitas dei, jener Theokratie, in die sie die
christliche Welt verfaßt denken, ruht ihnen auf positiver
göttlichen Stiftung; für das Recht der weltlichen Obrigkeit,
deren göttlichen Rechtstitel Luther so nachdrücklich betont,
haben sie nur eine naturrechtliche Ableitung. Die Jesuiten
sind es, die — lange vor Rousseau und der französischen
Revolution — den contrat social und die Volkssouve=
ränität als Grundlagen des Staates verkündigt haben,
und auch die Folgerung hieraus haben sie der französischen
Revolution vorweggenommen, daß das Volk seinen König
verjagen, ja hinrichten dürfe, wenn er ein „Tyrann" sei.
Schlimmer aber als ein Tyrann, fahren sie fort, ist ein
ketzerischer König; „ein ketzerischer König," schreibt 1592 der
(pseudonyme) Jesuit Rossäus, „ist der größte Bösewicht unter
den Menschen und muß nach dem Befehl der heiligen Schrift
getödtet werden", und jeder König ist ketzerisch, der sich in kirch=
licheDinge mischt, ketzerische Bücher nicht vertilgt, Versamm=
lungen der Ketzer nicht hindert, die Dekrete der Concilien

zu genehmigen und zu publiciren sich weigert und seine Gesetze nicht nach den Satzungen der Kirche einrichtet;*) — eine Ausführung, nach welcher sämmtliche gegenwärtig regierenden Häupter in Deutschland ihr Leben verwirkt hätten. Die Jesuiten haben aber nicht blos so gelehrt, — sie haben auch danach gehandelt. Der Mörder Heinrichs III., Clement, hatte sich, wie schon vor ihm der Mörder des großen Oraniers, nach dem Zeugniß des Jesuiten Mariana vor seiner That von hervorragenden Theologen dahin belehren lassen, daß er Recht thue, und Mariana selbst, eine der Größen des Ordens, nennt jenen Königsmörder aeternum Galliae decus und seine That monimentum nobile. Natürlich wurde die Frevelthat sammt der entsprechenden Lehre in Frankreich verdammt und den Päpsten hart zugesetzt, den Jesuiten so schändliche Lehren zu verbieten. Die Päpste thaten, was sie nicht lassen konnten, aber der Ordensgeneral war doch nur zu der zweideutigen Einschärfung zu bewegen, man dürfe nicht lehren, daß es jedwedem unter jeglichem Vorwande der Tyrannei erlaubt sei, Könige und Fürsten zu tödten, und der Orden hielt auch nach dieser Einschärfung ausdrücklich und trotzig an seiner Lehre fest.**) — Man braucht die Staatslehre der Jesuiten nicht einmal auf diesen äußersten frevelhaften Punkt zu pressen, um einzusehen, daß sie von Anfang bis zu Ende mit unserer heutigen Staatsidee und Staatsgestaltung unverträglich ist; daß sie für ein politisches Ideal arbeitet, das überall nur durch den Umsturz des modernen Staates, also durch Revolution zu verwirklichen wäre. Und so sind die Jesuiten nicht nur unter allen Umständen eine lediglich scheinkonservative Partei, eine Partei, die ganz unbedenklich heute mit dem Absolutismus, morgen (wie 1830 in Belgien) mit der Revolution sich verbünden wird, je nachdem sie auf diesem oder jenem Wege größeren Vortheil für ihre Papst- und Ordens-Weltherrschaft herauszuschlagen hofft; sondern sie sind dem modernen

---

*) Huber a. a. O. S. 260.
**) Huber a. a. O. S. 266—268, Vergl. Fridolin Hoffmann in den „Deutsch-ev. Blättern", Jahrgang 1887, Heft VI u. VII: „Hat je ein Papst die Lehre vom eventuellen Erlaubtsein des Fürstenmordes verdammt?"

Staate gegenüber, je fester gefügt, je selbständiger ausgeprägt derselbe ist, eine geradezu principiell revolutionäre, auf Untergrabung der Staatsgewalt zu Gunsten der Papstgewalt gerichtete Macht. Bedenkt man nun, daß diese Macht eine internationale ist, daß sie in allen europäischen Völkern und Staaten ihre Netze angesponnen hat, daß sie den großartigsten und einflußreichsten Geheimbund darstellt, den die Weltgeschichte kennt, einen Geheimbund, dessen sämmtliche Glieder nach dem Gesetz des Kadavergehorsams von einem in Rom residirenden General geleitet werden, so beantwortet sich die Frage, ob der Jesuitenorden staatsgefährlich sei, nach allen Gesetzen des gesunden Menschenverstandes von selbst.

Gilt dies Ergebniß für jeden wahrhaft freien, die höchsten Aufgaben des Volkslebens selbständig in die Hand nehmenden Staat, so gilt es zwiefach für einen überwiegend protestantischen und dabei doch auf Eintracht mit einer starken katholischen Minderheit angewiesenen Staat wie das Deutsche Reich. Wir Deutschen müßten in jeder Hinsicht, religiös, kulturell, politisch uns selbst aufgeben, um dem politischen Ideal des Ordens zu entsprechen; aber wir wären schon zerstückt und gelähmt, wenn dies Ideal auch nur im katholischen Volkstheil die Herrschaft gewänne. Unsere Zukunft ist, wie die keines anderen Volkes und Reiches, bedingt durch einen höheren Einklang der beiden Hauptkonfessionen. Aus jahrhundertelanger Zersplitterung und Zerrissenheit sind wir eben erst zur Reichseinheit neu geboren, mit dem Gefühl, daß wir ohne diese Gnade der Vorsehung unaufhaltsamem nationalen Verfall anheimgefallen wären. Aber keine Nation, am wenigsten eine, die angelegt ist wie die unsere, lebt und gedeiht auf die Dauer durch die pure Einheit politischer und wirthschaftlicher Anliegen, ohne ein großes brüderliche Gemeingefühl, das aus der Arbeit und Freude an gemeinsamen geistigen Gütern quillt. Was soll daraus werden, wenn dem katholischen Volkstheil jede christliche Achtung vor seinen protestantischen Brüdern (z. B. jede Anerkennung ihrer Taufen und Trauungen als christlicher) ausgetrieben, jede Mitfreude an den großen Erscheinungen unserer Geschichte und

Besondere Gefahr für's Deutsche Reich.

Literatur, soweit dieselben mit der Reformation zusammen=
hängen, verleidet wird? Wird erst unser deutsches Volk in
seinen breiten Massen in zwei einander nicht mehr ver=
stehende, sondern nur noch hassende Theile geistig aus=
einandergerissen sein, dann wird es unter entsprechenden welt=
geschichtlichen Umständen, wie sie alle Tage eintreten können,
reif sein zu einem zweiten dreißigjährigen Krieg. **Und diesem
Ziele würden die Jesuiten, wenn sie Einfluß ge=
wännen, nach allen ihren Grundsätzen und Methoden
uns entgegentreiben.** Man sage nicht: das alles geschieht
bereits ohne sie, tagtäglich und an allen Enden des Vater=
landes; können und müssen wir das vertragen, so wird es
uns auch nicht umbringen, wenn der Jesuitenorden frei=
öffentlich noch hinzukommt. Der Vordersatz ist leider wahr,
der jesuitische Geist ist längst da und geschäftig, und doch
wäre es ein frevelhafter Leichtsinn oder Pessimismus, ihn
auch noch leibhaftig zu citiren. Kein Uebel ist so groß,
daß es nicht noch einer Steigerung fähig wäre, und kein
gewissenhafter Mensch wird Oel ins Feuer gießen, damit
dieses desto besser gesehen und gelöscht werden möge. Es ist
ein großer Unterschied, ob der Jesuitismus in Tropfen
oder in Strömen über uns kommt; ob er aus abgeleiteten
Kanälen unsere Fluren unterrieselt, oder ob die Brunnen
der Tiefe mitten auf unserem Gebiete aufbrechen dürfen.
Eben die leidenschaftlichen Bemühungen, den Jesuiten=
orden mit öffentlichen Rechten in's Deutsche Reich zurück=
zubekommen, bezeugen, daß der ultramontane Landsturm
sich nicht stark genug fühlt, ohne diese festdisciplinirte
Kerntruppe siegreich durchzudringen. — Wir wollen, um
den ganzen Unterschied zu veranschaulichen, um den es
sich hier handelt, nur auf Einen Punkt hinweisen: auf das
Schul= und Erziehungswesen der Jesuiten, das jetzt für Deutsch=
land fast wirkungslos ist, dann aber höchst verhängnißvoll
werden würde. Jetzt ist es ein sehr erschwertes Ding und
darum ein seltener Ausnahmefall, daß deutsche katholische
Familien ihre Söhne in auswärtige Jesuitenanstalten zur
Erziehung schicken: von dem Augenblicke an, wo die Jesuiten
wieder zugelassen wären, würden ihre Schulanstalten und
Pensionate wie Pilze aus deutscher Erde schießen, und —

wie die Dinge jetzt bei uns liegen — ein großer Theil der katholischen Jugend aus besseren Ständen, aus Adel und wohlhabendem Bürgerthum, — vielleicht der größere Theil derselben — würde in diese Anstalten geschickt werden. So würde die katholische Jugend der höheren Stände, die jetzt noch in Staatsanstalten ihre Bildung erhält, in denselben mit evangelischen Volksgenossen verkehrt und von der freien und gesunden Luft vaterländischen Geistes durchweht wird, künftig von alledem abgesperrt und allein den bildenden und erziehenden, religiösen und politischen Einwirkungen der Jesuiten überliefert sein. Und diese Jesuitenzöglinge würden dann als Bürger und Beamte, als Richter und Aerzte, als Organe des Staates oder Führer der bürgerlichen Gesellschaft mindestens in der Hälfte Deutschlands maßgebende Rollen spielen. Noch mehr, — bei der bekannten Einrichtung des Jesuitenordens, Professen, also Eingeweihte des Ordens, ohne jede äußerliche Ordenszugehörigkeit, in jedweder Verkappung, selbst in der eines evangelischen Predigers, in weltliche Berufsstellungen zu entlassen, beziehungsweise in denselben zu belassen, könnte der Staat gar nicht wissen, wie viele von jenen Jesuitenzöglingen früher oder später wirkliche Ordensgenossen würden, ohne darum dem Staatsdienst zu entsagen. Es würden solche ohne Zweifel mit die Begabtesten und Geriebensten sein; der Staat würde ihnen Vertrauensstellungen übertragen, ohne zu wissen, in wessen Dienst sie stünden; sie würden „den einen Herrn lieben und den andern hassen, dem einen anhangen und den andern verachten"; aber es würde nicht Kaiser und Reich sein, für die sie arbeiteten. — Und nun denke man sich einen vorwiegend protestantischen Staat, der so durchsetzt und so bedient wäre, in einem Moment schwerer äußeren oder inneren Gefahr, in einer Krise vielleicht auf Sein oder Nichtsein ... Ich male das Bild nicht weiter aus. —

Wir fassen, was wir gegen die Wiederzulassung der Jesuiten auszuführen hatten, zusammen in die Worte eines der edelsten deutschen Katholiken, eines Kirchenregenten und *Das Urtheil Wessenbergs.*

Staatsmannes unseres Jahrhunderts. „Der Ursachen, warum der Orden der Jesuiten, so wie er sich ausgebildet, mit der Wohlfahrt der christlichen Kirche sowohl, als der Staaten, und mit der Eintracht zwischen beiden durchaus unvereinbar ist — schrieb seiner Zeit der Generalvikar von Wessenberg, — sind so viele und schwerwiegende, daß es im höchsten Grade befremden muß, wie die Häupter von Staaten jetzt wieder eine mächtige Stütze ihres Ansehens in ihm suchen mögen. Seine Grundsätze sind so beschaffen, daß sie unvermeidlich die christliche Glaubens- und Sittenlehre verderben und das Verhältniß zwischen Staat und Kirche zerrütten müssen. Alle Arten von Unglauben, heidnische und pharisäische Gesinnungen werden durch jene gehegt. Die Lehre vom Probabilismus, vom geheimen Vorbehalt und der Heiligung der Mittel durch den Zweck, selbst von der Ungültigkeit der Eide, wenn höhere Zwecke dies annehmbar machen, zerstören das Grundwesen aller christlichen Moral. Mit den jesuitisch-ultramontanen Lehren vom Kirchenrecht kann keine wahre obrigkeitliche Gewalt, keine Selbständigkeit der Staatsregierung bestehen. Denn dieser Orden trachtet nach der Natur seiner Einrichtungen und nach dem Geiste seiner Lehren nach einem Universaldespotismus über alle Geister, über alle Organe des staatlichen und kirchlichen Lebens, so daß nur ein Stockblinder es verkennen kann, daß dieser Orden die mächtigste und gefährlichste geheime Gesellschaft ist, um in Kirche und Staat die eigentliche Herrschaft an sich zu ziehen. Gelingt es dem Orden, auch in Deutschland wieder Boden zu gewinnen, so ist ein heftiger und langer Kampf des Lichtes mit der Finsterniß vorauszusehen, ein Kampf, der dem Frieden der Kirchen wie der Ruhe des Staates gleich gefährlich werden dürfte." —

Protestantische Streitschriften.
Walther & Apolant's Verlagsbuchhandlung in Berlin.

Willibald Beyschlag, Prof. d. Theol. a. d. Universität Halle. Der evangelische Bund. (Leitartikel der Nr. 19 1888 des Deutschen Wochenblattes) Preis 40 Pf.

—„— Der Windthorst'sche Schulantrag. (Leitart. d. Nr. 9 1889 des Deutschen Wochenbl.) Preis 40 Pf.

—„— Ein römischer Erzbischof von Berlin? (Leitartikel der Nr. 20 1889 des Deutschen Wochenblattes.) Preis 40 Pf.

—„— Die Eisenacher Jahresversammlung des Evangelischen Bundes. (Leitartikel der Nr. 43 1889 des Deutschen Wochenblattes.) Preis 40 Pf.

—„— Die evangelische Kirche als Bundesgenossin wider die Sozialdemokratie. 2 Bogen 8^0. 1890. Preis 50 Pf.

Bischof Dr. Kopp. Eine ungehaltene Herrenhausrede. 23 Seiten 8^0. 1886. II. Tausend. Preis 50 Pf.
Der Verfasser blieb ungenannt.

Hans Delbrück, Professor der Geschichte an der Universität Berlin. Die historische Methode des Ultramontanismus. 32 S 8^0. 1886. V. Tausend. Preis 50 Pf.

Die Vorgänge in Berlin bei dem Lutherfestspiel im Juni 1888. Denkschrift des studentischen Komites. Zweite Auflage, vermehrt durch den Abdruck sämmtlicher gestrichenen Stellen des Festspiels „Luther und seine Zeit" von Trümpelmann. Preis 50 Pf.

Gedanken eines Juden. III. Auflage. 1885. Preis 50 Pf.
Der Verfasser, im praktischen Leben stehend und geborener Jude, betrachtet die äußere und innere Lage des Judenthums und erörtert die Gründe, welche für einen Anschluß an die Protestantische Kirche sprechen.

M. Schwalb, Dr. theol., Prediger an der St. Martini-Kirche zu Bremen. Der Apostel Paulus. 128 Seiten gr. 8^0. (Restauflage angekauft.)
Inhalt: Das Leben des Paulus. Die Lehre des Paulus. Der Charakter des Paulus. Einige mit Paulus verwechselte Pauliner. Die Feinde und Freunde des Paulus. Unsere Stellung zu Paulus. Preis Mk. 1,50

—„— Christus und das Judenthum. 16 Seiten 8^0. 1883. Preis 40 Pf.

—„— Kritik der revidirten Lutherbibel. 36 Seiten 8^0. 1884. Preis 50 Pf.

—„— Zur Beleuchtung des Stöcker-Mythus. Ein freies Wort. 48 S. 8^0. II. Aufl. 1885. Preis 1 Mk.

Neuigkeiten 1890/1891.

Walther & Apolant's Verlagsbuchhandlung in Berlin.

Balan, Königl. Konsistorialrath, **Duell und Ehre.** Ein Beitrag zur praktischen Lösung der Duellfrage unter besonderer Berücksichtigung der Verhältnisse des deutschen Offizierskorps. Dritte Auflage. 1890. Preis 50 Pf.

Mücke, Pastor, Lic. theol. **Die staatlich-reformatorische oder die ultramontane Lösung der socialen Krisis.** Nach einem Vermächtnisse Ignaz von Döllinger's. I. Hälfte: **Socialismus, Opportunismus, Episcopalismus.**

<small>Motto: War Paulus nicht in Rom, so fällt Alles im Papstthum.
(Döllinger zum Verfasser.)</small>

Etwa 16 Bogen groß 8°. Preis 3 M. — (Unter der Presse!) Die II. Hälfte erscheint im Februar d. J. in ähnlichem Umfang.

Müller, Dr. Ernst. **Die Bildung des Landwirths und der höhere landwirthschaftliche Unterricht in Preußen.** Zeitgemäße Betrachtungen und Reformvorschläge. Etwa 10 Bogen 8°. Preis 3 M. (Unter der Presse.)

Die Nationalistische Partei in Deutschland im Jahre 1891. Von Julius. Preis 50 Pf. (Unter der Presse!)

Schroeder, Dr. Otto, Professor am Kgl. Joachimsthal'schen Gymnasium. **Vom papiernen Stil.** II. vermehrte Auflage. Preis M. 2 brochirt, M. 3 gebunden. (Unter der Presse!)

Ritter, Dr. jur., Mitglied des Staatsraths und des Hauses der Abgeordneten. **Der Deutsche Kaiser.** 2 Bogen 8°. III. Auflage. Preis 50 Pf.

H. v. Wißmann, Kaiserl. Reichskommissar für Ostafrika. **Antwort auf den offenen Brief des Herrn Dr. G. Warneck über die Thätigkeit der Missionen beider christlichen Konfessionen.** $3^{1}/_{1}$ Bg. 8°. III. Aufl. Preis 60 Pf.

— „ — **Unter deutscher Flagge quer durch Afrika von West nach Ost.** 444 Seiten gr. 8°. Brosch. 12 M.; in Originalband gebunden 15 M. VII. unveränderte Auflage. 1890.

<small>Mit 2 Karten von Richard Kiepert und mit vielen Abbildungen nach den von Rudolf Hellgrewe in Oelgemälden und Zeichnungen ausgeführten Skizzen von H. v. Wißmann.</small>

Jesuitenkünste und Seelenfang

am

Krankenbett.

———•———

Ein Muster römischer Propaganda

aus Bremen.

Barmen.
Verlag von Hugo Klein.

Alle Rechte vorbehalten.

Was wollen die großen **katholischen Krankenhäuser** in protestantischen Gegenden? Sie wollen das Ihrige zur Bekehrung der Ketzer beitragen, denn der Protestantismus ist nach Aussage des unfehlbaren Papstes die Quelle aller Schlechtigkeit und Gottlosigkeit. Ketzer zu bekehren und sie in den römischen Schafstall zurückzuführen ist daher eine Hauptpflicht und eines der verdienstlichsten Werke des römischen Christen. Da man aber diesen Zweck nur schwer erreicht, wenn man ihn öffentlich zugiebt, ist es besser, ihn unter dem wohlthätigen Zweck der Krankenpflege zu verschleiern und zu verstecken. Das thun die katholischen Krankenanstalten in protestantischen Städten, und unzählige Protestanten sind einfältig und unwissend genug, dies gar nicht zu merken, die Falle, die ihren unmündigen Kindern, ihren kranken Frauen und Dienstboten gestellt wird, gar nicht zu sehen. Die folgenden Blätter enthalten nun aber eine Reihe von Beispielen aus der gut protestantischen Stadt Bremen (sie hat auf etwa 120000 Einwohner nur 5000 Katholiken), welche jedem, der sehen will, das Auge öffnen können. Dazu haben sich diese Vorgänge in der allerneuesten Zeit (1887 und 1888) abgespielt, können also nicht als „alte und veraltete" Praxis der Römischen abgewiesen werden, und endlich tragen sie so sehr den Charakter dieser ganzen lichtscheuen, heimlich schleichenden, alle Mittel zu ihrem Zweck gewissenlos benutzenden Proselytenmacherei an sich, daß man sie in ihrer Art durchaus für das Muster aller ähnlichen mit katholischen Krankenhäusern in protestantischen Ländern gemachten Erfahrungen bezeichnen kann. Aus diesem Grunde schon verdienen sie weiteren Kreisen bekannt zu werden, auch dürfte es ratsam sein, sie bei der Schnelllebigkeit und schnellen Vergeßlichkeit unserer Zeit dem Gedächtnis der Mitlebenden etwas tiefer einzuprägen, als durch bald verblassende Eindrücke der Zeitungsnachrichten zu geschehen pflegt. Die Leser der Blätter des Evangelischen Bundes werden zudem auf den folgenden Seiten eine sehr drastische thatsächliche Bestätigung jener Mitteilungen finden, welche z. B. in Heft VII über die Wirksamkeit und die Ziele der barmherzigen Schwestern im Reich und in Württemberg gemacht worden sind. Wenn dort die seelenfängerische Thätigkeit der „Barmherzigen" in Metz, Teschen, Potsdam u. s. w. mit amtlich beglaubigten Protokollen bewiesen ist, so reiht sich, was die Thatsachen betrifft, nunmehr das Josephstift in Bremen diesen Vorgängerinnen würdig an, und wenn eben dort die freche Ableugnung und die jesuitischen Wortverdrehungen geschildert sind, mit denen man dem katholischen und nicht katholischen Publikum Sand in die Augen zu streuen beflissen ist, ob die Thatsachen auch noch so offen daliegen, so zeigen die Bremer Vorgänge genau dasselbe Gesicht, ja, die Dreistigkeit der Ableugnung ist hier so unglaublich groß und rücksichtslos, daß die ehrliche protestantische Bevölkerung der Stadt, welcher die jesuitischen Grundsätze nicht so genau bekannt sind, geradezu verblüfft und vor Staunen starr gewesen ist. Endlich hat es auch nicht an der beschämenden Erscheinung gefehlt, welche Seite 80 der angeführten Schrift als „gesinnungsloser Indifferentismus der Protestanten" charakterisiert wird, der sich durch das einzige ihm als Lockspeise hingeworfene Wort Toleranz so blenden und bethören läßt, daß er mit vollen Backen in die Posaune zu Gunsten dieser in Wahrheit so „Unbarmherzigen" stößt. Alle diese Züge und noch manche andere Einzelheit, wie z. B. das Geldmachen mit Hülfe protestantischer Wohlthäter, stechen an den Ereignissen in Bremen mit einer Schärfe ins Auge, wie man sie zur Belehrung gewisser Kreise nur wünschen kann.

Drei Akte lassen sich in dem hier zu betrachtenden Vorgang unterscheiden: Erstens die Ansiedelung und Vermehrung der barmherzigen Schwestern in einer protestantischen Stadt, zweitens, nachdem sie sicher geworden und anscheinend die Protestanten sicher gemacht haben, der Durchbruch ihres Bekehrungsfanatismus, und drittens die beispiellos unverschämte Ableugnung der Thatsachen, die gleichwohl durch einen erdrückenden Beweis erhärtet werden, worauf dann die Priester es geraten finden, die verfolgte Unschuld zu spielen und sich vor den Protestanten in vollkommenes Schweigen zu hüllen, dafür aber desto lauter in katholischen Blättern katholischer Städte über Lügen und Verleumdungen seitens der Protestanten zu schimpfen. Alle diese lehrreichen Vorgänge wird der Leser aktenmäßig beglaubigt an sich vorüberziehen sehen und sich daraus ein Bild machen über das Treiben und das Ziel römischer Krankenhäuser in protestantischen Ländern.

Der erste Akt dieses für protestantische Augen nicht eben erbaulichen Dramas reicht zurück bis in den Anfang der 70er Jahre. Damals gab es in Bremen noch sehr wenig gut geschulte Pflegerinnen. Diese Lücke wurde geschickt benutzt, und es siedelte sich eine kleine Anzahl der barmherzigen Schwestern des h. Franziskus aus dem Mutterhause zu Münster in unauffälliger Weise in der Stadt an und begann „äußerst liberal" Kranke jeder Konfession, zu denen sie meist auf Veranlassung der Ärzte gerufen wurden, zu pflegen. Schon im Jahr 1873 besaßen sie ein eigenes kleines Krankenhaus, welches sie Josephstift nannten und natürlich pflegten sie auch hier „äußerst tolerant" Kranke jeder Konfession, um, wie es die geheimen Vorschriften des Jesuitenordens so bezeichnend ausdrücken, „durch Dienstleistungen in den Hospitälern und durch ungewohnte Barmherzigkeit Bewunderung und Liebe gegen die Unsren hervorzurufen" und den Ketzern die Wahrheit des alleinseligmachenden Glaubens damit zu beweisen. Auch verstand es sich von selbst, daß man von Münster aus nur die tüchtigsten, bewährtesten, treuesten Schwestern nach Bremen abordnete, um dadurch den Schein zu erwecken, als seien alle katholischen Schwestern vorzüglich in der Krankenpflege. Dies gelang. Denn die Protestanten in rein evangelischen Gebieten kennen zum größten Theil das katholische Wesen so wenig, daß sie zunächst nur auf das Äußere sehen, und gewöhnlich diese unbekannten und seltsamen Trachten, Gebräuche, Rosenkränze, dies Gebetemurmeln u. s. w. sehr „interessant" finden. Interessant machen sich die Schwestern auch in den Familien durch die ihnen anbefohlene Geheimthuerei und zur Schau getragene Weltgeschiedenheit. Sie dürfen nicht wie andere Menschen von ihrem Vater, ihrer Mutter, ihrer Familie sprechen, nicht einmal sagen, wo sie eigentlich zu Hause sind, und wie sie in der Welt hießen, ob sie gern oder ungern in ihrem Berufe sind; — alles bleibt Geheimnis. Wenn sie nach andrer Menschen Weise sich an Speise und Trank erquicken, fordern sie dazu ein eigenes Zimmer, wo niemand sie dabei sehen kann, ja nicht das kleinste Stückchen Obst ist ihnen erlaubt in Gegenwart andrer zu verzehren. Sie sollen sich dadurch interessant machen und als halb überirdische Wesen darstellen. Auch könnte die heilige Mutterkirche gar manches dieser unglücklichen, an Leib und Seele geknechteten Mädchen wieder verlieren, wenn es ihnen erlaubt wäre, von ihrer entsetzlichen Sklaverei zu erzählen und ihre Eltern oder Verwandten davon benachrichtigen zu lassen.

Das alles ist sehr klug berechnet und verfehlt selbst auf solche Protestanten selten seinen Eindruck, die es mit Tadel und Staunen bemerkten, daß alle diese Schwestern morgens **ohne alle Barmherzigkeit** von ihren Kranken weglaufen, um auf alle Fälle ihre Messe zu hören. Man ist ja tolerant! Und man beweist seine Toleranz damit, daß man die anders gläubigen Schwestern lobt und herausstreicht, wie man kann, selbst auf Kosten der

Gerechtigkeit. Denn hundert Mal haben evangelische Diakonissen und Schwestern vom roten Kreuz in öffentlichen Danksagungen dieselbe Anerkennung für ihre Dienste erfahren; aber jene weit verbreitete Beschränktheit, die alles Fremde und Neue für besser hält als das Bekannte und Gewohnte, verleitet viele Protestanten zu einem traurigen und ungerechten Vorurteil für die so „interessanten" katholischen Schwestern.

Auf diese Weise gewinnen sie allmählich Freunde, Gönner, Beschützer unter ihren Todfeinden, den Ketzern, deren ewige Verdammnis ein Glaubensartikel ihrer Kirche ist. Es regnet Geschenke, Beiträge, Legate an das Josephstift von seiten der gerührten und dankbaren Protestanten.

Nun kann man einen Schritt weiter thun. Gestützt auf die Thatsache, daß weit mehr Protestanten als Katholiken die Pflege der Schwestern genießen, macht man den werten Mitbürgern begreiflich, welch ein Segen ein großes, mit den neuesten Erfindungen und allen Verbesserungen der Baukunst, der Technik und der medizinischen Wissenschaft eingerichtetes Hospital sein würde. Das städtische Krankenhaus reicht ja nicht aus, das Diakonissenhaus ebensowenig, ein großes neues Josephstift muß gebaut werden, womöglich natürlich mit protestantischem Gelde, aber so weit das nicht zu bekommen ist, hat die Kirche und das Mutterhaus selbstverständlich reiche Mittel zur Verfügung. In solchem Falle fehlen sie nie. So entsteht im Jahre 1879—80 das neue Josephstift als ein Prachtbau ersten Ranges an einer der befahrensten und von unzähligen Spaziergängern begangenen Chausseen der Stadt, wenige Minuten vor dem Thore, ein gothischer Backsteinbau mit einer stilvollen, schönen Kapelle, die von den Schwestern und den Kranken, auch den ketzerischen, wenn man sie dazu bewegen kann, zu allen Gebetstunden des Tages mit Nutzen aufgesucht wird. Wieviel protestantisches Geld darin mit verbaut ist, wird schwer zu sagen sein, man umgiebt das alles mit dem Schleier des Geheimnisses, allein daß reiche Mitbürger auch für katholische Anstalten eine offene Hand haben, ist bekannt, und noch vor Jahresfrist hat das Josephstift wieder 30 000 Mark als Vermächtnis eines reichen Protestanten empfangen. Daraus kann man schließen, wie es auch sonst dabei zu gehen pflegt. Kurz, das katholische Krankenhaus kommt nicht zu Schaden im protestantischen Lande.

Damit es ihm aber auch nicht an Zustrom der Kranken gebreche, stellt man drei tüchtige protestantische Ärzte an demselben an, welche natürlich alle ihre Kranke, Männer, Frauen, Kinder, Dienstboten vorkommenden Falls nirgends anders hinschicken als in das katholische Stift. Durch dieses geschickte Arrangement hat man z. B. im Jahre 1887 im Josephstifte

530 Kranke verpflegt, in der Stadt (in Privatpflege) 427. Davon waren evangelisch im Stifte 420, in der Stadt 369. Barmherzige Schwestern hatte man in demselben Jahre 33.

Nun ist alles im besten Zuge. Der Ruhm des Josephstiftes ist fest begründet, die sonst so zweifelhafte Toleranz, Nächstenliebe und Barmherzigkeit der katholischen Kirche strahlt hier im herrlichsten Glanze. Wer daran noch den geringsten Zweifel hat, wird intolerant gescholten, versteht nichts von Krankenpflege, verdient gar nicht den schönen Namen freisinnig. Alles schwärmt für das Josephstift und seine Barmherzigen.

Allerdings gehen hin und wieder Gerüchte durch die Stadt, daß man das Josephstift dazu benutze, um schwache Gemüther, namentlich Frauen und Mädchen für den katholischen Glauben zu bearbeiten und zu gewinnen. Aber einstweilen wollen die guten Protestanten dergleichen von den trefflichen Schwestern, die sich immer so nett gezeigt haben, nicht gern glauben. Man ist ganz vertrauensselig, hofft und glaubt immer das Beste.

Eine Geschichte freilich passiert, die vollkommen sicher verbürgt wird: Ein junges Mädchen von 17 Jahren, einzige Tochter wohlhabender Eltern, wird von einer katholischen Freundin mehrfach mitgenommen in die Kapelle des Josephstiftes, dort durch die sinnbestrickenden Formen des Gottesdienstes verwirrt und gelockt und dann mit allerhand Zureden zu der Ansicht gebracht, sie sei besonders geeignet, barmherzige Schwester zu werden. Dann, als ihr das sehr einleuchtend gemacht ist, führt die falsche Freundin, selbst eine Konvertitin, sie wie unabsichtlich in das Haus einer Dame, die protestantische Mädchen mittelst Stundengeben anlockt, um sie mit allerhand Mitteln für den Katholizismus zu gewinnen. Gleich darauf tritt dort auch der junge katholische Vikar ein, der die Seelsorge im Josephstifte übt und von dem Fall natürlich unterrichtet ist. Er stürmt und redet sogleich heftig mit allen Mitteln jesuitischer Kunst auf die junge Protestantin ein, sie müsse katholisch werden, sei dafür besonders geeignet u. s. w. Als das junge Mädchen weint und sagt, sie wolle mit ihren Eltern darüber sprechen, verbietet ihr der Herr Vikar dies auf das Strengste, ihre Eltern kämen dabei gar nicht in Frage, da es sich um ihr ewiges Seelenheil handle. Man giebt ihr Anweisung, wie sie ihre Eltern täuschen könne, um zu dem Vikar in den Unterricht zu kommen, ohne den Verdacht der Mutter zu erregen. Letztere merkt dennoch die Sache, das junge Mädchen bekennt ihr alles, wird aus Bremen weggeschickt, und der Vikar hat umsonst nach der Seele gefischt. Diese Geschichte, bei der das Josephstift mit seiner schönen Kapelle schon als Falle und Lockmittel erscheint, wird aber in Bremen noch tot geschwiegen, nur engere Kreise erzählen sie sich. Sie ist aber ein Vorspiel für das, was kommen soll, insofern, als es derselbe Vikar, Herr Fehlings, ist, der in ihr auftritt, und den wir nun gleich als Seelsorger des Josephstiftes näher kennen lernen werden.

Die Thatsachen und Ereignisse, um welche es sich hier handelt, wurden der Bremischen Bevölkerung durch eine Reihe von Veröffentlichungen in den Tagesblättern (Bremer Nachrichten und Courier) bekannt, welche wir im folgenden der Vollständigkeit wegen sämtlich wiedergeben, weil aus ihnen jeder unparteiische Beobachter sich selbst ein objektives Urteil zu bilden vermag. Der Übersichtlichkeit wegen trennen wir die Einsendungen, welche bloße Urteile enthalten, von denjenigen, welche die Thatsachen selbst mitteilen. Letztere sind offenbar bei weitem das Wichtigere und mögen daher hier an erster Stelle abgedruckt werden. Wer sie liest, kennt die Hauptsache. Immerhin aber ist es auch nicht ohne Interesse, von den Stimmen aus dem Publikum Kenntnis zu nehmen, die während der Veröffentlichung jener Thatsachen der fast allgemeinen Entrüstung in allerhand Reflexionen Ausdruck gegeben haben, unter welchen aber auch, obschon nur vereinzelt, jener Protestantismus das Wort genommen hat, dem von seiner ganzen Religion nichts weiter übrig geblieben ist als eine sogenannte Toleranz, d. h. die Gleichgültigkeit gegen alle Religion.

Wir stellen diese Zeitungsstimmen unter Nr. II. zusammen.

I. Veröffentlichungen
über
die Thatsachen katholischer Propaganda.

Nr. 1. Katholische Propaganda im Krankenhause.

Gerüchte über katholische Bekehrungen im St. Joseph-Krankenhaus dahier sind öfters aufgetaucht und wieder verstummt. Die Unterzeichneten halten es für ihre Pflicht, folgendes zur öffentlichen Kenntnis zu bringen.

Am 27. Januar d. J. ist die hier dienende Margarete Tibeta M . . . r aus Hastedt, konfirmiert daselbst, zwanzig Jahre alt, zur katholischen Kirche übergetreten, nachdem sie vorher mehrere Monate im St. Josephstift verbracht und darauf Religionsunterricht von dem katholischen Priester, Herrn Caplan G., empfangen hatte.

Das Dienstmädchen Caroline L.... aus Bremen, konfirmiert im Dom, siebzehn Jahre alt, befand sich von März bis August d. J. im St. Josephstift, trat nach ihrer Entlassung in den Religionsunterricht des katholischen Priesters, Herrn Vikar F., und ist im Begriff zur katholischen Kirche überzutreten.

Das Dienstmädchen Anna R......... von Bremen, achtzehn Jahre alt, confirmiert im Dom, befand sich von Januar bis März im St. Josephstift, besucht gegenwärtig den Religionsunterricht bei Herrn Vicar F. und steht im Begriff, zur katholischen Kirche überzutreten.

Die Ermittelungen haben ergeben, daß diese Mädchen durch ihren Aufenthalt im St. Josephstift, in dessen Capelle sie die katholischen Gottesdienste besuchten und Gelegenheit fanden, sich in katholische Gebetbücher zu vertiefen, der evangelischen Kirche entfremdet worden sind.

Es dürfte vergeblich sein, noch weiteren, äußerlich nicht immer nachweisbaren, Einwirkungen nachzuspüren, ebenso, Ermittelungen darüber anzustellen, wie viele solcher Fälle schon seit Jahren vorgekommen, indes verborgen geblieben sind. Aber die Notwendigkeit leuchtet ein, daß gegen die Wiederholung derselben in der Zukunft Garantien gefordert und geboten werden müssen. Andernfalls müßte sich die bremische Bevölkerung fragen, ob sie für ihre rücksichtsvolle und freigebige Förderung katholischer Anstalten eine solche Vergeltung verdient hat, insbesondere, ob sie ihre Kranken diesem Hause ferner anvertrauen, evangelische Dienstboten in die Krankenkasse desselben einkaufen, überhaupt eine Anstalt mit Geschenken und Vermächtnissen unterstützen soll, in welcher und mittels welcher der evangelischen Kirche solcher Abbruch gethan wird. Denn sie wird sich nicht vergeblich an das erinnern lassen, was sie zur Schützung und Bewahrung der Güter der eigenen Kirche und des eigenen Glaubens sich selbst schuldig ist.

Bremen und Hastedt, den 5. Oktbr. 1887.

H. Frickhöffer, Pastor prim. am Dom.
Pastor Prinzhorn, Hastedt.
Dr. Schramm, Pastor am Dom.

Nr. 2. Entgegnung.

Auf die Auslassungen der Herren Pastoren Frickhöffer und Genossen in der letzten Sonnabendnummer dieses Blattes diene folgendes zur Antwort:

Allein schon die Überschrift „katholische Propaganda im Krankenhause" charakterisiert sich als eine ganz und gar nicht zutreffende. Der Unterzeichnete tritt voll und ganz dafür ein: weder die Schwestern noch wir katholische Geistliche haben **je das Geringste gesagt oder gethan, was als Proselyten= macherei gedeutet werden müßte.** Zur Bestätigung dessen seien getrost aufgerufen jene Tausende von protestantischen Kranken, welche im Laufe der Jahre im St. Josephstift sind ver= pflegt worden. Hat auch nur Einer aus allen diesen gegen= teilige Erfahrungen gemacht, so soll er auftreten, um öffentlich der Wahrheit Zeugnis zu geben. Zudem haben sich die ge= nannten Herren durch die von ihnen mit den betreffenden Mädchen angestellten hochpeinlichen Verhöre persönlich überzeugt, daß an denselben katholische Propaganda nicht verübt worden ist. Ob es aber mit Wahrheit und Recht sich verträgt, ohne beigebrachte Beweise dennoch von der katholischen Propaganda im Krankenhause vor der Öffentlichkeit zu reden, darüber urteile der freundliche Leser selbst. Es liegt mir nicht daran, die Rollen zu wechseln und aus der Verteidigung zum Angriff überzugehen. Aber das Eine sei hier doch konstatiert: Herr Frickhöffer hat allerdings nicht durch eine barmherzige Schwester, wohl aber durch eine Pflegerin — wenn ich mich nicht sehr täusche — vom roten Kreuz die religiöse Agitation anläßlich eines der in Rede stehenden Mädchen noch ganz neulich in ein katholisches Haus hinein getragen. Und die Dame hat denn auch ihre Sache so gründlich gemacht, daß sie sogar mit der Behörde und dem Nachteil in der Kundschaft drohte. Doch dieses Letztere nur so ganz nebenbei. Es sollte bloß gezeigt werden, wozu protestantische Pflegerinnen von den Herren Predigern nicht zuweilen gebraucht werden können. Nun aber komme ich auf das Gravierende in den Angaben der drei Herren: Die in Frage stehenden Mädchen haben während ihres Aufenthalts im St. Josephstift die Kapelle besucht, dem Gottesdienste beigewohnt und dort auf den Bänken liegende Gebetbücher gelesen. Kann sein! aber ich frage, werden etwa die Katholiken in den anderen Krankenhäusern hiesiger Stadt, werden die katholischen Gefangenen in der bremischen Strafanstalt zu Oslebshausen von dem Be= suche der protestantischen Hauskapelle und des protestantischen Gottesdienstes ferngehalten? Verschließt man denn dort so sorgsam vor katholischen Augen Traktätchen und Gesangbücher? Gerade das Gegenteil ist Thatsache. Nun wohl! wenn auf jener Seite die Dinge also liegen, dann scheint es mindestens überflüssig — um keinen schärferen Ausdruck zu gebrauchen — in so ostensiver Weise, wie es geschehen, darauf hinzudeuten, daß die in Rede stehenden Mädchen während ihres Aufenthaltes im Stift die Kapelle betreten und dem Gottesdienste angewohnt haben. Oder sollten am Ende die Herren Frickhöffer und Genossen durch ihren so markant hervortretenden Hinweis den Verdacht aussprechen wollen, daß die Andersgläubigen im St. Josephstift durch die Schwestern in die katholischen Hausandachten hineingeredet oder gar moralisch hineingezwungen würden, daß man es dort verstehe, den Protestanten durch allerhand Kunststückchen katholische religiöse Bücher in die Hände zu spielen? Für den Fall mögen die Herren Prediger sich daran erinnern, daß eine böse Anschuldigung ohne Beweis einer Verleumdung sehr ähnlich sieht.

Ob überhaupt die drei namhaft gemachten Mädchen im St. Josephstift die erste Anregung zur Konversion empfangen haben, weiß ich nicht. Von einer dieser dreien, Margar. M..., ist es übrigens gewiß, daß sie den ersten Impuls zur Rückkehr in die Kirche nicht im St. Josephstift, sondern im städtischen Krankenhause in sich aufgenommen hat, wo sie bei Gelegenheit der Sakramentespendung an einen katholischen Sterbenden durch das wenig taktvolle Benehmen einer Diakonissin in ihrem Innersten sich verletzt fühlte und vor allem in ihren bisherigen Anschauungen über protestantische Toleranz, wie sie in gewissen Kreisen herrscht, eine merkliche Erschütterung erlitt. Die andere, Anna R..., hat auf das bestimmteste versichert, daß der erste Antrieb zum eigenthätigen Forschen gerade von Herrn Dr. Schramm ausgegangen, in dessen Unterricht die Grundlage des Christentums, namentlich die allerheiligste Person des Erlösers in einer Weise behandelt worden sei, daß ihr religiöser Sinn ohne Nahrung und ihr religiöses Gemüt ganz und gar unbefriedigt geblieben.*

In betreff vorkommender Konversionen dürfte bei dieser Gelegenheit eine Bemerkung von mehr allgemeiner Natur nicht unpassend erscheinen. Wenn ein Protestant konvertiert, so hat das lediglich darin seinen Grund, daß er auf irgend eine Weise mit echt katholischem Wesen und Leben in Berührung gekommen ist und so durch unmittelbare Anschauung vom Katholizismus eine ganz andere Erkenntnis gewonnen hatte, als ihm im sogen. Konfirmationsunterricht beigebracht worden war. Daß dann ein solcher, wenn er mit Erstaunen wahrnimmt, wie die katholische Kirche etwas ganz anderes ist als jenes Zerrbild, das man ihm bislang stets vor Augen gehalten, anfängt, mit Eifer zu vergleichen und zu studieren, das ist jedem Denkenden verständlich. Ist nun infolge dieses Studierens und Vergleichens so manches alte Vorurteil über katholische Kirche und katholische Orden und

---

* Man vergleiche hierzu Nr. 16.

katholisches Leben geschwunden, hat dieser innere, rein geistige Prozeß in der Seele des nach Wahrheit und Klarheit Suchenden sich geklärt und entschieden für den Katholizismus, wer anders ist dann schuld als die Wahrheit selbst und ihre den Menschengeist beherrschende Macht.

Am allerwenigsten wird man uns katholische Priester anschuldigen, wenn wir Protestanten, die freiwillig zu uns kommen und über deren Aufrichtigkeit wir ein günstiges Urteil gewonnen haben, in den katholischen Religionsunterricht aufnehmen, um sie endlich nach Verlauf mehrerer Monate ernstester Prüfung und eingehendster Unterweisung in den Schoß jener Kirche zurückzuführen, der ihre Väter einst angehört haben. Ich denke nicht, daß die Herren Frickhöffer und Genossen je einen auch nur halbwegs anständigen Katholiken abweisen würden, falls sich ein solcher etwa zum Übertritt in den Protestantismus bei ihnen melden sollte.

Auf Grund vorstehender Ausführungen spricht der Unterzeichnete die Erwartung aus, daß die Bevölkerung unserer Stadt durch das Elaborat der Herren Frickhöffer, Prinzhorn, Schramm sich keineswegs werde beirren lassen in ihrem gewohnten Gerechtigkeitssinn gegenüber dem St. Josephstift und seinen Schwestern, die nun schon so viele Jahre mit immer gleicher Liebe und äußerster Selbstaufopferung alle ihre Kranken ohne Unterschied der Konfession treu gepflegt haben. Von Religions- und Gewissensfreiheit wird heutzutage soviel geredet und geschrieben; man nennt sie Errungenschaften unserer Zeit. Wohlan! respektieren wir diese Güter auch dann, wenn sie einmal der katholischen Kirche zu gute kommen sollten. Zum Schlusse aber möge folgendes Resümee hier stehen:

Können genannte drei Herren das St. Josephstift wirklich der Proselytenmacherei beschuldigen — wohl verstanden, nicht mit verdächtigenden Andeutungen, sondern durch Beweise — so mögen sie damit hervortreten; können sie das nicht, wozu dann die Hetze?

Bremen, 8. Okt. 1887. Fehlings, Vikar.

Nr. 3. Katholische Propaganda im St. Josephstift.

Nachdem einmal die öffentliche Verhandlung über diesen Gegenstand begonnen ist, kann ich nicht umhin, eine besonders charakteristische Erfahrung mitzuteilen, die ich vor drei Jahren machte gelegentlich wiederholter Besuche bei einem meiner Konfirmierten, der sich damals im St. Josephstift befand. Schon damals überlegte ich, ob ich die mir bekannt gewordenen Thatsachen nicht veröffentlichen sollte; ich unterließ es aber in der Meinung, damit eigentlich nichts wesentlich Neues zu bringen. Wenn aber heute Herr Vikar Fehlings fragt: „Oder sollten am Ende die Herren Frickhöffer und Genossen den Verdacht aussprechen wollen, daß die Andersgläubigen im St. Josephstift durch die Schwestern in die katholischen Hausandachten hineingeredet oder gar moralisch hineingezwungen würden?" — und wenn derselbe Herr am Schluß seiner „Entgegnung" geradezu auffordert: „Können genannte drei Herren das St. Josephstift wirklich der Proselytenmacherei beschuldigen — wohl verstanden, nicht mit verdächtigenden Andeutungen, sondern durch Beweise — so mögen sie damit hervortreten," — so möchte ich, obwohl nicht aufgefordert, Herrn Vikar Fehlings und der Bevölkerung Bremens wenigstens einen solchen Beweis erbringen durch die Veröffentlichung des nachfolgenden Schriftstücks. Auf die weiteren Auslassungen des Herrn Vikar Fehlings einzugehen fühle ich mich nicht veranlaßt, so entschieden auch der Widerspruch gegen viele derselben in mir geweckt ist.

Bremen, 12. Okt. 1887.   P. Zauleck, Pastor.

Hierdurch bezeuge ich der Wahrheit gemäß durch meine Unterschrift, daß ich heute von Herrn Pastor Zauleck zu einer Besprechung eingeladen, mit meinem Pflegevater zu demselben gegangen bin. Herr Pastor Zauleck wünschte von mir Auskunft zu haben, ob die Schwestern im St. Josephstift mich irgendwie beeinflußt hätten, an den katholischen Gottesdiensten teilzunehmen oder dergl. Ich hatte früher aus eigenem Antriebe davon erzählt. Heute wiederholte ich Herrn Pastor Zauleck, daß ich vom 22. Juni bis 14. Dezember 1884 wegen eines Kopfleidens im St. Josephstift gewesen bin. Die längste Zeit durfte ich auf sein, durfte nicht nur im Garten spazieren gehen, sondern habe auch oft, bisweilen an einem Tage zweimal, allerlei kleine Besorgungen für das Stift in der Stadt gemacht, auch oft meine Pflegeeltern besuchen dürfen. Sobald ich außer Bett war, wurde ich täglich von den Schwestern zum Besuch der Messe eingeladen, bin aber nur zweimal hingegangen. Zweimal habe ich angefragt, einmal bei der pflegenden Schwester, einmal bei der Oberschwester, ob ich nicht einmal zu meinem Prediger in die Kirche gehen dürfe, da ich doch täglich ausgehen und im Stift die Kirche besuchen dürfe. Beide Mal ist mir in Gegenwart der andern Kranken, die ich auf Erfordern nennen kann, die Erlaubnis dazu verweigert. Diese meine Aussagen hat Herr Pastor Zauleck heute aufgeschrieben, nachdem ich mich freiwillig bereit erklärt hatte, dieselben mit meiner Namensunterschrift veröffentlichen zu lassen. Ich habe dieselben genau durchgelesen, für richtig befunden und unterschrieben.

Bremen, den 12. Oktober 1887.

Heinrich Gustav Georg, gen. Johann Sebode,

geboren am 27. Februar 1870 zu Bremen,

konfirmiert 26. März 1884.

Nr. 4. Entgegnung.

Da unsere Kundgebung vom 5. d. M. eine Bestreitung erfahren hat, so diene als Entgegnung das Folgende.

Es handelt sich für uns um die Thatsache, daß wiederholt und in neuester Zeit häufiger katholische Bekehrungen von Protestanten erfolgt sind, deren Ursprung in einem längeren Aufenthalt im St. Joseph=Krankenhaus nachgewiesen ist. Diese Thatsache steht fest und ist nichts daran zu ändern, auch nicht durch die gewandtesten Seitensprünge.

Grund genug, die evangelische Bevölkerung vor der Gefahr zu warnen, die für das evangelische Bekenntnis dort vorhanden ist, und, falls nicht Garantien gegen dieselbe geschaffen werden können, einer solchen Anstalt nicht ferner ihre Unterstützung zuzuwenden.

Was die direkte Beteiligung der barmherzigen Schwestern an diesen Bekehrungen angeht, so werden in den meisten Fällen Beweise im juristischen Sinne nicht zu erlangen sein. Denn wer ist dabei gewesen? Nur die Neubekehrten, und freisprechendes Zeugnis dieser, das im jungen Konvertiteneifer abgelegt wird, kann als ein vollgültiges nicht angesehen werden. Aber die Überzeugung, daß es so ist, wird sich jedem aufdrängen, der nur den Zusammenhang der Thatsachen beachtet. Nun sind aber Anzeichen zu der Annahme hinlänglich vorhanden, daß die katholischen Pflegerinnen diese Bekehrungen in wirksamer Weise zu fördern wissen. Warum sollten sie auch nicht? Ist doch die Bekehrung eines Protestanten nach katholischen Begriffen ein höchst verdienstliches Werk, selbst wenn formelle Verbote dagegen in einem Krankenhause bestehen sollten, was immer noch zweifelhaft ist.

Es sind dem Unterzeichneten eine Reihe von Mitteilungen aus dem Publikum zugegangen, welche bestimmte Angaben über solche teils gelungene, teils mißlungene Versuche enthalten und von Leuten herrühren, die aus eigener oder ihrer Angehörigen Erfahrung geschöpft haben. Selbstverständlich werden dieselben zur öffentlichen Kenntnis gebracht werden, sobald ihre Konstatierung soweit vorgeschritten ist, um für sie den Wert von Thatsachen in Anspruch nehmen zu können, die für die Überzeugung, ob das St. Josephstift der katholischen Propaganda dient oder nicht, beweisend sind. Die bereits veröffentlichten Thatsachen lassen für uns schon jetzt darüber keinen Zweifel.

Bremen, 13. Oktober 1887.

H. Frickhöffer, Pastor prim. am Dom.

Nr. 5.

Bremen, 13. Oktober 1887.

††† Dem Herrn Vikar Fehlings diene auf seine Erklärung folgendes zur Antwort. Auf welche Weise die drei zur römischen Kirche übertretenden Mädchen im Josephstifte bekehrt worden sind, darüber wird bei der Abgeschlossenheit der Anstalt nur durch einzelne ihnen entschlüpfte Äußerungen einiges Licht verbreitet. Es wäre mehr als naiv, anzunehmen, daß die Mädchen selbst willig und im stande sein sollten, darüber genauen Bericht zu erstatten und ihre neuen Glaubensgenossen dadurch zu kompromittieren. Folgendes läßt indessen einen Rückschluß zu:

Das eine dieser Mädchen hat monatelang seine Dienstherrschaft belogen und gesagt, sie besuche abends eine kranke Freundin, während sie zu dem Priester ging und sich von ihm unterrichten ließ.* Sie hat zur Erklärung dieses Verhaltens ausgesagt, die Schwestern im Josephstift und der Priester hätten ihr den Rat gegeben, niemand etwas von ihrem Vorhaben zu sagen. Die Schwestern haben also mindestens dafür gesorgt, daß die zur Bekehrung Geneigte ihre Absicht vor ihren protestantischen Freunden so lange verheimlichte, bis sie ganz fest im katholischen Glauben zu sein schien. Man kann katholischen Schwestern daraus gar keinen Vorwurf machen, da sie ja nach ihrer Kirchenlehre überzeugt sein müssen, daß nur der katholische Glaube die Seligkeit erwirbt, wohl aber kann unsere protestantische Bevölkerung hieraus unzweifelhaft lernen, daß im Josephstifte die Gefahr, katholisch gemacht zu werden, für schwache Seelen nahe liegt.

Herr Fehlings spricht sodann von hochnotpeinlichen Verhören, die mit den Mädchen angestellt worden seien. Es dürfte weitere Kreise interessieren, zu hören, worin solch ein Verhör bestanden hat. Daß ich auf die Nachricht, eine meiner früheren Konfirmandinnen stehe im Begriff, katholisch zu werden, dieselbe aufsuchte und darüber befragte, war selbstverständlich meine Pflicht. Bei dieser Unterredung sagte das Mädchen unter einem Strom von Thränen, sie habe sich ja so sehr gesträubt in das Josephstift zu gehen, aber ihre **protestantische Herrschaft habe sie dazu gezwungen.** Auf meine Frage, woran sie denn solches Gefallen finde, sagte sie: „Ja, die Schwestern singen doch so schön, und überhaupt ist da alles so hübsch." Frage: „Ob sie

---

* Sie beschönigte die Unwahrheit später mit der echt jesuitischen, ihr offenbar eingegebenen Ausrede, sie sei auch wirklich erst zu ihrer Freundin gegangen und mit dieser dann zum Vikar Fehlings.

die Messe denn kenne?" Antwort: "Nein, eine Messe habe ich noch nicht besucht, aber da soll es noch viel schöner sein, da sprechen und beten alle mit und da wird noch schöner gesungen."

Ich sagte ihr nun, sie solle nicht denken, daß ich sie zurückhalten wolle, wenn sie einmal fest entschlossen und vollkommen überzeugt sei, aber was sie mir bisher über ihre Beweggründe gesagt, lasse ihre Kenntnis des römischen Glaubens doch noch ganz unreif erscheinen, und deswegen halte ich es für meine Pflicht mit ihr noch einmal darüber zu reden. Sie willigte ein und kam am Abend zu mir.

Bei dieser zweiten Unterredung stellte sich heraus, daß sie z. B. das Abendgebet der Schwestern im Josephstift an die Jungfrau Maria auswendig wußte und immer mitgebetet hatte. Welcher Art der "innere, rein geistige" Prozeß bei ihr war, von welchem Herr Vikar Fehlings so rühmend spricht, ergiebt sich unter anderm aus folgenden ihrer Äußerungen: "Der liebe Gott muß es doch wohl gewollt haben, daß ich katholisch werden sollte, da er mich in das Josephstift hat kommen lassen." — Frage: Ob sie mit der Ohrenbeichte einverstanden sei? Antwort: "Eine Ohrenbeichte giebt es gar nicht, man geht nur hin und sagt, was man gethan hat." — Frage: Ob sie glaube, daß der Priester Sünden vergeben könne? Antwort: "Die Priester sind sündige Menschen, aber das Amt ist ohne Sünde." — Frage: Ob sie an die Verwandlung des Brotes beim Abendmahl in das wahre Fleisch Jesu glaube? Antwort: "Ja, weil die Kirche es angeordnet hat." — Frage: Ob sie den Rosenkranz beten wolle, da Christus doch gesagt: ihr sollt nicht plappern wie die Heiden? Antwort: "Ja, da es doch einmal da ist, muß es die Kirche doch wohl eingerichtet haben." —

Da mir aus diesen und ähnlichen Antworten klar wurde, daß das Mädchen die ihm von dem Priester beigebrachten Lehren so ziemlich angenommen hatte und innerlich entschlossen war, überzutreten, so erklärte ich ihr ruhig und freundlich, daß sie bei solcher Gesinnung allerdings ganz recht thue, katholisch zu werden, nur möge sie sich erinnern, daß wenn dieser Schritt sie einmal gereuen sollte, sie an mir allezeit einen aufrichtigen Freund und hilfsbereiten Seelsorger finden werde.

Das also nennt Herr Fehlings (wohl in lebendiger Erinnerung an die **römische Inquisition**) ein hochnotpeinliches Verhör.

Leider ist es eine auch bei dieser Bekehrung hervortretende Thatsache, daß die sich allein seligmachend nennende Kirche die von ihr Bekehrten dazu anleitet, dasjenige zu schmähen, was ihnen bis dahin lieb und heilig gewesen ist. So hatte auch meine frühere Konfirmandin im Unterrichte des Herrn Fehlings gelernt, von Luther verächtlich zu reden. Sie sagte nämlich,

Luther habe ja selbst die Wahrheit der katholischen Kirche aner=
kannt, denn er habe auf die Frage, ob er Wunder thun könne,
geantwortet: „Ja, ein Wunder habe ich schon vollbracht, denn
ich habe **in einer Nacht elf Nonnen aus dem Kloster entführt.**"
Daß ein solches Mädchen jetzt auch meinen Konfirmanden=
unterricht schmäht, ist daher sehr begreiflich, nur thut sie es
freilich in Ausdrücken, die für ein achtzehnjähriges Dienstmädchen
merkwürdig gebildet und theologisch klingen, und daß mein
Religionsunterricht durch die römische Brille betrachtet gänzlich
unbefriedigend ist, versteht sich von selbst und gereicht mir zur
Freude. Dr. Schramm, Domprediger.

Nr. 6. Katholische Propaganda im St. Josephstift.
(Den 15. Oktober 1887.)

Der Entgegnung meiner Kollegen ist zur sachgemäßen und
genauen Kennzeichnung der Vorgänge und Lage, um die es sich
handelt, wohl nicht überflüssig, hinzuzufügen, daß die am 23.
April 1867 geborene und am 27. Januar d. J. zum Katholi=
zismus übergetretene Hastedterin diesen Schritt **ohne Vorwissen
ihrer Vormünder gethan hat.**

Das giebt allerlei zu erwägen. Denn mag auch nach
Bremer Partikularrecht die Einzelfreiheit des Konfessionswechsels
— das sogen. Diskretionsjahr — schon vor die Vollendung des
21. Lebensjahres fallen (in den meisten deutschen Staaten das
14., in Bayern, Sachsen und Sachsen=Weimar das 21.), so
berührt es doch im Hinblick sowohl auf die übertretende Person
als auch auf die herübernehmenden Personen auf das peinlichste,
daß diese Handlung **heimlich vollzogen ist.** Eine in allen Punkten
gute Sache, wie es doch die wirkliche Überzeugung von der grö=
ßeren Güte beigebrachter und gewonnener Erkenntnis, auch reli=
giöser, ist, **braucht die Offenheit,** die man hier den Verwandten
und Vormündern schuldete, **nicht zu scheuen** und thut es ihrem
Wesen nach auch nicht.

Darum ist es auch in weitesten Kreisen unserer protestan=
tischen Stadt mit Freuden begrüßt worden, daß endlich dasjenige,
wovon die meisten ihrer Einwohner wohl in zu geringer
Schätzung des Einflusses des hier vorhandenen Katholizismus
keine Ahnung hatten, an die Öffentlichkeit gebracht ist und so
gründlich wird behandelt werden, daß alle, welchen die Güter der
Reformation noch wert sind, zu der Überzeugung gelangen
werden: Das St. Josephstift den Katholiken allein und uns
Evangelischen unsere Krankenhäuser! — mit Ausnahme der Fälle,
wo Verunglückte in das nächste Krankenhaus gebracht werden

müssen. Was aber der hiesige Armenvorstand mir schon vor längerer Zeit auf meine Frage, warum man doch dem katholischen St. Josephstift von gemeindewegen Kranke zuweise, angeführt hat, man thue es wegen der Zahlungsvorteile dort, das wird sich doch leicht, wenn nötig, durch Entgegenkommen der übrigen Krankenhausverwaltungen zum Schweigen bringen lassen. Es gilt eben, willens- und erkenntnisschwache, dabei aber meistens gefühlsselige Glieder unserer evangelischen Kirche davor zu bewahren, daß sie auch das Maß ihres evangelischen Glaubens verlieren, welches sie haben oder noch haben.

Prinzhorn, Pastor.

Nr. 7. Katholische Propaganda im Josephstift.

Auf unsere erste Veröffentlichung dreier auf das Josephstift zurückweisender Bekehrungen zum Katholizismus erwiderte Herr Vikar Fehlings wörtlich folgendes:

"Der Unterzeichnete tritt voll und ganz dafür ein: weder die Schwestern noch wir kath. Geistliche haben **je das Geringste gesagt oder gethan**, was als **Proselytenmacherei** gedeutet werden müßte. Zur Bestätigung dessen seien getrost aufgerufen jene Tausende von protestantischen Kranken, welche im Laufe der Jahre im St. Josephstift sind verpflegt worden. Hat **auch nur Einer aus allen diesen** gegenteilige Erfahrungen gemacht, so soll er auftreten und öffentlich der Wahrheit Zeugnis geben."

Und zum Schluß sagte er:

"Können genannte drei Herren das St. Josephstift wirklich der Proselytenmacherei beschuldigen — wohl verstanden, nicht mit verdächtigenden Andeutungen, sondern durch Beweise — so mögen sie damit hervortreten; können sie das nicht, wozu die Hetze?"

Dieser Aufforderung gegenüber sind wir es uns selbst schuldig, aus einer Reihe uns mitgeteilter Fälle wenigstens einige bekannt zu geben, welche als weitere Belege zur Rechtfertigung unsers Urteils dienen.

1) Am 26. Februar 1884 starb im Josephstift Daniel B... als Katholik, nachdem er als Protestant in dasselbe gekommen war und die Anstalt nicht wieder verlassen hatte. Wenige Tage vor seinem Tode war die Bekehrung erfolgt, in einem Zustande, während dessen er nach der Angabe seines hier lebenden Bruders, der mit ihm verkehrte, **kaum mehr der Sprache mächtig war.** Dieser Bruder H. D. B... ist bereit, durch sein Zeugnis für die Thatsache im ganzen und in ihren Einzelheiten einzustehen.

2) Im Septbr. 1885 trat die Dienstmagd Anna G.........
aus Vahr nach längerem, wiederholten Aufenthalt im St. Josephstift zur katholischen Kirche über. Ihr Seelsorger, Herr
Pastor Rieke in Horn, besuchte sie in der Anstalt, nachdem der
Übertritt erfolgt war, ohne jedoch davon zu wissen. Weder sie,
noch die bei dem Besuch anwesende Pflegerin setzte denselben
in Kenntnis von dem Übertritt, sondern verschwiegen ihn.
Ebenso wurde er den Eltern auf ihre Frage von **der Tochter
abgeleugnet,** sie entschuldigte sich später damit, **sie habe nur
gesagt, sie würde nicht übertreten;** das sei die volle
Wahrheit gewesen, **denn sie sei bereits übergetreten
gewesen,** als die Eltern diese Frage an sie gerichtet hätten.
Schon diese Täuschung ist, abgesehen von allem andern, Mit-
schuld des Hauses.

3) Im Juni 1885 befand sich im St. Josephstift Frau N. N.,
welche, weil in gemischter Ehe lebend, ihren Namen nicht nennt.
Dieselbe erklärte vor drei Zeugen folgendes und ist bereit, dafür
einzustehen: Während meines Aufenthaltes im St. Josephstift
ließ ich mir von einem evangelischen Geistlichen das heilige
Abendmahl reichen. Schon am Abend vorher wurde ich von
der pflegenden Schwester, die meine Konfession kannte, gefragt,
ob ich das heilige Abendmahl nicht von einem katholischen
Priester nehmen wollte. Nachdem ich sie damit abgewiesen,
ist sie auf ihr Ansinnen nicht zurückgekommen. Aber kurze
Zeit nach dem Empfang des Abendmahls trat ein katholischer
Priester, welcher im Hause mit: Herr Vikar, angeredet wurde,
zu mir und sagte dem Sinne nach folgendes: er habe gehört,
daß ich das Abendmahl von einem protestantischen Geistlichen
empfangen habe, ich hätte es doch vielmehr von ihm, **dem
katholischen Priester, mir sollen reichen lassen, denn
protestantische Geistliche seien gar nicht dazu berechtigt, das Abendmahl zu reichen, weil Gott sie
nicht dazu eingesetzt habe.** Von Gott seien dazu **nur
die katholischen Priester eingesetzt.** Frau N. N. fügte
hinzu, der Vorgang habe sie in ihrer damaligen Schwachheit
sehr aufgeregt, der Herr Vikar sei aber gelegentlich wieder-

gekommen und habe gesagt: sie werde ihm ja doch wohl nicht die Thür weisen, wenn er sie einmal in ihrer Wohnung besuchen wolle.

4) Endlich geht aus den uns mündlich und schriftlich zahlreich zugegangenen Mitteilungen unzweifelhaft hervor, daß nicht blos, wie auch Herr Pastor Bauleck schon in einem Falle öffentlich nachgewiesen hat, die protestantischen Kranken in der Anstalt regelmäßig und dringend zum Besuch der Hauskapelle eingeladen werden, sondern es ist auch üblich, ihnen Unterhaltungsbücher zu geben, in welchen der katholische Glaube verherrlicht und der Übertritt zum Katholizismus in den schönsten Farben geschildert wird.

Wir halten diese Thatsachen für hinreichend, um unsere Behauptung zu beweisen, daß sich das Josephstift nicht frei erhält von Proselytenmacherei und Beihülfe dazu, und unsere Warnung ist daher vollberechtigt.

Bremen, den 19. Oktober 1887.

H. Frickhöffer, Pastor prim. am Dom.
Prinzhorn, Pastor in Hastedt.
Dr. Schramm, Pastor am Dom.

Nr. 8. Ein Beitrag zu der Frage wegen Proselytenmacherei.

Bei dieser Frage handelt es sich im wesentlichen darum, ob bei der **großen** Anzahl von Mädchen, die unter uns im Laufe des letzten Jahrzehntes zu der römischen Kirche übergetreten sind, ein direkter und ungebührlicher Einfluß seitens der katholischen Schwestern oder der katholischen Geistlichen nachweisbar ist. Jedem Unbefangenen wird zwar von vornherein der Sachverhalt nicht zweifelhaft sein. Er wird sich nicht zu der Behauptung berechtigt halten, daß die katholischen Schwestern die Proselytenmacherei in systematischer Weise betrieben haben mit Verleugnung aller Rücksichten der Humanität und — der Klugheit. Er wird aber innerlich ebenso gewiß sein, daß diese Schwestern in ihrem frommen Eifer gern die günstige Gelegenheit benutzt haben, um sich die Herzen zugänglicher Mädchen zu gewinnen, ihnen die Herrlichkeit ihres Glaubens anzupreisen und ihnen die Wege zur Rückkehr in den Schoß „der alleinseligmachenden Kirche" zu bahnen. Es liegt jedoch in der Natur dieser Vorkommnisse und Gespräche unter vier Augen, daß sich dieser Sachverhalt nur schwer konstatieren läßt. Ich bin nun aber für einen Einzelfall in der Lage, für

die Richtigkeit dieser Annahme ein unverdächtiges Zeugnis bei=
zubringen und glaube es — so wenig es sonst meine Art und
Neigung ist, mich in einen Zeitungskrieg über religiöse Fragen
zu mischen, — der Öffentlichkeit nicht vorenthalten zu dürfen.

Im Jahre 1882 konfirmierte ich die Anna P. Drei Jahre
später wurde mir mitgeteilt, daß das Mädchen zur römischen
Kirche übertreten wolle. Ich suchte sie sofort auf und über=
zeugte mich, daß das Mädchen von der Wichtigkeit dieses
Schrittes nicht das geringste Verständnis habe und drang in
sie, damit zu warten und sich vorher gründlich zu prüfen. Es
war zu spät; schon am nächsten Sonntag wurde sie in die
römisch=katholische Kirche aufgenommen. Durch ihren Vormund
wurde sie dann in ihre Heimat zurückgebracht, und ich hatte
gehört, daß sie in die evangelische Kirche zurückgekehrt sei. So
wandte ich mich an meine frühere Schülerin mit der Bitte,
mir offen und wahrheitsgetreu mitzuteilen, wie es damals mit
ihrem Übertritt zugegangen sei. Sie hat meine Bitte erfüllt.
Aus ihrem Briefe teile ich das Folgende, was für unsere Frage
von Interesse ist, wörtlich mit:

— — Wann und wie ich zuerst mit Katholiken und der
katholischen Kirche bekannt geworden bin, ist folgendes: Bei
Herrn M. in Bremen, wo ich in Stellung war. Die verkauften
Waaren an das **Josephstift** und Johanniswaisenhaus, wo ich
nun öfter in Berührung kam. Die Schwestern im Johannis=
waisenhaus waren immer so liebevoll und freundlich, so daß ich
da sehr gern hinmochte. — Als ich da mal wieder nach dem
Waisenhaus ging, wurde ich von Schwester Am. gefragt, ob
ich wohl Lust hätte, katholisch zu werden, es wäre
doch so schön, katholisch zu sein; der katholische
Glaube wäre der alleinseligmachende Glaube, und
so sagte ich ja, ohne vorher darüber nachgedacht zu
haben; als das Wort meiner Lippe entflohen war, war ein
Mädchen da, die auch katholisch geworden war, zu der Schwester
Am. sagte, sie sollte mal mit mir nach Pastor Gr.
gehen. Hier wurde ich gefragt, ob ich noch Eltern hätte u. s. w.
Mit Anfang Juni 1885 sollte der Unterricht anfangen, Dienstags
und Freitags abends von 7½ Uhr an. Da ich dieses nicht konnte,
so wurde beschlossen, bei Schwester Am. könnte der Unterricht
geschehen; so mußte ich jeden Mittwoch und Sonntag Nachmittag
von 4—5 Uhr nach dem Johanniswaisenhause kommen, wo
denn so circa 8—10 Kinder (— ich habe damals verstanden,
es seien lauter evangelische Mädchen gewesen —) auch
Unterricht bekamen. So bekam ich Unterricht von Mitte Juni
bis 19. Juli, wo dann die Taufe stattfinden sollte. Weil
meine Mutter (— es ist die hiesige Pflegemutter gemeint —)

wünschte, ich sollte von den Leuten weg, so wurde ich am 26. Juli entlassen und am 26. August bin ich nach hier gekommen, wo ich gleich Stellung fand."

Meine Briefstellerin erzählt dann weiter, wie sie von Schwester Am. einen Brief bekommen habe mit dem Auftrag, in dortiger Gegend ein Mädchen zu besuchen, das auch ihren Unterricht genossen habe, wie sie aber bei der Mutter dieses Mädchens übel angelaufen sei. Sie fährt dann fort:

"So habe ich zu Gott gebetet, er möge es mir doch einleuchten, welchen Weg ich gehen sollte, was der liebe Gott auch gethan hat. So bin ich wieder in unsere gute evangelische Kirche zurückgekehrt; ich fühle mich jetzt so glücklich, daß es so gekommen ist."

Dieser schlichte Bericht trägt den Stempel der Wahrheit an der Stirn. (Nebenher macht er uns darauf aufmerksam, daß durchaus nicht allein durch das Josephstift, sondern **wahrscheinlich viel mehr noch durch die katholische Schule und das katholische Waisenhaus** unserer evangelischen Kirche viele junge Glieder verloren gehen.) Wird Herr Vikar Fehlings den Mut haben, auch meinem Fall gegenüber zu behaupten, daß "ein innerer rein geistiger Prozeß in der Seele" dieses "nach Wahrheit und Klarheit" ringenden Mädchens vorgegangen sei und daß "weder die Schwestern noch wir katholische Geistliche je das Geringste gesagt oder gethan haben, was als Proselytenmacherei gedeutet werden müßte?" Nun, ich weiß, der Mut ist in dieser Beziehung erstaunlich groß. Aber aufrichtiger und ehrenvoller wäre es nach meinen Begriffen, wenn diese eifrigen Katholiken offen sagen wollten: "Wir können nicht anders! Wie euch die Liebe treiben muß, einem verlorenen Sohn, einer verlorenen Tochter nachzugehen, ihre Herzen durch freundliche Rede zu gewinnen und sie so wieder auf den rechten Weg zurückzuführen, so müssen wir bei Protestanten thun, die nach unserer innersten Überzeugung nicht weniger verlorene Söhne und Töchter sind, die dem Abgrund des Verderbens zueilen." Das wäre eine Erklärung, die jedem aufrichtigen Protestanten Respekt abnötigen müßte, wie sehr er auch die Engherzigkeit und die unevangelische Verblendung eines solchen Standpunktes beklagte. Nebenbei aber würden dadurch auch den Schläfrigen und Sorglosen unter uns die Augen völlig aufgehen und sie würden sorgfältiger darüber wachen, daß ihre unreifen Hausgenossen nicht länger solchen wohlgemeinten Versuchen, sie in den Himmel der römischen Kirche zu retten, ausgesetzt werden.

Henrici, Pastor an St. Stephani.

Nr. 9. Katholische Propaganda im St. Josephstift.
(Am 23. Oktober.)

In der „Entgegnung" des Herrn Vikar Fehlings auf den Artikel der drei protestantischen Geistlichen in den „Bremer Nachrichten" vom 5. d. M. heißt es wörtlich: „Von einer dieser dreien, Margar. M..., ist es übrigens gewiß, daß sie den ersten Impuls zur Rückkehr in die Kirche nicht im Josephstift, sondern im städtischen Krankenhause in sich aufgenommen hat, wo sie bei Gelegenheit der Sakramentspendung an einen katholischen Sterbenden durch das wenig taktvolle Benehmen einer Diakonissin in ihrem Innersten sich verletzt fühlte und vor allem in ihren bisherigen Anschauungen über protestantische Toleranz, wie sie in gewissen Kreisen herrscht, eine merkliche Erschütterung erlitt."

Diese ganze Darstellung ist, der selbstverständlich sofort veranlaßten Untersuchung zufolge, unwahr.

In allen Fällen der Sakramentspendung an Katholiken im städtischen Krankenhause sind weder andere als bettlägerige Kranke, noch die Pflegeschwestern, sofern deren Anwesenheit nicht unbedingt geboten ist, überhaupt anwesend; die Schwestern bereiten den Abendmahlstisch mit Kruzifix und Lichtern und entfernen sich. So ist es auch in dem Falle gehalten, auf welchen sich die Aussage der Margar. M... bezieht. Das Abendmahl ist ohne Anwesenheit eines Dritten dargereicht worden. Vollends unverständlich ist die Angabe des Herrn Vikars, daß der von der Margar. M. beobachtete Vorfall sich bei Gelegenheit der Sakramentspendung an einen Sterbenden ereignet habe, da selbstverständlich die Frauen-Krankensäle von denen der Männer ganz getrennt liegen, die Anwesenheit der Margar. M. also schon hiermit ausgeschlossen gewesen wäre.

Ebenso unwahr ist die Behauptung, die Margar. M. habe „den ersten Impuls zur Rückkehr in die Kirche" durch diesen Vorfall im städtischen Krankenhause empfangen. Ihrer eigenen Aussage zufolge hat dieselbe lange vor ihrer Aufnahme in das städtische Krankenhaus bei einer namhaft gemachten katholischen Putzmacherin das Putzmachen gelernt und dort die erste Anregung zum Übertritt erhalten. Später ist sie im St. Josephstifte verpflegt und hat daselbst einige Male der Messe beigewohnt; erst nach dieser Zeit ist sie im städtischen Krankenhause gewesen.

Die Angaben der Margar. M. in betreff des erzählten Vorfalles werden, in Übereinstimmung mit den Schwestern, von einer unbeteiligten Zeugin, welche damals auf demselben Saale verpflegt ist, für unwahr erklärt. Die Margar. M. behauptet, die Schwestern hätten während der Sakramentspendung an der geschlossenen Thür gehorcht und eine unpassende Bemerkung gemacht. Diese Behauptung ist schon an sich nicht wahrscheinlich, weil für die Schwestern in ihrem ernsten Berufe eine Abendmahls= spende an Katholiken weder hier im Krankenhause noch außerhalb Bremens ein so seltenes Vorkommnis ist, um überhaupt einen Gegenstand der Neugierde abgeben zu können. Der Vorfall wird aber auch nicht nur von den Schwestern, sondern auch von der unbeteiligten Zeugin in Abrede gestellt und übereinstimmend erklärt, daß, sofern ein Horchen an der Thür stattgefunden haben sollte — was jetzt nach Monaten nicht mehr bestimmt gesagt werden kann — es zu dem Zwecke geschehen sein werde, um sich zu vergewissern, ob der Pastor noch da sei; indem nach dessen Entfernung die Schwestern sich sofort wieder nach der Kranken, die sehr unruhig war, umsehen mußten. Die Zeugin erklärt überdies, daß die Schwestern, während nebenan das Abendmahl erteilt sei, in dem Krankensaale zur Ruhe und Stille ermahnt hätten; die behauptete unpassende Äußerung sei, wie die Zeugin sich bestimmt zu erinnern weiß, überhaupt nicht gemacht, am wenigsten von seiten der Schwestern.

Die Beschuldigungen des Herrn Vikars fallen hiernach auf das Haupt des Urhebers zurück. Pastor Iken.

Nr. 10.

Deutlicher kann das Programm der katholischen Kirche nicht ausgesprochen werden als durch die "Äuße= rung, die der Führer der badischen Ultramontanen (von Buß) Anfang 1851 gethan: "mit dem Mauerbrecher der Kirche werde man den Protestantismus langsam zer= bröckeln, in den vorgeschobensten norddeutschen Distrikten die zerstreuten Katholiken sammeln, mit einem Netz von katholischen Vereinen den altprotestantischen Herd in Preußen umklammern, diese Klammern durch eine Anzahl von Klöstern (Josephstifter!) befestigen und dadurch den Protestantismus erdrücken, die Hohen= zollern unschädlich machen." Vergl. Bulle, Geschichte der neuesten Zeit 1815—1885. Band IV, Seite 45. Leipzig 1886.

Im Anschluß daran schildert der Historiker die Verhältnisse in der Zeit vor dem Kulturkampf weiter wie folgt: "Diesem Programm entsprechend hatten sich die klösterlichen Niederlassungen seit 1848 unglaublich vermehrt. Die der Krankenpflege ge= widmeten waren von 28 auf 223 gestiegen und zählten beinahe 1500 Mitglieder; dem Unterricht dienten vor 1848 nur 24, jetzt 139 Häuser mit mehr als 2700 Insassen; Krankenpflege und Unterricht zugleich betrieben über 3100 Mönche und Nonnen in 361 Niederlassungen, von denen nur 40 älter waren als die

Verfassung. Dazu kommen 50 Klöster mit 700 Angehörigen, die sich nur der Seelsorge oder dem beschaulichen Leben widmeten, bis auf 9 alle neueren Ursprungs," s. Bulle a. a. O.

Aber Herr Vikar F. will nicht Theorien oder weltgeschichtliche Betrachtungen, sondern einzelne Thatsachen zum Beweise aus dem Bremer Leben. Und so lasse ich denn auch zwei Thatsachen aus meinen Gemeindekreisen folgen, die ich nie bekannt gegeben haben würde, wenn Herr Vikar F. nicht ausdrücklich dazu aufgefordert hätte.

1) Als die Kinder aus einer Mischehe bereits meinen Lehrsaal besuchten — eines derselben war schon von mir konfirmiert — hat durch wiederholtes **dringendes** Zureden einer der hiesigen katholischen Herren Prediger die Mutter zu bestimmen gesucht, die Kinder dem katholischen Unterricht zuzuführen. Sein Bemühen blieb vergeblich.

2) Als die Gattin eines hiesigen angesehenen Kaufmannes in schwerer, schmerzlicher Krankheit lag, hat die an ihrem Bette als Pflegerin weilende Schwester vom St. Josephstift den Zweifel in ihr zu erwecken gesucht, ob sie im **protestantischen Glauben** selig werden könne.* Auf die hochgebildete Frau blieb natürlich solche Rede ohne Einfluß, aber mindestens wird es nicht dazu beigetragen haben, ihre Leiden zu erleichtern. Unter der Hand wurden dann in demselben Hause durch dieselbe Schwester **Bekehrungsversuche** an dem Dienstmädchen gemacht.

Wir machen keineswegs den einzelnen Katholiken dieses Bekehrungseifers wegen einen Vorwurf. Sie handeln nach den Forderungen und den Prinzipien ihrer Kirche, welche jeden für verloren hält, der ihr nicht angehört. Aber wir wollen, daß das Publikum über diese Grundsätze volle Klarheit habe. Wenige Fälle werden bekannt, viele bleiben verborgen. Verschwiegenheit war von jeher die mächtigste Waffe des Katholizismus.

Dr. Bruno Weiß.

Nr. 11. Ein neuer Fall katholischer Propaganda im Josephstift. (Am 1. November).

† Meine Nichte, Lina G., in der Stephanikirche konfirmiert, war in diesem Jahre drei Monate auf dem hiesigen Josephstift. Als die Mutter und Schwester sie dort besuchten und fragten, sie werde doch wohl nicht katholisch werden, bestritt sie dies entschieden. Nach ihrer Entlassung aus dem Josephstift nahm sie angeblich eine Stelle in Schweden an und fuhr vor sechs

---

* Das ist die **Barmherzigkeit** dieser Unbarmherzigen.

Wochen mit dem Schiffe „Kong Sigurd" von hier ab, ohne von
ihrem Übertritt zur katholischen Kirche ihren Verwandten etwas
zu sagen. Die Mutter erfuhr aber durch die Bedienung des
Schiffes, daß sie in Christiania von zwei katholischen barmher=
zigen Schwestern von Bord abgeholt worden sei, und weitere
Erkundigungen ergaben, daß sie in das Josephstift zu Frederiks=
hald gebracht worden ist, um barmherzige Schwester zu werden.
Ein Brief der Tochter an die Mutter sagt, sie könne ihre Adresse
noch nicht schreiben, angeblich weil sie noch nicht am Orte ihrer
Bestimmung sei, man möge ihr aber Briefe und Sachen durch
das Josephstift in Bremen zukommen lassen. Dieser Brief
war, wohl um über den Aufenthaltsort irre zu leiten, in einer
kleinen nordischen Landstadt zur Post gegeben worden.

Bremen, den 31. Oktober 1887.

Kapitän W., dessen Name und Adresse in der Redaktion der
„Bremer Nachrichten" zu erfahren ist.

Nr. 12. Notiz zur katholischen Propaganda.
(4. November).

Vielleicht ist es für weitere Kreise unserer Stadt nicht
uninteressant, über die Zahl der zur katholischen Kirche übertre=
tenden Evangelischen etwas Bestimmtes zu hören. Nach der vor
Zeugen gemachten Aussage der in gemischter Ehe lebenden Frau
Charlotte R. geb. H., welche sich ebenfalls im Unterrichte des
katholischen Priesters befindet, um überzutreten, sind in den
letzten 14 Tagen vor dem Freimarkt nicht weniger als 22 prote=
stantische Mädchen und Frauen zu dem von ihr besuchten Unter=
richt des römischen Priesters hinzugekommen, so daß es im ganzen
23 sind, welche ihrer im November bevorstehenden Aufnahme in
den Schoß der „alleinseligmachenden" Kirche harren. Bei der
großen Heimlichkeit, womit diese Sache betrieben wird, läßt sich
nicht feststellen, ob diese Zahl außergewöhnlich groß ist, oder ob
sie im Laufe eines Jahres nicht vielleicht viel mehr beträgt.
Das Josephstift hat, wie die bisherigen Veröffentlichungen fest=
gestellt haben, dabei jedenfalls eine wichtige Rolle gespielt, ist aber
nicht als die einzige Ursache aller dieser Bekehrungen anzusehen.
Es wird vielmehr auch noch auf andere Weise Propaganda
getrieben. Übereinstimmend berichten, namentlich in Mischehen
lebende, evangelische Frauen, daß sie durch Besuche katholischer
Priester heimgesucht werden, bei welchen dieselben von ihnen
ganz einfach verlangen, sie möchten sich doch auch zum römischen
Religionsunterricht einfinden, um den Glauben ihres katholischen
Mannes anzunehmen. Welchen Erfolg diese Besuche haben,
beweisen die obigen Zahlen. X.

Nr. 13. Katholische Propaganda in Bremen.

11. November.

Wir (die Redaktion der Bremer Nachrichten) haben zwar erklärt, die Debatte über diesen Gegenstand als geschlossen betrachten zu wollen, allein der Ehemann der Frau Charlotte Roenhoff, geb. Hilker, besteht darauf, die nachfolgende Erklärung seiner Frau zu den Mitteilungen des Herrn X. gedruckt zu sehen:

Die Frau Charlotte R., geb. H., von welcher in dem Artikel „Sprechsaal" der „Bremer Nachrichten" vom letzten Freitag die Rede ist, ist die Unterzeichnete.

Dieselbe erklärt nun folgendes:
1. Ich war niemals im St. Josephstift.
2. Meine Conversion steht nicht erst jetzt bevor, sondern erfolgte bereits vor mehr als zwei Jahren.
3. Ich habe niemals in einer Mischehe gelebt.
4. Es ist mir absolut unbekannt, wie viele protestantische Frauen und Mädchen augenblicklich bei den einzelnen katholischen Priestern am hiesigen Platze Religionsunterricht empfangen.
5. Ich habe mich nie in angeregter Sache in so detaillierter Weise, wie der Artikelschreiber zu berichten weiß, vor Zeugen geäußert.
6. Alle Angaben des beregten Artikels, sofern es versucht wird, dieselben auf meine Aussagen zurückzuführen, entbehren jeglicher Begründung und erwarte ich demnach von der Ehrenhaftigkeit des Predigers X., daß er öffentlich gemachte unwahre Behauptungen auch öffentlich zurücknimmt.

Frau Charlotte Roenhoff,
geb. Hilker.

Damit diese Erklärung nicht wieder zu endlosen Auseinandersetzungen führe, haben wir dieselbe dem Einsender der X.-Notiz mit der Bitte um Rückäußerung eingesandt und darauf folgende Antworten erhalten:

Nr. 14. Erklärung I.

Hierdurch bezeuge ich, daß meine Schwester, Frau R., geb. H., welche noch jetzt mehrmals in der Woche den Unterricht des römischen Priesters besucht, mir vor dem Freimarkt mitgeteilt hat, daß in den letzten 14 Tagen noch 22 protestantische Frauen und Mädchen zu diesem Unterrichte hinzugekommen seien, welche zu verschiedenen Zeiten übertreten würden. — Meine Schwester, welche einen katholischen Mann geheiratet hat, ist vor der Trauung katholisch getauft worden.

Bremen, den 9. November 1887.

Fritz Hilker, Schuhmacher.

Nr. 15. Erklärung II.

Die angebliche Berichtigung der Frau R. bezieht sich nur auf ganz nebensächliche Punkte. Das vorstehende Zeugnis ihres eigenen Bruders beweist, daß die Hauptsache — der Übertritt von **22 protestantischen Frauen und Mädchen zur katholischen Kirche** — von Frau R. mitgeteilt worden ist. Da sie in ihrer Entgegnung unter Nr. 4 nur von ihrer Unbekanntschaft mit der Zahl der „augenblicklich bei den einzelnen katholischen Priestern am hiesigen Platze Religionsunterricht empfangenden Frauen und Mädchen" spricht, schließt dies nicht aus, daß sie wenigstens von jenen 22 etwas weiß. Auch ist ganz gleichgültig, wer diese Angabe gemacht hat, wenn dieselbe richtig ist. Daß Frau R. niemals in einer Mischehe gelebt hat, ist nach obigem Zeugnis ihres Bruders nur insofern richtig, als sie vor ihrer Trauung sich hat **katholisch taufen lassen**, sie war aber Protestantin und heiratete einen katholischen Mann.

Endlich erklärt Frau R., daß sie niemals im Josephstifte gewesen ist. Dies ist in dem Artikel vom Freitag auch nicht behauptet worden, vielmehr wurde dort ausdrücklich gesagt, daß, wenn auch das **Josephstift nach den bisherigen Veröffentlichungen** eine große Rolle bei den Bekehrungen gespielt hat, doch auch außer dem Josephstift noch **andere Ursachen** zur Bekehrung protestantischer Frauen wirksam seien. Dies trifft bei Frau R. zu, welche in ihrem Brautstande, der in dieser Beziehung einer Mischehe gleich zu achten sein dürfte, übertrat.

Was die Bekehrungen im Josephstift betrifft, so genügen die bisher veröffentlichten Fälle vollkommen, um das Urteil des Publikums zu ermöglichen. Sollten noch irgend welche Zweifel bleiben, so empfiehlt es sich, die Artikel der „Bremer Nachrichten" hierüber in Broschürenform abzudrucken und weiter zu verbreiten, wozu wir gern bereit sind. Auch wird es das Bremer Publikum interessieren zu hören, daß, während die Priester und Beamten des Josephstiftes in der Bremer Presse schweigen, **der westfälische „Merkur" in Münster alle Veröffentlichungen in den Bremer Blättern über das Josephstift „als eitel Lug und Trug, als widerlichen Singsang eines nationalliberalen Vogels"** und mit ähnlichen schmeichelhaften Ausdrücken bezeichnet und die Einsender

„Lügenkonjugationsschüler" tituliert. Die angebliche Berichtigung der Frau R. eignet sich daher vortrefflich zum Abdruck im „Westfälischen Merkur", um dabei wieder zu sagen: Hieran könne man sehen, daß alles über das Josephstift gesagte Lüge sei. Das nennt man dann vor den katholischen Lesern des Münsterlandes, welche die Bremer Erwiderung nicht lesen, „Berichtigung und Gegenbeweis". X.

Nr. 16. Erklärung.

† Im Herbste v. J. wurde ich im hiesigen St. Josephstift durch den Einfluß der Schwestern und des Herrn Vikar Fehlings zu dem Wunsch gebracht, katholisch zu werden. Nachdem ich aber von diesem Irrtum glücklicherweise zurückgekommen bin, halte ich es für meine Pflicht, als einstige Konfirmandin des Herrn Pastor Dr. Schramm öffentlich zu erklären, daß ich niemals eine Äußerung über den Konfirmandenunterricht desselben gethan habe, wie sie Herr Vikar Fehlings mir in seiner öffentlichen Erklärung vom 8. Oktober 1887 in den Mund legt. Derselbe schrieb damals in den „Bremer Nachrichten", daß ich als Konfirmandin des Herrn Dr. Schramm „auf das bestimmteste versichert habe, daß in dem Unterricht desselben die Grundlage des Christentums, namentlich die allerheiligste Person des Erlösers in einer Weise behandelt worden sei, daß der religiöse Sinn ohne Nahrung und das religiöse Gemüt ganz und gar unbefriedigt geblieben."

Von alle diesem habe ich kein Wort gesagt, der Herr Vikar hat es alles erfunden, ich habe im Gegenteil in allen Gesprächen mit ihm den Unterricht meines Seelsorgers gegen seine falschen Beschuldigungen verteidigt. Dies erkläre ich hiermit zur Steuer der Wahrheit.

Bremen, 26. Juli 1888.

Anna R.
(Der Name ist in den „Bremer Nachrichten" vollständig ausgedruckt.)

Vorbemerkung zu Nr. 17. Die folgende Erwiderung des Vikars Fehlings enthielt noch einen rein persönlichen gehässigen Angriff auf Pastor Schramm, welcher letztere denselben aber so derbe erwiderte, daß der Priester verstummte. Da diese persönlichen Artigkeiten kein allgemeines Interesse haben, lassen wir sie beiderseits weg.

Nr. 17.

Mit Bezug auf die in der letzten Sonnabendsnummer, Blatt 1 der „Bremer Nachrichten" enthaltene „Erklärung" der

Anna R., welche mir in meinem Ferienaufenthalt heute von Freundeshand zuging, entgegne ich für jetzt folgendes:

Die in Rede stehende Anna R. hat eingestandenermaßen den Wunsch gehabt, katholisch zu werden, will aber gleichwohl „in allen Gesprächen mit mir den Unterricht des Herrn Pastor Schramm gegen meine falschen Anschuldigungen verteidigt haben." Diese beiden Behauptungen schließen für jeden vernünftig Denkenden einen Widerspruch in sich. Entweder ist der Wunsch zu konvertieren nicht vorhanden gewesen, oder aber die R. hat den bei Herrn Schramm genossenen Unterricht für verkehrt gehalten. Zu ein und derselben Zeit jedoch wünschen, katholisch zu werden, d. h. der Lehre eines protestantischen Predigers den Rücken zu kehren und gleichwohl die Lehre oder, was dasselbe ist, den Unterricht eben dieses Predigers verteidigen, ist ein Unding und schlechthin unmöglich..........

Ich bin in Besitz von Briefen, welche die R. eigenhändig an mich und eine Freundin geschrieben, und habe Kenntnis von gewissen Äußerungen, welche dieselbe gelegentlich an Bekannte gethan; aus beiden geht bis zur Evidenz ein Zweifaches hervor: 1) Der Wunsch und das Verlangen, katholisch zu werden, ist seinerzeit **ohne das geringste Zuthun von seiten der Schwestern** oder von seiten meiner Person in Anna R. entstanden. 2) Die Aversion der R. gegen Herrn Schramm und das, was er seinen Unterricht nennt, vor allem mit Bezug auf die allerheiligste Person des göttlichen Heilandes, war eine vollständige. Sobald ich nach Bremen zurückgekehrt sein werde, werde ich mich über eine eventuelle Veröffentlichung besagter Briefe resp. Äußerungen schlüssig machen.*

Rees, 30. Juli 1888. F e h l i n g s, Vikar.

Nr. 18. Katholische Propaganda im Josephstift.

† Wenn auch die im vorigen Herbst über die hiesige Propaganda veröffentlichten Thatsachen im allgemeinen keinen Zweifel mehr darüber gelassen haben, daß im Josephstift mancherlei Übertritte zum Katholizismus bewirkt worden sind, so konnten doch die Vorgänge im einzelnen nicht so genau, wie wünschenswert, beleuchtet werden, weil die Übergetretenen sich natürlich hüteten, mitzuteilen, wie man sie zum Übertritt gebracht, um ihre neuen Glaubensgenossen nicht zu kompromittieren. Deshalb erscheint es mir von Wichtigkeit, folgende Mitteilungen meiner

---

* Auf die Veröffentlichung dieser Briefe hat man vergeblich gewartet.

früheren Konfirmandin über die im Josephstift an ihr versuchte und schon sehr weit durchgeführte Bekehrung zum katholischen Glauben zu veröffentlichen. — Man kann sie als den letzten Schlußstein in der Reihe der früher über die katholische Propaganda gemachten Mitteilungen ansehen, und dieser Schlußstein darf meines Erachtens dem Publikum nicht vorenthalten werden. Ich schicke nur noch die Bemerkung voraus, daß das betreffende junge Mädchen bereit ist, alle ihre Angaben erforderlichenfalls **vor Gericht zu beschwören.**

Anna R. kam zuerst im Dezember 1886 wegen eines Lungenleidens in das Josephstift und blieb dort bis zum März 1887. Sobald sie nur eben gehen konnte, wurde sie von den Schwestern dringend aufgefordert, die Kapelle mit ihnen zu besuchen, um sich von der Schönheit ihrer Gottesdienste und Feste zu überzeugen. Sie wurde mindestens **viermal während verschiedener Gottesdienste ohnmächtig,** so daß sie aus der Kapelle fast mehr getragen als geführt werden mußte, nichtsdestoweniger **beredeten die Schwestern** sie, wenn sie nach solchem Unfall wegbleiben wollte, doch nur ja wieder mitzukommen, der Besuch der Kapelle sei wichtiger als alles andere. Auch alle protestantischen Kinder, wenn sie gehen konnten, mußten mit in die Kapelle, mußten lernen sich zu bekreuzen und waren gezwungen, wenn die Schwester ins Zimmer trat, auf deren Gruß: Gelobt sei Jesus Christus, die bekannte katholische Antwort zu geben: In Ewigkeit Amen.

Hiermit vergleiche man, was Herr Fehlings am 8. Oktober in den „Bremer Nachrichten" schrieb: „Oder sollten am Ende die Herren Frickhöffer und Genossen durch ihren Hinweis den Verdacht aussprechen wollen, daß die Andersgläubigen im Josephstift durch die Schwestern in die katholischen Hausandachten hineingeredet oder gar moralisch hineingezwungen würden? Für den Fall mögen die Herren Prediger sich daran erinnern, daß eine böse Anschuldigung ohne Beweis einer Verleumdung sehr ähnlich sieht."!!!

Sobald die Glocke zur Messe rief, ließen die Schwestern alles stehen und liegen, auch die Kranken, was immer auch gerade vorzunehmen war. Sehr hülflose und gebrechliche Personen beklagten sich darüber, denn wenn auch eine Schwester auf die Glocke achtzugeben hatte, um im Notfall zu Hülfe zu eilen, so konnten manche Kranke wegen ihrer Gebrechlichkeit nicht an die Glocke kommen. In dem Winter, wo Anna R. im Josephstift weilte, stürzte beispielsweise eine solche Kranke (Frau Quindt) **während der Abwesenheit der Schwestern aus dem Bette** und wurde zuerst von Anna R. auf der Erde liegend aufgefunden.

Wir führen diesen Umstand an, weil er beweist, daß den Schwestern nach der Lehre ihrer Kirche die **Messe** über **alles** geht, auch über **den Krankendienst.**

Nachdem Anna R. das Josephstift verlassen und einen Dienst angetreten hatte, blieb sie mit den Schwestern im Stift in einem regen Verkehr. Sie war dankbar für die Pflege, die sie empfangen, und die Freundlichkeit der Schwestern that ihr, einer vater- und mutterlosen Waise, wohl, auch scheint sie durch ihr stilles Wesen und ihre stetige Bereitschaft, den Schwestern zu helfen, deren Zuneigung gewonnen zu haben, da sie von ihnen kleine Heiligenbilder geschenkt bekam, auf deren einem z. B. zu lesen ist: „Aus Dankbarkeit von Schwester X."

Bei den Besuchen, die sie im Sommer 1887 im Josephstift abstattete, wurde sie nun aber systematisch gelockt, katholisch zu werden. Ihr Leiden führte die Kündigung ihres Dienstes herbei, und das hülflose Mädchen fürchtete, wohl mit Recht, eben wegen ihrer Krankheit keine andere Stelle zu bekommen. Sie wandte sich daher (etwa im Juli) an die Oberin im Josephstift mit der Frage, ob **sie ihr** nicht zu einem neuen Dienst verhelfen könnte. Die Oberin antwortete: „Ja, sind Sie denn **katholisch? Sie sind ja nicht katholisch!** Ja, wenn **Sie katholisch wären!**" — Durch diese Worte wurde sie zuerst auf den Gedanken gebracht, sie werde irgendwie versorgt werden, wenn sie sich zum Übertritt entschließe.

Etwa um dieselbe Zeit **schenkten ihr die Schwestern** einen **Rosenkranz,** den der Vikar geweiht habe, und fragten sie nachher, ob sie ihn auch fleißig bete. Als sie sagte, sie verstehe es nicht, **schrieben sie ihr die Gebete auf.** Als sie einen andern gefundenen Rosenkranz abliefern wollte, sagten die Schwestern, den müsse sie behalten, das sei **ein Zeichen des Himmels.** (Natürlich fürs Katholisch werden!)

Daß die Schwestern bei diesen Versuchen, die frühere Patientin allmählich zu ihrem Glauben zu bekehren, sich wohl bewußt waren, etwas von den Ärzten Verbotenes zu thun, geht daraus hervor, daß jedesmal, wenn der Arzt auf solchen Besuch der Anna R. zukam, die Schwestern riefen: „Dr. Nagel ist da, nur schnell in die Kapelle!" Dann mußte das Mädchen sich vor dem Doktor **in der Kapelle verstecken.** Das ist **etwa fünfmal vorgekommen,** und jede Woche ging sie mindestens einmal zum Besuch ins Josephstift.

Herr Fehlings aber schrieb in den „Bremer Nachrichten": **„Der Unterzeichnete tritt ganz und voll dafür ein:** weder die Schwestern noch wir katholische Geistliche haben je das Geringste gesagt oder gethan, was als Proselytenmacherei gedeutet werden müßte." Zum Zeugnis rief er die Tausende von Kranken auf, die im Josephstift verpflegt worden seien, und sagte: „Hat auch nur einer aus allen diesen gegenteilige Erfahrungen gemacht, so soll er auftreten, um öffentlich der Wahrheit Zeugnis zu geben." — **Mit welchem Namen benennt man solche Handlungs- und Redeweise?**

Im Oktober 1887 erfolgten dann die Veröffentlichungen in den „Bremer Nachrichten". Mein damaliges Gespräch mit Anna R. habe ich am 13. Oktober dort mitgeteilt. Sie schien völlig für das katholische Wesen gewonnen, und es wäre mir wohl schwerlich gelungen, sie wieder auf den rechten Weg zurückzuführen, wenn ich nicht eine unerwartete Hülfe an — — Herrn Fehlings selber gefunden hätte. Dieser nämlich hat, als er bemerkte, daß das Mädchen noch Bedenken hatte, in einer Weise auf die Protestanten geschimpft und Ausdrücke dabei gebraucht, daß der angehenden Konvertitin Zweifel kommen mußten, ob ein solcher Haß gegen Andersgläubige wirklich christlich sein könne, und daß sie anfing, die Besuche im Josephstift, wo sie den Vikar traf, zu scheuen. Das eine Mal z. B. hat er ihr gesagt, wenn wieder ein protestantischer Prediger zu ihr ins Haus komme, **solle sie vor ihm ausspucken.** Von einem der strenggläubigen Richtung zugethanen Pastor, der sich auch bemühte, sie der evangelischen Kirche zu erhalten, sagte er: **„Das ist ein Heuchler."** Ein ander Mal: „Wenn Sie protestantisch bleiben wolle, dann **könne sie leben, wie sie wolle, dann könne sie auch ihrer Herrschaft den Wein aus dem Keller holen,** und recht flott davon leben, ja dann **möge sie des Abends nur** — hier folgte eine für den geistigen und sittlichen Bildungsstandpunkt des Herrn Fehlings höchst bezeichnende, aber hier aus gewissen Gründen nicht gut wieder zu gebende Redensart, deren Sinn war, sie dürfe dann ungescheut das **6. Gebot übertreten.** Die protestantischen Prediger titulierte der würdige Geistliche mit Schimpfnamen, sagte z. B. selbst in Gegenwart einer Schwester vom Josephstift: **„Alle protestantischen Prediger sind Schw—jungen".** Das bewirkte aber das Gegenteil von dem, was damit bezweckt war. Anna R. besuchte seit dieser letzten Äußerung des Vikars das Josephstift nicht wieder.

Und das ist der Mann, dem seit langen Jahren die Seelsorge im Josephstift anvertraut ist, und wie es scheint, auch ferner anvertraut bleiben soll, das ist der Mann, der öffentlich und feierlich in den Blättern erklärt hat, dort nie das Geringste von Proselytenmacherei getrieben zu haben.

Bremen, 3. August 1888. Dr. Schramm.

II. Veröffentlichungen,
die nur Urteile über die Thatsachen enthalten.
(Sämtlich im Oktober und November 1887 in den „Bremer Nachrichten" erschienen.)

Vorbemerkung. Der eilige Leser, welcher diesen zweiten Teil etwa überschlagen sollte, wird doch gebeten, das S c h l u ß w o r t d i e s e s S c h r i f t c h e n s nicht ungelesen zu lassen.

Nr. 19. Katholische Propaganda im St. Josephstift.

In der Entgegnung des katholischen Vikars Fehlings vom 8. Oktober d. J. befindet sich folgender Passus: „Am allerwenigsten wird man uns katholische Priester anschuldigen, wenn wir Protestanten, die freiwillig zu uns kommen und über deren Aufrichtigkeit wir ein günstiges Urteil gewonnen haben, in den katholischen Religionsunterricht aufnehmen, um sie endlich nach Verlauf mehrerer Monate ernstester Prüfung und eingehendster Unterweisung in den Schoß jener Kirche zurückzuführen, der i h r e V ä t e r e i n s t a n g e h ö r t h a b e n." Ich weiß nicht, ist es menschliche Kurzsichtigkeit, die aus der letzten Zeile spricht, oder ist es eine beschränkte Kenntnis der Menschengeschichte. Nach der Auffassung des Dieners der „allgemeinen" Kirche sollte man fast glauben, daß die Religion, wie sie die katholische Kirche lehrt und übt, überhaupt die erste Religion gewesen, die unsere Vorfahren besessen. Soviel bekannt, haben unsere germanischen Ahnen jahrhundertelang Wodan, Freya, Thor, Baldur und andere rauhe und liebliche Gestalten verehrt und angebetet. Wie mancher Held hat im Kampfe zu Biu seine Stimme erhoben und sich in diesem Gebet gestärkt und kräftig gefühlt! Wie manches Weib in Nöten hat ihrer Herzensangst Freya gegenüber Luft gemacht und Trost geschöpft in dem Bewußtsein, daß höhere Mächte in der Stunde der Gefahr ihr Beistand leisteten! Denkt man sich nun noch einen Moment weiter zurück, so wird man, falls man zugiebt, daß die Weltgesetze für uns ewig wirken, zugestehen müssen, daß dieser Wodanlehre eine andere einfachere religiöse Auffassung vorhergehen mußte, die erleuchtete Köpfe, Reformatoren unseres Geschlechts, verdrängten. Wir alle wissen, daß unsere Nationalreligion im Pfropfreis aus dem Orient erhielt, ein Pfropfreis, das uns leider übermittelt wurde durch vielleicht sehr wohldenkende Leute, immerhin aber durch Leute, die zum Teil gänzlich gefesselt waren in dem System, das von Rom ausging, wo sich damals ein Bischof befand, der eigentlich nichts weiter war unter den übrigen Metropolitanbischöfen, zu Jerusalem, Konstantinopel, Alexandria, Antiochia u. s. w., als ein primus inter pares. Es steht wahrlich noch dahin, ob der Missionar Bonifacius, beiläufig gesagt ein A u s l ä n d e r, wirklich eine so wohlthätige Persönlichkeit für uns Deutsche gewesen ist. Fernerhin wird aber doch wohl kein katholischer Priester behaupten wollen, daß die Ceremonien der Verehrung Gottes — und dies ist doch ein wesentliches Moment aller Religion — wie sie jetzt von der römischen Kirche vorgeschrieben sind, niemals anders waren als in unsern Tagen. Im Gegenteil, wer nur einigermaßen in der Kirchengeschichte Bescheid weiß, wird auch hier ein Werden bemerken. Wo gab es in den ersten Jahrhunderten das Gesetz von unverheirateten Priestern gegen welches sich die menschliche Natur so oft energisch gesträubt? Wo gab es denn in den frühesten Zeiten der christlichen Kirche einen Papst, Kardinäle, Erzbischöfe, Bischöfe, angethan mit prächtigen Roben, Leute, die bei feierlichen Synoden und Sitzungen einen Pomp entfalten, der sich schlechterdings nicht mit der Demut christlicher Gebote vereinbaren läßt? Wo gab es denn bei den ersten Bekennern des Heilandes Messen, Weihrauch, Ohrenbeichte und sonstigen Klingklang? Wo? frage ich alle Geschichtskundigen! Es müßte in der That ein blöder Mensch sein, der bei einigem Nachdenken nicht darauf käme, daß auch die katholische Kirche nicht immer so war als sie jetzt ist, daß sie geworden, geworden wie alles auf der Erde. Wie kann man überhaupt — und es geschieht nur im Unverstand — dem Bestand und ewige Dauer zuschreiben, was fortwährend in Bewegung und im Flusse ist. Ja, gewiß auch in Religionssachen heißt es „πάντα ῥεῖ" (Alles fließt). Daß die Reformation eintrat, war nur eine natürliche Folge der verschiedenen Mißbräuche der damaligen Kirche, die der menschlichen Natur der kühler denkenden Nordländer ins Gesicht schlugen. Und nun kommt ein Priester, dessen ganze Seele gebunden und gefesselt ist und dessen Herz sich in Wirklichkeit nicht bei uns, sondern jenseits der Berge, ultra montes beim „heiligen Vater" befindet — denn wo Euer Schatz ist, da ist Euer Herz — und sagt dem Volke, dem ungebildeten Manne, dem unmündigen Dienstmädchen: „Alle müssen in den Schoß der „alleinseligmachenden" Kirche zurückgeführt werden, dem einst ihre Väter angehört haben!" Was für eine begehrliche Anmaßung, was für eine grobe Unwissenheit! Wahrhaftig, man müßte mit Fäusten dreinschlagen, daß man sich das an einem Ort wie Bremen öffentlich gefallen lassen muß, an einem Ort, der sich brüstet, ein Hort des Protestantismus zu sein! V.

Nr. 20.

Geehrter Herr Redakteur! Gestatten Sie auch einem Laien in der St. Josephstift-Angelegenheit ein Wort in Ihrem Sprechsaal, da es doch höchst wünschenswert ist, daß die Protestanten, welche ohne Nachdenken die katholische Propaganda in und durch das St. Josephstift unterstützt haben, auf die Folgen aufmerksam gemacht werden. Es kann nur für jeden wahren Protestanten eine Genugthuung sein, daß die Propaganda durch die Herren Pastor Frickhöffer und Genossen ans Licht gebracht worden ist, indes wird es unmöglich sein, seitens der Priester und deren Genossinnen eine Garantie gegen dieselbe zu erhalten, denn einmal würde solche doch unter der bekannten reservatio gegeben werden, anderseits liegt die Propaganda auch schon allein in dem katholischen Krankenhause selbst. Diese Garantie können sich die Protestanten nur selbst geben, indem sie dafür wirken, daß ihre Glaubensgenossen das Stift nicht mehr benutzen und sie über den Katholizismus aufklären.

Denn die einzige volle Garantie würde in der Umwandlung des Josephstifts in ein städtisches Krankenhaus liegen, woran aber, wenn dasselbe auch hauptsächlich durch protestantische Gelder erbaut, nicht zu denken sein wird. Eben das St. Josephstift, an so belebter Straße gelegen, soll ja Propaganda machen.

Bei dieser Veranlassung sollten sich die Protestanten in Erinnerung rufen, daß viele ihrer Glaubensgenossen in großer Bedrängnis in katholischen Landen leben und sie diesen und dem Fortschritte der Welt große Dienste durch Geldunterstützungen leisten können. Sie würden dadurch edleren Zwecken dienen, als wenn sie zur Stärkung des Katholizismus in unserer Stadt beitragen, indem sie dessen Anstalten Gelder zufließen lassen.

Hochachtungsvoll Z.

Nr. 21. Katholische Propaganda im Krankenhause.
16. Oktober.

Der Herr Vikar, welcher am Mittwoch die Dreistigkeit hatte, voll und ganz dafür einzutreten, daß weder die katholischen Geistlichen noch die Schwestern das Geringste gethan haben, was einer Proselytenmacherei ähnlich sehen könnte, scheint eine ganz eigentümliche Auffassung von der Bedeutung dieses Wortes zu haben, denn fast alles, was er in den folgenden Sätzen sagt, ist Proselytenmacherei, Propaganda für die sogenannte „alleinseligmachende" Kirche. Wir Protestanten wollen die Katholiken gewiß nicht in ihrem Glauben stören, sie mögen nach ihrer Façon selig werden, aber wir wollen ferner nicht mithelfen, daß die katholische Missionsstation in Bremen auf Um- und Schleichwegen Seelenfang betreibt bei Dienstmädchen und sonstigen schwachen Geschöpfen, die keine Ahnung davon haben mögen, welche Entsagungen und Kämpfe unsere Väter einst durchmachen mußten, um das Joch der römischen Kirche von sich abzuschütteln. Die Behauptung des Vikars, daß keine Propaganda gemacht werde, wird ja schon durch den Titel widerlegt, welchen der oberste Geistliche officiell führt. Er ist Missionar, ausgesandt nicht nur, um die Gläubigen zu erbauen, sondern um auf vorgeschobenem Posten für die römische Kirche zu werben. Wir waren Jahrzehnte lang blind und gutmütig, oder besser indifferent genug, durch Unterstützung des katholischen Krankenhauses diese Mission zu stärken; es ist hohe Zeit, daß wir uns besinnen! Unsere evangelischen Geistlichen aber sind nicht freizusprechen von dem Vorwurf der Unterlassungssünde. Sie hätten längst darauf aufmerksam machen müssen, daß wir durch solche Unterstützungen das von unsern Vätern mit ihrem Herzblut besiegelte Gut der Glaubens- und Gewissensfreiheit, wenn nicht gleich in unmittelbare Gefahr bringen, so doch schädigen. Die katholischen Krankenpflegerinnen haben jedenfalls sehr viel Gutes gewirkt, sie haben rührende Beweise ihrer Opferwilligkeit gegeben, und in manchen evangelischen Häusern wird man ihnen ein dankbares Andenken bewahren. Allein der Preis, der jetzt dafür eingeerntet werden soll, ist zu hoch; auch durch langsames Abbröckeln kann ein Werk, wie es durch die Reformation geschaffen, im Laufe der Zeit dem Ruin nahe gebracht werden. Unsere Toleranz gegen Andersgläubige darf über die Grenze nicht hinausgehen, bei der sie anfängt, uns gefährlich zu werden. So lange darum das katholische Krankenhaus in so direkter Verbindung mit der katholischen Mission in Bremen steht wie bisher, müssen wir uns von jeder Unterstützung, direkter oder indirekter, fernhalten. Unterstützen wir dagegen in höherem Maße als bisher die segensreich wirkende städtische Krankenanstalt, daß sie sich weiter ausdehnen und wenn nötig noch Filialen errichten kann, das Vereinskrankenhaus vom roten Kreuz, welches die Toleranz, die Konfessionslosigkeit auf seine Fahne geschrieben hat, und die evangelische Diakonissenanstalt und sorgen wir dafür, daß in allen diesen Krankenhäusern die Pflegerinnen auf das strengste angewiesen werden, sich von jeder Seelenfängerei fernzuhalten und den Kranken zu überlassen, auf welchem Wege sie das Heil ihrer Seele suchen wollen.

Ein aufrichtiger Protestant.

Nr. 22. Katholische Propaganda im Krankenhause.

(†) Jedem, welcher die Entgegnung des Herrn Vikar Fehlings auf den von den Herren Pastoren Frichöffer, Schramm und Prinzhorn erlassenen Warnungsruf gelesen hat, wird sich wohl die Frage aufdrängen, zu welchem Zwecke denn eigentlich das große St. Josephstift in unserer ketzerischen Stadt erbaut sei. Etwa, damit die wenigen hier ansässigen Katholiken nicht gezwungen wären, in ketzerischen Krankenanstalten Aufnahme zu suchen? Fürwahr, wer da glaubt, daß die Gründer des Josephstifts keine propagandistischen Zwecke im Auge gehabt haben, der befindet sich im Besitze eines unnatürlich starken Glaubens! — Ist es denn nicht Pflicht der katholischen Geistlichen und ihrer Hülfstruppen, möglichst viele verirrte Schafe in den Schoß der „alleinseligmachenden" Kirche zurückzuführen? Wenn dem so ist, dann kann man die Verteidigungsrede des Herrn Fehlings nur dahin deuten, daß unter den obwaltenden Verhältnissen nur versteckte, keine offene Propaganda für die katholische Kirche gemacht worden sei und gemacht werden darf. — Daß es sich geradezu komisch ausnimmt, wenn ein katholischer Priester emphatisch ausruft: „Wohlan, respektieren wir diese Güter (nämlich die Religions- und Gewissensfreiheit), wenn sie einmal der katholischen Kirche zu gute kommen sollten", hat Herr Fehlings wohl nicht bedacht. Wer den Kampf gegen die Religions- und Gewissensfreiheit auf seine Fahne geschrieben hat, darf auf das Benefizium dieser herrlichen Güter niemals Ansprüche geltend machen. — Nein! Wenn jemals, so heißt es augenblicklich: toujours en vedette! Die katholische Kirche ist mehr als je bemüht, die „verlorenen Schafe" wieder in ihren Schoß zurückzuführen, und wer nur ein wenig die Augen aufthut, kann wahrnehmen, mit welcher in unserm Nordwesten mit einer Energie und Ausdauer am Belehrungswerke gearbeitet wird, welcher gegenüber rücksichtsvolle Toleranz selbstmörderische Schwäche bedeuten würde. Seien wie auf unserer Hut, sonst dürften wir das letzte säkulare Lutherfest gefeiert haben!

Ein Laie.

Nr. 23. Wie man im Josephstift Protestanten katholisch zu machen sucht.

△ Ein protestantischer Kranker im Josephstift erzählte dem Schreiber dieser Zeilen, eines Tages habe er neben seinem Bette ein Buch gefunden: „Erlebnisse eines protestantischen Geistlichen, der katholisch geworden ist", worin er die Gründe rechtfertigt, die ihn in die katholische Kirche zurückgeführt hätten. Die Oberin habe ihm zwar das Buch wegnehmen wollen, als sie es bemerkte, habe es ihm aber gelassen auf seinen Wunsch, weil es ihm nicht schade.

Riecht das nicht auch ein wenig nach katholischer Proselytenmacherei? Was thut ein solches Buch am Bette eines protestantischen Kranken? Wie kommt es dahin? — Die katholischen Schwestern werden freilich sagen samt ihren Priestern: „es ist unsere Pflicht, Protestanten zu bekehren, das liegt im Wesen unserer Kirche, die unduldsam sein muß gegen den Protestantismus, der nach dem Ausspruche Leo XIII., des jetzigen Papstes, der Pest gleich ist." Nun gut, dann wird es Pflicht der Protestanten Bremens und insbesondere der Herren Ärzte sein, auch der protestantischen Ärzte, die am Josephstift angestellt sind, demselben keine protestantischen Kranken zuzuführen. Am besten, man überläßt das Josephstift den Katholiken und katholischen Ärzten und man erweitert das allgemeine städtische Krankenhaus derart, daß es allen Bedürfnissen der Stadt genügt, vor allem für die Protestanten ausreicht.

Es ist ja recht traurig, daß die Gegensätze zwischen Protestanten und Katholiken in unserer Zeit wieder so scharf geworden sind, während am Anfange unseres Jahrhunderts Friede zwischen ihnen war in unserm Volke; aber wer trägt denn die größte Schuld daran? Ohne Zweifel die Anmaßungen und Unduldsamkeit der römischen Kirche. Wir Protestanten wollen gern mit unsern katholischen Brüdern in Frieden leben, aber die Katholiken, wenigstens die römisch gesinnten, und vor allem die fanatischen, unfehlbar dünkelhaften Priester wollen mit uns Protestanten nur dann in Frieden leben, wenn wir wieder unter das Joch des Papstes kriechen. Dafür werden wir uns bedanken.

Die katholische Gemeinde, die hier im protestantischen Bremen ja natürlich Windthorst wählen muß, anstatt einen Bremer, und damit sich recht römisch zeigt und sehr wenig bremisch und vaterländisch, wendet sich an die ganze protestantische Bevölkerung Bremens, um Dach und Turm ihrer Kirche auszubessern. Kann die katholische Gemeinde die ℳ. 40 000 nicht selbst aufbringen, zumal jetzt, wo alle Kräfte der Protestanten sich für die Domstürme anspannen müssen? Hat die katholische Gemeinde nicht reiche Leute genug, denen es Vergnügen sein müßte, ein wirklich großes Opfer für ihre Gemeinde zu bringen und die damit nach der Lehre ihrer Kirche ein „verdienstliches" Werk thun würden.

Sie wollen unser protestantisches Geld, aber nicht genug, sie wollen auch unsere Seelen, daß einer, der sich die Herrschaft über die christliche Kirche angemaßt hat, alle knechte. Protestanten hütet euch!   A.

Nr. 24.

††† **St. Josephstift.** Mit großer Verwunderung, aber auch mit tiefem Bedauern hat Schreiber dieses eine Reihe von Artikeln in diesem Blatte gelesen, die sich in fanatischer (?) Weise gegen das hiesige Krankenhaus „St. Josephstift" wenden, indem sie diesem Institute das Bestreben unterschieben, die protestantischen Kranken, welche dort verpflegt werden, zur katholischen Kirche herüberzuziehen. Anlaß zu diesen Artikeln gab die Behauptung dreier protestantischer Prediger, daß in jüngster Zeit drei Dienstmädchen, die vorher im St. Josephstift verpflegt seien, zur katholischen Kirche übergetreten, resp. überzutreten im Begriffe wären, und daß demnach nicht anders angenommen werden könne, als daß durch die Propaganda des St. Josephstifts dieser Entschluß in den Mädchen gereift sei. — Außer dieser Vermutung ist absolut kein weiterer Beweis dafür erbracht, daß die Schwestern des in Rede stehenden Krankenhauses Proselytenmacherei betreiben, und doch stützen sich lediglich auf diese Vermutungen alle die schweren und so ganz allgemeinen Angriffe, die in den gedachten Artikeln gegen die Anstalt enthalten sind. Daß solche Angriffe auf Grund solcher Vermutungen von protestantischen Predigern ausgehen und noch dazu von Predigern der liberalen Richtung,* ist nach der Ansicht des Schreibers dieses zu Verwunderung wohl Anlaß gebend. Ist doch gerade, entgegen den Satzungen der römischen Kirche, die protestantische Kirche die Vertreterin der Toleranz und beanspruchen wiederum die liberalen Anhänger der letzteren Kirche diese schöne Eigenschaft in hervorragendem Maße für sich. Ist es aber Toleranz, wenn man in Zorn und Eifer gerät, weil ein anderer auf Grund seiner subjektiven Überzeugung seine Konfession wechselt? Doch wohl nicht! Ob jene drei Dienstmädchen in protestantischer oder römisch-katholischer Form zu ihrem Gott beten, ist für die bremische Bevölkerung und für die Mädchen selbst wohl sehr unerheblich. Schreiber dieses ist Laie und daher nicht so bibelfest, aber er erinnert sich aus seinen jugendlichen Bibelstudien, daß der Stifter unserer christlichen Religion irgendwo gesagt hat, es sei ohne Belang, in welcher Form man Gott preise, wenn es nur geschehe. Vielleicht hat einer der Herren Prediger die Güte, die Stelle

---

* Ist nicht richtig. Die Prediger gehören den beiden entgegengesetzten Richtungen an.

wörtlich zu citieren. — Aber nicht nur mit großer Verwunderung, sondern auch mit tiefem Bedauern muß man erfüllt werden, wenn man die Artikel, die allerdings sehr nach Hetzartikeln aussehen, liest. — Werden darin doch die Bewohner Bremens aufgefordert, ihre Unterstützung dem St. Josephstifte zu entziehen, ohne welche Unterstützung die Anstalt ihren Beruf, unsere Kranken zu pflegen, nicht mehr erfüllen kann. — Was giebt es Schöneres und Edleres als den Beruf, im Dienste der Humanität sein Leben den armen Kranken zu weihen! Wahrlich, die Menschen sind hoch zu achten, die den schwersten Beruf ergreifen, nicht pekuniärer Vorteile halber, nicht, um Ruhm und öffentliche Anerkennung zu erwerben, die diesen Beruf ausüben in stiller Pflichttreue und damit dem Worte Jesu als dessen echte Jünger nacheifern: „Liebe deinen Nächsten als dich selbst." Ist es nicht vollendete Barbarei, die Ausübung einer so segensreichen Thätigkeit in unserer Stadt verhindern zu wollen? Und daß die Schwestern des St. Josephstifts in pflichttreuer Weise ihres Amtes walten, davon kann Schreiber dieses Zeugnis ablegen. Eine nahe Verwandte von ihm ist fast ein Jahr lang in diesem Stifte behandelt worden und mit dankerfülltem Herzen gedenkt dieselbe stets der Schwestern des Stiftes, die sie treu und mit Liebe gepflegt und die nie auch nur den geringsten Versuch gemacht haben, über religiöse Sachen mit der Kranken zu sprechen, geschweige denn Proselytenmacherei zu betreiben. Aber nicht nur an sich, auch in dem Verkehr der Schwestern mit andern Kranken hat die erwähnte Kranke niemals etwas bemerkt, was die schweren Vorwürfe rechtfertigen könnte, die dem Stifte gemacht sind. Auch Schreiber dieses, der damals sehr oft die Anstalt besuchte, hat nie gefunden, daß dort katholische Propaganda getrieben würde. Man müßte das doch in irgend einer Form wahrnehmen, wenn man fast ein Jahr lang in der Anstalt weilt, resp. dieselbe besucht. Entgegen den gegen die Schwestern des St. Josephstiftes erhobenen und nicht bewiesenen schweren Anschuldigungen will Schreiber dieses hiermit seine Anerkennung und seinen Dank diesen Pflegerinnen aussprechen, dafür, daß sie ein Mitglied seiner Familie treu und selbstlos gepflegt haben und die Hoffnung aussprechen, daß die bremische Bevölkerung aller Konfessionen die humanen Bestrebungen des St. Josephstiftes auch fernerhin unterstützen möge. Ein Protestant.*

Nr. 25. Katholische Propaganda im Josephstift.

(Etwas für den †††-Protestanten)

(17. Oktober.)

(:) Wenn die im Josephstift betriebene katholische Propaganda keinen besseren Anwalt findet als den „Protestanten," der sich unter ††† in der Sonntagsnummer d. Bl. vernehmen läßt, so ist es übel mit ihr bestellt. Der „Protestant" spricht noch immer von Vermutungen. Ganz Bremen aber weiß bereits, daß es sich um Thatsachen handelt. Es ist unbestrittene Thatsache, daß in kurzer Frist drei evangelische Dienstmädchen nach längerem Aufenthalt im Josephstift ihren Uebertritt zur katholischen Kirche teils vollzogen, teils angekündigt haben. Wie sie zu diesem Entschlusse gekommen seien, entzieht sich der Kenntnis derer, die nicht Pflegerinnen und Priester im Josephstift sind. Der „Protestant" sagt, weder seine im Stift behandelte Verwandte, noch er selbst habe, gelegentlich seiner Besuche, etwas von Propaganda und Proselytenmacherei bemerkt.

* Ob dieser Protestant nicht vielleicht nur ein verkappter Jesuit gewesen ist?

Es mag naiv von ihm sein, erwartet zu haben, man würde ihn zum Zusehen einladen. Nun aber, wenn dann schon die bloße Krankenpflege oder die Luft oder die Arznei oder die Betten oder die Umgebung oder was sonst die protestantischen Kranken im Josephstift katholisch machen, — wie groß ist die Gefährlichkeit dieser Anstalt für den protestantischen Glauben der ihr anvertrauten Patienten! Und welcher Protestant wird es in Zukunft verantworten, ein Familienglied oder einen Dienstboten zur Pflege in das Josephstift zu bringen? Aber es fehlt auch nicht an Beweisen thatsächlich versuchter Proselytenmacherei. In dem durch Herrn Pastor Bauleck protokollarisch vorgelegten Fall ist ein Kranker wiederholt zum Besuch der katholischen Messe aufgefordert, dagegen ist ihm die Erlaubnis zum Besuch des Gottesdienstes in der Friedenskirche verweigert worden, beides seitens der Pflegerinnen im Josephstift. Herr „Protestant", ist das Proselytenmacherei oder nicht? Bei dieser Gelegenheit muß bemerkt werden, daß der „Protestant" sich in einem groben Irrtum befindet über die Stelle, von welcher die gottlob endlich geschehene Aufdeckung der im Josephstift betriebenen Propaganda ausgegangen ist. Er sucht sie bei „Predigern der liberalen Richtung" und macht Miene, der „Toleranz" derselben eins auszuwischen. Unsers Wissens gehört weder Herr Pastor Prinzhorn noch Herr Pastor Bauleck der liberalen Richtung an. Das war ja gerade das für jeden echten Protestanten Erhebende, daß Prediger verschiedener kirchlicher Richtungen wie ein Mann aufstanden, als es galt, der römischen Proselytenmacherei einen Riegel vorzuschieben. Der „Protestant" hat nichts davon gemerkt. Er sieht auch wohl nicht, daß die Entrüstung über die aufgedeckte Propaganda sich der gesamten protestantischen Bevölkerung Bremens mitteilt und daß er bisher der Einzige gewesen ist, der den dreisten Herausforderungen des Herrn Vikar Fehlings öffentlich die Brücke getreten hat? Wer kurzsichtig ist, thut gut, unter klar Sehenden, soweit es sich um thatsächliche Wahrnehmungen handelt, den Mund zu halten. Das sei hiermit in seinem eigenen Interesse dem „Protestanten" bestens angeraten. Im übrigen denkt niemand daran, dem Josephstift seinen Beruf, Kranke zu pflegen, erschweren zu wollen; nur das Handwerk, zu dem es nicht berufen ist: Protestanten zum Katholizismus zu „bekehren", soll ihm gelegt werden. Auch ein Protestant.

Nr. 26. Katholische Propaganda im Josephstift.

Mit Erstaunen und Unwillen hat Schreiber dieses in der Sonntagsnummer den Artikel des „Protestanten" gelesen, der den protestantischen Predigern Vorwürfe macht. Das sind eigentümliche Ansichten, die der Mann über Toleranz entwickelt. Was Sie Toleranz nennen, ist nichts anderes als traurige religiöse Gleichgültigkeit. Ihnen mag es „unerheblich scheinen, ob jene drei Dienstmädchen in protestantischer oder römisch-katholischer Form zu ihrem Gott beten", (ja, wenn sie nur zu Gott beten, aber sie wenden sich mehr zu Maria und zu den Heiligen als zu Gott) ich hoffe, die „bremische Bevölkerung" findet das nicht so unerheblich, jedenfalls nur die religiös gleichgültige. Ich sehe in Ihren Worten, verehrter Herr, geradezu eine Beleidigung der bremischen Bevölkerung, die es gewiß nicht so gleichgültig hinnimmt, was mit ihren protestantischen Gliedern geschieht und wenn es auch nur „Dienstmädchen" sind. Was für ein Hochmut spricht aus Ihren Worten und welche Geringschätzung dieser Dienstmädchen. Wissen Sie, was aus Ihren Worten folgt? Daß es für Sie und für uns alle gleichgültig ist, ob wir Protestanten oder Katholiken sind, denn Sie und wir alle sind nicht mehr als jene Dienstmädchen. Jämmerlich die Bevölkerung, die es so ganz unerheblich findet, ob ihrer religiösen Gemeinschaft Glieder verloren gehen oder abwendig gemacht werden, und wenn es auch nur Geringe, Niedrige, Arme sind. Eine solche Bevölkerung verdient wieder das römische Joch. Aus Ihren Worten, geehrter Herr, spricht nicht der echte Standpunkt des Protestanten, ich beneide Sie nicht um Ihren protestantischen Glauben, der scheint mir nicht sehr tief, ernst und warm zu sein, sondern aus Ihren Worten scheint ein gewisser Bildungsstandpunkt zu sprechen, der leider oft dünkelvoll und religiös-gleichgültig ist. Auf den Stifter unserer Religion können Sie sich nicht berufen, es giebt kein Wort von ihm, welches das ausspricht, was Sie meinen; Sie werden aber wissen, daß er gegen die unduldsamen herrschsüchtigen Pharisäer und Schriftgelehrten und gegen die vornehmen blasierten Sadducäer nicht mild und duldsam war, sondern sehr scharf. Jedenfalls werden Sie doch dem Seelsorger nicht zumuten wollen, daß er es unerheblich findet, wenn die Söhne und Töchter, die er mehrere Jahre unterrichtet und dann konfirmiert hat, einige Jahre darauf, durch zufällige oder absichtliche Einflüsse bewogen, katholisch werden. Dann wissen Sie nicht, daß jedes solche Kind dem Seelsorger lieb und wert und ans Herz gewachsen ist, auch wenn es nur ein „Dienstmädchen" ist.

Was Sie über die Treue und Opferfreudigkeit der katholischen Schwestern in der Krankenpflege sagen, billige ich vollkommen, dem stimme ich zu aus eigener Anschauung. Aber dabei mögen sie es auch bewenden lassen, und alles vermeiden, was an Propaganda streift. Daß die Verwandte des „Protestanten" nichts davon gemerkt hat, ist möglich; an Gebildete wird sich solche Propaganda nicht so leicht heranwagen. Aber Thatsache ist, daß die Schwestern sonntäglich auch die evangelischen Kranken auffordern, die katholischen Hausandachten zu besuchen. Als zwei protestantische Kranke an einem Sonntage nicht wieder hingingen, befragte sie die Schwester, warum sie nicht hingingen, worauf sie zur Antwort erhielt: „Der Pastor hat am letzten Sonntage etwas von „Ketzern" gesagt, das paßt uns nicht." Thatsache ist, daß die katholischen Schwestern den protestantischen Kranken, wenn sie etwas zu lesen haben wollen, katholische Heiligengeschichten und ein süddeutsches katholisches Blatt geben, in welchem häufig Artikel gegen den Protestantismus stehen, Luther und die Reformation verdächtigt wird u. s. f. Schreiber dieses könnte noch mehr anführen. Solche Schriften sollte man protestantischen Kranken schon deshalb nicht geben, weil man Kranke nicht aufregen soll, was doch durch solche Schriften leicht geschieht. Nimmt die Anstalt protestantische Kranke mit auf und ist sie großenteils von protestantischem Gelde erbaut, so muß sie auch für protestantische Kranke neutrale Lektüre haben ohne jeden katholischen Anstrich, das ist wohl nicht zuviel verlangt. Man erfülle in den Krankenhäusern hüben und drüben einfach seine Pflicht der Krankenpflege ohne alle Nebenzwecke; das lasse sich das Josephstift ganz besonders gesagt sein, damit die schöne That christlicher Liebe und Barmherzigkeit, die an Kranken geübt wird, ohne Flecken sei. A.

Nr. 27. Offener Brief an die Herren Pastoren Frickhöffer, Dr. Schramm und Prinzhorn.

]?[Geehrte Herren Pastoren! Als Sie die vielfachen Ergüsse aus Laienkreisen in der Sonnabend- und Sonntagsnummer lasen, wird Ihnen doch wohl hier und da etwas bänglich zu Mute geworden sein, und Sie werden sich die Frage noch einmal vorgelegt haben, ob es wohl gethan war, Ihre Denunziation oder wenn Sie den Ausdruck nicht lieben, Ihre Enthüllung den Tagesblättern zu übergeben. Gewiß haben Sie sich zu diesem Schritte erst nach reiflicher Überlegung entschlossen, da solche Erörterungen doch auch wohl nach Ihrer Meinung für die Tagesblätter wenig geeignet sind; aber ich vermisse in Ihrer Mitteilung die Angabe der Gründe, warum Sie gerade diesen Weg und zwar sofort betraten, ich vermisse den Nachweis, daß nicht ein anderer Weg zu einem gleichen Ziele geführt hätte. Sie geben nicht an, daß Sie zunächst Vorstellungen bei dem Vorstand des Josephstiftes gemacht hätten. Sollten Sie in der That diesen doch nächstliegenden Weg überhaupt nicht betreten haben? Von der Einsicht des Vorstandes steht doch sicher zu erwarten, daß er seine ganze Autorität aufbieten würde, wirkliche Proselytenmacherei im Josephstift fernzuhalten, denn in einer so gut protestantischen Bevölkerung, wie die unseres Bremens, wird es erst recht Aufgabe des Vorstandes sein, Anstoß in der Beziehung zu meiden.

Wie gesagt, ich vermisse die Angabe, daß Sie erst diesen Weg betreten; oder sollten Sie denselben absichtlich vermieden haben, weil das Ziel, das Sie auf demselben erreichen konnten, nicht das Ihrige ist? Ist Ihr Ziel ein anderes und zwar das, dem Josephstift das Vertrauen und die Unterstützung der protestantischen bremischen Bevölkerung zu entziehen, so glaube ich sicher, daß der größere besonnene Teil derselben diesem Ziele nicht zustimmt. Denn zweifellos ist es ein recht erfreulicher Anblick, zu sehen, wie die verschiedenen christlichen Glaubensrichtungen sich in werkthätiger Liebe Konkurrenz machen, wie sie durch Errichtung von Krankenhäusern, durch Ausbildung und Heranziehung von Krankenpflegerinnen wetteifern, den Kranken Heilung und Linderung zu bringen; in unserer Stadt hat das Josephstift ein redliches Teil daran gethan und wie wohl sämtliche Ärzte Bremens, so habe auch ich, obwohl ich persönlich dem Stift fernstehe, Gelegenheit genug gehabt, mich daran zu erfreuen. Darum kann aber genanntes Ziel, die Untergrabung des Vertrauens zum Josephstift, unmöglich der Bevölkerung Bremens von Nutzen sein und das Ziel hat wenigstens einer von Ihnen, geehrte Herren Pastoren, im Auge, wenn Herr Pastor Prinzhorn das Josephstift ausschließlich — abgesehen von Unglücksfällen — für katholische Kranke haben will. Vermutlich wollen Sie denn, Herr Pastor, auch nicht dulden, daß in Privatpflege eine katholische Schwester zu einem protestantischen Kranken gelangt. Diese Auffassung, daß jede Konfession nur für ihre eigenen Kranken zu sorgen hat, habe ich bisher für eine engherzige und längst abgethane gehalten, und es muß jeden Unbefangenen peinlich schmerzlich berühren, daß ein christlicher Pastor diesen Grundsatz ausspricht. Es ist wohl nur im Eifer des Gefechts geschehen, oder wollen Sie in der That, daß unsere protestantischen Krankenhäuser den katholischen Kranken die Thür weisen?

Darum, geehrte Herren Pastoren, schütten Sie nicht das Kind mit dem Bade aus, erkennen Sie die segensreiche Wirksamkeit der Krankenpflege durch das Stift für Bremen an, suchen Sie nicht den Bestand desselben zu erschüttern, sondern suchen Sie andere Wege, als den von ihnen eingeschlagenen, um zu verhindern, daß hier oder da ein Übertritt zur katholischen Kirche stattfindet. Dann werden Sie auch zu Ihrem Alliirten haben

Ihren ergebenen

Dr. N. N.

Nr. 28. Katholische Propaganda im Josephstift.

(Etwas für Herrn Dr. N. N.) (19. Oktober.)

(:) Die Denunziation des Herrn Dr. N. N. in der Montagsnummer d. Bl., als hätten die Herren Pastoren Frichöffer, Prinzhorn und Dr. Schramm bei ihrer Veröffentlichung das Ziel verfolgt, das Vertrauen zum Josephstift als Krankenanstalt zu erschüttern oder gar zu untergraben, verdient eine energische Zurückweisung. Nicht mit der Krankenpflege, sondern mit der Proselytenmacherei im Josephstift haben es die genannten Herren zu thun. Das Josephstift selbst ist es, welches sich durch die in seinen Mauern geduldete katholische Propaganda um das Vertrauen der protestantischen Bevölkerung Bremens bringt. Ob die erwähnten Herren für gerathen halten, von ihren Wahrnehmungen dem Vorstande des Josephstiftes private Mitteilung zu machen, bleibt füglich ihnen überlassen. Aber den Dank aller bremischen Protestanten haben sie dadurch verdient, daß sie auf die Gefahr öffentlich aufmerksam machten, welche dem protestantischen Glauben der im Josephstift behandelten Kranken droht, eine Gefahr, die um so größer ist, je länger sie sich den Augen unserer vertrauensvollen Mitbürger entzogen hat. Diese dankenswerte Enthüllung eine Denunziation zu heißen, ist eine unverantwortliche Gedankenlosigkeit. Die Forderung, daß jede Konfession nur für ihre eigenen Kranken sorgen solle, welche Herr Dr. N. N. eine engherzige und abgethane zu nennen beliebt, ist vielmehr eine durchaus berechtigte, sobald die eine Konfession unter dem Deckmantel der Krankenpflege Mitglieder der anderen zu sich herüberzuziehen unternimmt. Herr Dr. N. N. fragt, ob man etwa auch nicht dulden wolle, daß in Privatpflege eine katholische Schwester zu einem protestantischen Kranken gelange? Sobald die Katholikin sich beikommen ließe, den protestantischen Kranken zum Katholizismus „bekehren" zu wollen, müßte man ihr die Thür weisen, selbst wenn sie die beste Pflegerin wäre. So lange das Josephstift sich nicht von der thatsächlich begründeten Anschuldigung reinigen kann, daß es katholische Propaganda betreibe, begeht jeder Protestant ein Unrecht an seinem Glauben, wenn er die Anstalt durch Zuweisung von Kranken oder Zuwendung von Geldbeiträgen unterstützt.

Auch ein Protestant.

Nr. 29. An Herrn Doktor N. N.

-!!- Antwort auf Ihren offenen Brief, dem Sie Ihren Namen beizufügen vergessen haben, dürfte von den von Ihnen angegriffenen Predigern kaum zu erwarten sein, nachdem zahlreiche Einsendungen dieselbe bereits für alle gegeben haben, welche die Stimme der öffentlichen Meinung zu lesen verstehen. Nur möchte ich zwei Punkte Ihrer Aufmerksamkeit empfehlen. Erstlich, die Entrüstung, die ich gezeigt hat, ist nicht Folge der sachlich gehaltenen Erklärung der Herren Prediger, sondern Folge des die Gefühle der protestantischen Bevölkerung verletzenden Tones, den ihr katholischer Gegner anzuschlagen für gut fand. Zweitens, es denkt niemand daran, auch Herr Pastor Prinzhorn nicht, den Krankenhäusern einen konfessionellen Charakter zu geben und Andersgläubige von ihnen auszuschließen. Dagegen ist es ganz am Platze, den Protestanten zu empfehlen, sich in erster Linie der Krankenhäuser zu erinnern, die keinen katholischen Charakter haben und nicht, wie das St. Josephstift, für kranke Menschen die Gefahr religiöser Konflikte in sich bergen.

Auch Einer.

Nr. 30.

(22. Oktober.)

]?[Mein offener Brief hat zwei Erwiderungen gefunden, von welchen die mit „Auch Einer" unterzeichnete einer Antwort bedarf, da sie sachlich gehalten ist. Es handelt sich vorwiegend um zwei Punkte, die ich klargestellt zu sehen wünsche und die mich überall veranlaßten, öffentlich das Wort zu ergreifen. Das ist erstens die Frage: War es nötig, in unsern Tagesblättern und zwar mit allen Details — wie sie auch die heutige Nummer wieder bringt — die Fälle zu erörtern, welche dem Josephstift vorgeworfen werden? Konnte die Sache nicht durch eine Eingabe und Verhandlung mit dem Vorstande des Stiftes oder auf sonstige Weise erledigt werden? Religiöse Erörterungen in den Tagesblättern führen selten zum Frieden, sondern zum Unfrieden.

Von größerer Wichtigkeit ist aber der zweite Punkt: Ich würde es für einen großen Rückschritt halten, wenn unsere Krankenhäuser einen konfessionellen Charakter erhielten. Nun behauptet zwar Herr „Auch Einer" schlankweg: daran denkt niemand, auch Herr Pastor Prinzhorn nicht. Ja, verehrter Herr, woher wissen Sie das? Daß Sie und Herr Pastor Fridhöffer nicht daran denken, glaube ich Ihnen gern; letztgenannter Herr als Mitglied des Vorstandes des Vereins zum roten Kreuz kann gar nicht daran denken. Aber Herr Pastor Prinzhorn sagt wörtlich: „Die Angelegenheit soll so gründlich behandelt werden, daß alle, welchen die Güter der Reformation noch wert sind, zu der Überzeugung gelangen werden: „Das St. Josephstift den Katholiken allein und uns Evangelischen unsere Krankenhäuser! mit Ausnahme der Fälle, wo Verunglückte in das nächste Krankenhaus gebracht werden müssen." Herr Pastor selbst ließ den Satz gesperrt drucken. Haben Sie denselben nicht gesehen, Herr „Auch Einer"? Diese Worte fanden keinen Widerspruch, auch nicht bei den Amtsbrüdern und Mitunterzeichnern der Enthüllungen. Darum erhebe ich diesen Widerspruch!

Zum Schluß noch ein Wort auf den Vorwurf, daß ich meinen Namen unter den Brief zu setzen vergessen hätte. Ich glaubte zu den Fragen an die Herren Pastoren genügend legitimiert zu sein dadurch, daß ich mich als Protestant, als Arzt, und nicht am Josephstift beschäftigt zu erkennen gab. Wem das noch nicht genügt, mag meinen Namen bei der Redaktion dieses Blattes erfahren, obwohl ein Name den Gründen nichts hinzuzufügen vermag.

Bremen, 20. Oktober 1887.   Dr. N. N.

Nr. 31. Noch ein paar Worte zur Bekehrungsangelegenheit.

Der Zweck der nachstehenden Zeilen ist, aus den im Laufe der vorigen Woche erschienenen Artikeln ein paar Punkte herauszuheben, die es verdienen, besonders scharf ins Auge gefaßt zu werden.

Mit Recht ist gesagt worden, daß das stattliche, wohlgelegene und wohleingerichtete katholische Krankenhaus hier in der protestantischen Stadt schon an und für sich Propaganda macht, daß es alle Bedingungen für eine natürliche Bekehrungsstätte in sich vereinigt. Wer sich dieser Ansicht gänzlich verschließen kann, der muß in der That ein argloses Gemüt besitzen. Die Luft eines Krankenhauses ist eine für allerlei gemüt- und phantasiebewegende Einwirkungen sehr geeignete Atmosphäre, und es wäre wirklich zu verwundern, wenn nicht hin und wieder ein kaum oder halb genesener, durch Leiden und durch liebevolle Pflege weich und dankbar gestimmter Mensch von geringer Erfahrung und unsicheren Anschauungen und Grundsätzen der Versuchung erläge, sich dem eigentümlichen Zauber katholischer Religionsübungen hinzugeben, sobald ihm Gelegenheit geboten wird, denselben in seinem dermaligen eindrucksfähigen Zustande auf sich wirken zu lassen. Ob ihm aber diese Gelegenheit geboten oder ob sie ihm nur nicht vorenthalten wird, das wird sich selten mit Sicherheit feststellen lassen. Wer will untersuchen, ob die Gebetbücher, die der Kranke in seiner Nähe findet, zufällig oder absichtlich dahin gelangt sind? Wer kann verlangen oder durchsetzen, daß die Kapelle ihm verschlossen bleibt? Wer kann alle die kleinen Einflüsse überwachen und abwägen, die in günstiger Stunde auf ein schwaches Menschengemüt wirken können? Man kann der Hingabe und Aufopferungsfähigkeit der barmherzigen Schwestern volle Gerechtigkeit widerfahren lassen und doch die Besorgnis hegen, daß religiöser Eifer sie unter Umständen weiter führen mag, als uns Protestanten von unserm Standpunkt aus lieb sein kann. Daß also Fälle wie die vielbesprochenen höchstwahrscheinlich vorkommen würden, das hätten sich auch die Protestanten sagen können, die dem Josephstift ihre Unterstützung gewährten. Sie mögen sich gesagt haben, daß sie ein gutes Werk thäten, wenn sie leidenden Menschen eine neue Stätte der Hülfe und Genesung bereiten hülfen; daß sie damit aber zugleich zum Werke der Katholisierung ihrer Glaubensgenossen ein kleines Scherflein beisteuerten, den Vorwurf werden sie in den Kauf nehmen müssen. Und sie werden doch am Ende nicht alle derselben Meinung sein wie der tolerante Protestant des einen Sonntagsartikels, dem es auf ein paar protestantische Dienstmädchen mehr oder weniger nicht eben ankommt!

Es würde schlimm um den Protestantismus stehen, wenn alle seine Bekenner dächten wie der auf der reinsten Höhe religiöser Duldung und Vorurteilslosigkeit stehende Verfasser jenes Artikels. Daß allerdings sein Standpunkt von manchen unserer gebildeten Glaubensgenossen geteilt wird, das dürfen wir uns nicht verhehlen. Um so entschiedener drängt sich denen, die sich zu dieser Höhe noch nicht emporgeschwungen, die Pflicht auf, öffentlich auf das Gefährliche und Ungesunde einer solchen mißverstandenen Duldsamkeit hinzuweisen. Das Wort Toleranz ist eines von den vielen wohlklingenden Schlagwörtern, mit denen namentlich in neuerer Zeit vielfach ein heilloser Mißbrauch getrieben und viel Verwirrung und Unfug angerichtet worden ist. Duldsamkeit ist eine hohe und edle Pflicht, die nur derjenige recht zu üben vermag, der bei treuer Hingabe an die eigene Überzeugung doch auch die Berechtigung der entgegengesetzten anerkennt. Wer sich so schlankhin zu der Meinung bekennt, daß es gleichgültig sei, in welcher Form man zu Gott bete, d. h. in diesem Falle, ob man Katholik oder Protestant sei, dem wird allerdings die Duldsamkeit recht leicht, aber für diese Art religiöser Gleichgültigkeit kann doch wohl nur arge Selbsttäuschung oder gedankenlose Nachsprecherei den schönen Namen Duldsamkeit beanspruchen oder bewilligen. Die Pflicht, den religiösen Standpunkt anderer zu achten, darf doch nicht zu solch kühler Geringschätzung des eigenen Glaubens führen, und für denjenigen, der für die Sache der Reformation ein Herz und für die Regsamkeit der römisch-katholischen Kirche ein Auge hat, ist auch der Übertritt einiger armen und unwissenden Mädchen eine ernste und wichtige Angelegenheit. Auch ein Laie — Schreiber dieser Zeilen ist ebenfalls Laie — muß, wenn er vom Wesen des Protestantismus eine Ahnung hat, wissen, daß der Unterschied zwischen Protestantismus und Katholizismus einigermaßen über ein paar gleichgültige Formen und Formeln hinausgeht, und er hätte nicht die bunklen Erinnerungen an seine

„jugendlichen Bibelstudien" (sic!) heranzuziehen brauchen, um Leuten, die auch vielleicht später noch einmal in der Bibel gelesen, den Beweis zu liefern, daß das Bekenntnis eine so gar nebensächliche Sache sei. Im Gegenteil, die Bewahrung des protestantischen Bewußtseins gehört zu den Dingen, die das Leben unsers Volkes ins innerste Mark hinein berühren: in der Überzeugung dürfen wir uns durch kein überlegenes und mitleidiges Lächeln moderner Überbildung beirren lassen. Wenn wir alle dächten wie der Verfasser jenes Artikels, dann brauchten wir uns allerdings nicht weiter aufzuregen: wir könnten getrost morgen zur Beichte gehen und ungesäumt das glorreiche Werk der „Rückkehr" zur alleinseligmachenden Kirche vollziehen. So weit sind wir aber doch wohl noch nicht.

Man werfe uns aber keine fanatische Unduldsamkeit vor, wenn wir zu behaupten wünschen, was wir haben. Wir meinen, daß von engherziger Unduldsamkeit zu weitherziger Verschwommenheit der Abstand groß genug ist, um Platz zu lassen für einen Mittelweg, der auch in diesem Falle der beste sein dürfte. Das Verhältnis zu unsern katholischen Mitbürgern braucht durch den ganzen Streit nicht getrübt zu werden; die Katholiken, die ja durchweg mit ihrer Religion und ihrer Kirche in engem Verbande stehen, werden es uns nicht verargen, wenn wir die unsere vor Schaden zu behüten suchen. Sie werden sogar, wenn sie wollen, einsehen, daß wir viel mehr Ursache haben auf der Hut zu sein als sie selber. Die Lust am Bekehren und der Geist priesterlicher Herrschsucht, die fast an allen Reibungen und allem Hader zwischen den Konfessionen schuld sind, finden sich auch wohl in den Reihen der protestantischen Geistlichen, aber die Mittel, solche Gelüste zu verwirklichen, besitzt glücklicherweise die protestantische Geistlichkeit in ungleich geringerem Maße als die katholische. Wir sagen glücklicherweise, denn nichts ist dem wahren Wesen des Protestantismus fremder als ein die Laienwelt beherrschendes und einengendes Priestertum. Aber das, was die Stärke des Protestantismus ausmachen sollte, die größere Freiheit und Selbständigkeit der Bekenner, ist oft zu einer Ursache seiner Schwäche geworden, wenn ihre Freiheit zur Ungebundenheit und Gleichgültigkeit gegen die eigene Kirche geführt hat. Wie schwach es in dieser Hinsicht vielfach mit uns bestellt ist, das erkennt niemand schärfer als die katholische Geistlichkeit, die zu allen Zeiten von ihrer unvergleichlichen Organisation und ihren furchtbaren Machtmitteln einen überaus geschickten und durchgreifenden Gebrauch gemacht hat und die eben jetzt mit hohem Selbstgefühl auf einen erfolgreichen Kampf gegen eine mächtige Staatsgewalt zurückblickt.

Von diesem Selbstgefühl zeugen auch wohl die Worte des Herrn Vikar Fehlings, der in seiner Entgegnung so frischweg von der „Rückkehr zu dem Glauben, dem ihre Väter angehört" zu reden für gut findet. Hoffen wir, daß vorerst seine Zeit noch nicht zu sehr durch das Einbringen solcher rückkehrenden verirrten Schäflein in Anspruch genommen wird.

Wir wollen die Gelegenheit nicht versäumen, ein freundliches Wort einzulegen für einen der segensreichsten Vereine, die der Protestantismus hervorgebracht, für den Gustav=Adolph=Verein. Zweck dieses Vereins ist bekanntlich, besonders den zerstreuten und hülflosen evangelischen Gemeinden durch Zuschüsse zur Erhaltung oder Erbauung von Kirchen und Schulen die Bewahrung ihres Bekenntnisses zu erleichtern. Vielleicht empfiehlt es sich, von Zeit zu Zeit in den öffentlichen Blättern über die Adresse, an welche die Anmeldung zu richten, die Höhe des geringsten Jahresbeitrages u. dgl. m. etwas mitzuteilen. Es giebt Leute, die ganz gern eintreten würden, wenn es ihnen nicht so mühsam wäre, sich nach allen diesen Dingen erst besonders zu erkundigen. —b—

Schlußwort.

Wer die im Vorstehenden angeführten Veröffentlichungen mit einiger Sorgfalt gelesen hat, der wird sich des Eindrucks nicht erwehren können, daß alles, was von römischer Seite in dieser Sache gethan worden ist, den Stempel eines besondern, ganz eigenartigen, der katholischen Kirche keineswegs immer und überall eigentümlich gewesenen Geistes trägt. Es hat Zeiten gegeben, da die katholische Kirche vom Geiste des wahren Christentumes mehr gehabt hat, als ihre Priester und Ordensleute jetzt zeigen. Der Geist, der in ihr jetzt die Herrschaft führt und von welchem auch ihre Propaganda (Bekehrungssucht) tief durchtränkt ist, ist kein christlicher, sondern der jesuitische Geist. Die Jesuiten lenken seit 1870 die römische Kirche, die Jesuiten erziehen die Geistlichkeit, die Jesuiten geben den Orden der barmherzigen Schwestern ihre Statuten, die Jesuiten verbreiten überall in der Kirche ihre Grundsätze, und daher kommt es, daß auch die Bremischen Vorgänge, worüber sich vielleicht manch einer im Stillen schon gewundert hat, so ausgeprägt die widerwärtigen Züge des Jesuitengesichtes zeigen. Hierauf in wenigen Worten aufmerksam zu machen, ist die Absicht dieses Schlußwortes.

1. Die Schrift sagt, Joh. 3,20: „Wer arges thut, der hasset das Licht, auf daß seine Werke nicht gestraft werden. Wer gutes thut, der kommt an das Licht, auf daß seine Werke offenbar werden, denn sie sind in Gott gethan." Ein Hauptcharakterzug sämtlicher in Bremen versuchter und gelungener Bekehrungen ist vor allen Dingen die dabei beobachtete

Heimlichkeit.

Darin stimmen alle Berichte überein, daß man den zu Bekehrenden, sobald sie einige Neigung zum Katholizismus zeigen, auf das strengste einschärft, bei Leibe keinem Protestanten, auch Vater, Mutter, Geschwistern nicht das geringste davon zu sagen. Das ist jesuitisch. Eine gute Sache verträgt das Licht, und einen so wichtigen Entschluß namentlich unreifer Kinder gegen Willen und Wissen ihrer Vormünder und Eltern herbeizuführen, ist nur Sache des giftigsten und fanatischsten Jesuitismus, der am besten im Trüben fischt. Hiermit hängt auch die

Geheimthuerei zusammen, mit welcher man die Gesamtzahl der in einem Jahre überhaupt Übertretenden sorgfältig verschweigt. Das gewährt — wiederum ein echt jesuitischer Zug — den Vorteil, vor den eigenen Leuten immerfort damit prahlen zu können, wie viele Protestanten man schon bekehrt habe und zugleich den Protestanten gegenüber — je nach Bedarf — alles abzustreiten und mit einem Lammesgesicht zu behaupten, man mache ja gar keine zahlreichen Bekehrungen.

2. Echt jesuitisch ist ferner der überall zu Tage tretende Zug einer bodenlosen, wahrhaft heidnischen

Unwahrhaftigkeit.

Der Jesuit lehrt: „Wenn du's gethan hast, leugne es ab", und hiernach handelt man. Die Thatsachen, welche in den Bremer Zeitungen dem Josephstift und dem Vikar Fehlings vorgehalten worden sind, waren der Art, daß, wenn sie erlogen und erdichtet gewesen wären, der gute Ruf der Anstalt es nach ehrlichem, protestantischem Gefühl tausendmal verlangt hätte, die Gerichte gegen solche Verleumdung anzurufen. Da wären dann die Zeugen sämtlich beeidigt und durch Kreuzverhöre sicher zur Mitteilung der vollen Wahrheit gebracht worden. Aber freilich, dann kam eben wirklich die Wahrheit an den Tag. Sie haben sich daher weislich gehütet, die Gerichte anzurufen. Zu gleicher Zeit aber fahren sie fort, ihren Leuten dreist zu sagen: Alles sind Lügen, alles Verleumdung. Herr Fehlings wirft sich vor allem Volk in die Brust und erklärt als geweihter Priester, von Proselytenmacherei sei im Josephstift nicht das Geringste vorgekommen, und das erklärt er zu einer Zeit, wo er und die Schwestern, wie aus den Veröffentlichungen hervorgeht, im Josephstift schon seit Jahren mit allen möglichen Mitteln auf die Bekehrung protestantischer Kranken hingearbeitet hatten. **Manneswort und Priesterehre — was versteht wohl darunter ein jesuitisch erzogener Geistlicher?**

3. Für das eigene Gewissen hat der Jesuit aber allerhand Beruhigungsmittel, die ihm erlauben, der Wahrheit ins Gesicht zu schlagen und doch sich selbst als wahrhaftig zu erscheinen. Das Hauptmittel hierfür ist die

Zweideutigkeit

in der Rede. „Es ist nicht innerlich böse, lehrt der Jesuit (Suarez), sich der Zweideutigkeit zu bedienen, auch beim Eide, deshalb ist es nicht immer ein Meineid." Es muß nur ein gerechter Grund vorhanden sein, so darf der Jesuit sich gern der Zweideutigkeit bedienen. Ein gerechter Grund aber ist z. B., das

Ansehen und den guten Namen des Josephstiftes bei den Protestanten zu erhalten, oder eine Seele katholisch zu machen. Der römische Priester Fehlings schreibt also in den Bremer Nachrichten nicht etwa: Weder die Schwestern noch wir Geistliche haben je die geringste Proselytenmacherei getrieben — denn die haben sie ja getrieben — sondern er schreibt: Wir haben nicht das geringste gesagt oder gethan, was als Proselytenmacherei gedeutet werden **müßte**. Man bewundere dieses jesuitische „müßte". Damit salviert der Mann sein römisches Gewissen, welches zu ihm sagt: „Aber du thust ja nichts so gern und nichts so häufig, als Seelen für deinen katholischen Himmel zu fangen." „Freilich," antwortet er, „das leugne ich ja auch nicht. Ich leugne ja nur, daß man es Proselytenmacherei nennen muß. Wer zwingt mich denn, es so zu nennen, wenn ich absolut nicht will. Die dummen Protestanten freilich werden dieses feine jesuitische „müßte" nicht verstehen, aber das sollen sie auch gar nicht, ich bediene mich der Zweideutigkeit aus gerechtem Grunde und bleibe deshalb ein wahrhaftiger katholischer Mann."

Man lese die andere Fehlingsche Erklärung (oben Nr. 17) und man wird finden, daß er auch da ganz ähnlich nicht einfach mit Ja und Nein handelt, sondern um die Sache herum tänzelt und mit logischen Spitzfindigkeiten der Frage ausweicht: „Hat das Mädchen aus sich selbst diese Worte gesagt oder hast du sie ihr in den Mund gelegt?"

Wie aber die Lehrer, so die Schüler. Die eine Konvertitin lügt, sie werde nicht übertreten und denkt bei sich: ich bin ja schon übergetreten: jesuitische Zweideutigkeit. Die andere sagt, sie wolle zu einer Freundin gehen und schleicht in den Unterricht des Vikars. Um aber nicht gegen die Wahrheit zu fehlen, holt sie eine Freundin ab, die auch in den Unterricht geht: jesuitische Zweideutigkeit. Ähnlich zweideutig drückt sich die nach Schweden verschickte aus, und die Frau R. in Nr. 13 beteuert, sie wisse gar nicht, wie viele Protestanten bei den einzelnen katholischen Priestern in den Unterricht gehen, muß sich aber von ihrem eigenen Bruder öffentlich der Unwahrheit bezichtigen lassen, weil sie die Gesamtzahl 22 sehr wohl gewußt und angegeben hat. Welch eine Saat der Lüge und der jesuitischen Wortverdrehungskunst wird da in die Herzen der Neubekehrten gesät!

4. Jesuitisch ist auch der wütende und

fanatische Haß gegen den Protestantismus,

der aus den Äußerungen des römischen Priesters unheimlich hervorglüht. Das protestantische Abendmahl ist ihm gar keines, die evangelischen Pfarrer haben kein Recht es auszuteilen, sind nicht Pastoren — wie er sie zu nennen auch ganz geflissentlich vermeidet — nicht Hirten, sondern Schw—jungen, die Protestanten selbst also keine Herde Christi, sondern — — — Daher die Anweisung, vor evangelischen Predigern auszuspucken und der cynische Rat an das junge Mädchen, wenn sie protestantisch bleiben wolle, möge sie ruhig alle 10 Gebote übertreten. Kann der jesuitische Haß etwas Stärkeres leisten? Aber auch hier folgt der Zögling seinem Meister. Perrone hat schon längst den Protestantismus für die sittliche Pest der Menschheit erklärt, bei bloßer Namensnennung desselben, sagt er, müßten die Gläubigen zurückschaudern wie bei einem mörderischen Angriff auf ihr Leben, Papst Leo XIII. hat den Ausdruck Pest wiederholt und die Stadt Rom durch die protestantischen Schulen „besudelt" genannt. Man sieht, **der jesuitische Haß gegen uns beherrscht die römische Kirche.**

Oder ist vielleicht in Bremen oder irgendwo sonst in Deutschland eine Stimme der Mißbilligung oder gar des Abscheus aus katholischen Kreisen laut geworden über die Vorgänge im Josephstift, über die Art, wie ein siebenfach geweihter römischer Priester mit der Wahrheit umgeht, wie er sich über die Protestanten auszudrücken beliebt? Nichts von alledem. Nicht einmal der Vorstand des Josephstiftes hat es für nötig gehalten, der öffentlichen Meinung irgend eine Genugthuung zu geben. Im Gegenteil! Zum Schluß seines Jahresberichtes im Januar 1888 erklärt er so ganz nebensächlich:

„mit Rücksicht auf die jüngst in den öffentlichen Blättern **gegen das St. Josephstift gerichteten Angriffe,** daß es sowohl dem Zwecke der Anstalt, als auch den Vorschriften der barmherzigen Schwestern zuwider ist, einen Einfluß auf das religiöse Bekenntnis der Kranken auszuüben. Wir bitten dringend, sobald irgend ein Grund zur Klage vorzuliegen scheint, den Vorstand davon in Kenntnis setzen zu wollen."

Angriffe auf das Josephstift! Das ist in der That nicht übel. Es sind ungefähr ein Dutzend der schwerwiegendsten Thatsachen veröffentlicht, durch welche das **Josephstift sich einen Angriff** auf den Glauben der ihm anvertrauten Schwachen und Kranken hat zu Schulden kommen lassen. Der Vorstand verliert kein Wort darüber, thut als wenn dergleichen gar nicht möglich wäre, spricht **nicht den geringsten Tadel** über das Vorgefallene aus, sondern spielt die beleidigte Unschuld und redet von Angriffen gegen das Stift. Nur eine so bodenlos gutmütige und arglose Bevölkerung wie die Bremische läßt sich so etwas bieten, ohne auch nur **den Hohn zu merken,** der darin liegt. Es ist, wie wenn ich einem

Gärtner eine Anzahl kostbarer Pflanzen zum Überwintern anvertraue und finde im Sommer, daß er sie in seinen eigenen statt in meinen Garten verpflanzt hat, wenn ich ihn aber vor aller Welt anklage, giebt er öffentlich die Erklärung ab, daß ich mir „Angriffe" auf seine Firma erlaubt habe, seine Geschäftspraxis aber sei die, fremde Blumen nicht zu behalten. — Und die öffentlich festgestellten Bekehrungsversuche, verehrter Vorstand des Josephstiftes, wie ist es mit denen? — Darüber schweigt man sich aus. Allerdings das Bequemste. Nur dürfte jeder deutsche Richter über meinen Gärtner ein klein bischen anders urteilen und ihm fühlbar beibringen, wo die Angriffe zu suchen sind. — Und was hilft die Versicherung für die Zukunft? Freilich, daß den protestantischen Ärzten, die am Stifte arbeiten, die Proselytenmacherei in der Seele zuwider ist, darf man als sicher annehmen, aber nachdem man ihnen von seiten der Priester und Schwestern diese Dinge ein Jahrzehnt lang hat verheimlichen können, fragt es sich doch sehr, ob sie in Zukunft besser im stande sein werden, ähnliches zu verhüten. Statuten und Vorschriften sind ein Blatt Papier, auf den Geist, der die Anstalt und die Pflegerinnen beseelt, kommt es an. Wenn aber römische Priester und Ordensleute, deren Hauptglaubenssatz es ist, daß man nur unter dem Papste selig werden kann, und die jede katholisch gemachte Seele für gerettet halten, sich zum Beweise, daß sie keine Proselyten machen wollen, auf die angeblichen Vorschriften ihres Hauses berufen, so ist das genau so, wie wenn der beim Hühnerstall ertappte Fuchs die Hand aufs Herz legt und hoch und heilig versichert, seine christlichen Grundsätze und alte Familienüberlieferungen verböten ihm durchaus Hühnerfleisch zu genießen. „Meister Reineke, alter Biedermann, wir kennen dich ganz genau!" Art läßt nicht von Art.

Ob die Protestanten aus den Vorgängen im Josephstift etwas lernen werden? Das weiß Gott allein! Dickfellig, gleichgültig, vertrauensduselig sind sie immer so sehr gewesen, daß gewiß auch jetzt noch viele von ihnen mit sehenden Augen nicht sehen und mit hörenden Ohren nicht hören. Aber freuen muß man sich doch darüber, daß die Sache einmal öffentlich und gründlich zur Sprache gekommen, und daß der alte abgebrauchte jesuitische Kniff die Aufmerksamkeit durch Seitensprünge von der Hauptsache abzulenken und den Gegner durch falsche Beschuldigungen einzuschüchtern und zum Stillschweigen zu bringen diesmal nichts gefruchtet hat. (Vgl. die vielen dreisten Angriffe, die Herr Fehlings gleich zu Anfang als erste und fast einzige Antwort sich in einem Atem erlaubte). Die Vorgänge im Bremer Josephstift sind nun für alle Zeit festgenagelt, bilden ein wahres Musterbild für die Methode der römischen Propaganda und werden hoffentlich auch **andern deutschen protestantischen Städten als Warnung** dienen, wenn ihnen römischerseits so unendlich liebenswürdig, bereitwillig und freundlich sogenannte „barmherzige Schwestern," die doch in Wahrheit die allerunbarmherzigsten gegen die Protestanten sind, für ihre Kranken angeboten werden. Nachgerade muß auch der dummste Protestant es einsehen: Es sind nichts als **Jesuitenkünste für den römischen Seelenfang!**

Nachtrag.

Als dieses Schriftchen schon gedruckt war, wurde in den „Bremer Nachrichten" noch folgender Briefwechsel veröffentlicht:

Bremen, den 23. August 1888.
An
    den verehrlichen Vorstand des Josephstiftes,
      zu Händen des Herrn Dr. med. Nagel
                                            hier.
    Dem verehrlichen Vorstande
erlaube ich mir nachstehende Mitteilung zu machen.

    Dem Knaben Friedrich Strasen, welcher seit 20. Janr. 1887 bis 8. August 1888 im Josephstift behandelt worden ist, ist während dieser Zeit von der pflegenden Schwester wiederholt ein sogenannter Rosenkranz in die Hand gegeben worden, obgleich die Schwester wissen mußte, daß die Eltern des Kindes protestantisch sind und nicht wünschen, daß ihr protestantisch getauftes Kind katholisch gemacht werde. Nun könnte vielleicht die Beschäftigung eines achtjährigen protestantischen Kindes mit einem Rosenkranz als harmlose Spielerei entschuldigt werden; allein die betreffende Pflegerin hat dem Kinde auch die Gebete beigebracht, welche dasselbe beim Gebrauche des Rosenkranzes herzusagen hätte. Außerdem ist das Kind in die Kapelle getragen worden, wo katholischer Gottesdienst stattfand.

    Diese Thatsachen sind von dem Kinde seinen Eltern berichtet worden. An der Wahrhaftigkeit des auf dem Krankenbette liegenden Kindes zu zweifeln liegt kein Grund vor.

    Ich kann in dem Einprägen katholischer Gebete und in dem aufgedrungenen Gebrauch des Rosenkranzes, der für Protestanten keinerlei religiöse Bedeutung hat, sowie in der unfreiwilligen Teilnahme am katholischen Gottesdienst nichts anderes sehen, als unbefugte Proselytenmacherei, und richte demgemäß an den verehrlichen Vorstand die ergebenste Bitte, die betreffende Pflegerin für ihr Verhalten zur Rechenschaft zu ziehen und mir gefälligst Mitteilung davon zu machen, daß dies geschehen sei, sowie daß Vorkehrungen getroffen seien, um der Wiederholung solcher Ausschreitungen vorzubeugen.

Sollten diese Mitteilungen nicht erfolgen, so würde ich mich genötigt sehen, die erwähnten Vorgänge öffentlich bekannt zu geben.

Des verehrlichen Vorstandes
ergebenster
W. Sonntag, Pastor am Dom.

Bremen, 28. August 1888.

Herrn W. Sonntag, Pastor am Dom,
hierselbst.

In Abwesenheit des Herrn Dr. Nagel und in Erwiderung Ihrer gefl. Zuschrift vom 23. ds. teilen wir Ihnen ergebenst mit, daß die angestellten Nachforschungen bezüglich des Knaben Strafen ergeben haben, daß demselben seitens der pflegenden Schwestern die Rosenkranz-Gebete nicht beigebracht worden sind.

Ein Rosenkranz wird von jeder Schwester getragen und ist es ebenso leicht möglich, daß Kinder zeitweilig damit spielen, wie daß während anderthalbjährlichen Aufenthalts Kinder Gebete gehört und dadurch erlernt haben.

Der Besuch der Kapelle während des Gottesdienstes ist Nichtkatholiken verboten und wird für Einhaltung dieses Verbots gesorgt; außerhalb des Gottesdienstes die Kapelle zu besuchen wird gestattet, falls die Kranken es wünschen, was namentlich während der heil. Weihnachtszeit 2c. häufig geschieht.

Hochachtungsvoll
Der Vorstand des St. Josephstiftes.
J. A.
Alfred F. Unkraut.

Hieraus, fügte Pastor Sonntag hinzu, ergeben sich die unbestrittenen Thatsachen:
1) daß das protestantische Kind von der betr. Schwester den katholischen Rosenkranz erhalten hat, angeblich zum Spielen;
2) daß das Kind aus dem Munde der Schwester katholische Gebete gelernt hat;
3) daß dasselbe in die katholische Kapelle getragen worden ist;
4) daß die betreffende Schwester vom Vorstande des Josephstiftes nicht zur Rechenschaft gezogen worden ist.

Also, protestantische Eltern, euere Kinder werden im Joseph=
stift nicht bloß ärztlich behandelt und leiblich gepflegt, sondern
sie bekommen auch Gelegenheit, mit dem Rosenkranz umzugehen,
sie lernen katholische Gebete, und sie werden in die katholische
Kapelle getragen. Darum: bringt euere kranken Kinder nicht
in das Josephstift!

Auch wir können diese neueste Kundgebung des Josephstiftes
nicht ohne Bemerkung lassen. **Erstens** nämlich ist es interessant,
daraus zu lernen, daß der Rosenkranz, das Werkzeug der Ge=
betsübung, Kindern zum **Spielen** überlassen wird, und daß
Kinder **spielend** lernen, wie man ihn betet. **Zweitens** wird
es protestantischen Eltern von Nutzen sein, zu wissen, daß ihre
Kinder sogar **spielend katholisch gemacht** werden, und
drittens ist die Erklärung des Vorstandes vom Josephstift
höchst beachtenswert, daß der Besuch der Kapelle **während des
Gottesdienstes** Nichtkatholiken verboten ist. Diese Erklärung
schließt sich würdig jenem famosen „**müßte**" des Vikars Fehlings
an, dessen Zweideutigkeit wir oben (Seite 49) beleuchtet und
bewundert haben. Also, höchst würdiger und trefflicher Vorstand
des Josephstiftes, Nichtkatholiken dürfen den Gottesdiensten in
euerer Kapelle gar nicht beiwohnen? Ei, das ist ja merkwürdig,
dann ist also alles Lüge und Verleumdung, was von dem Mit=
machen euerer Hausandachten in der Kapelle, von dem Hinschleppen
der Kranken zu den Gebeten und Gesängen der Schwestern
gesagt worden ist? Euere Schwestern halten immer ihre Andachten
für sich, kein Nichtkatholik darf zugegen sein? Wollt ihr das
wirklich behaupten? Hat nicht euer eigener Fehlings in seiner
ersten Erklärung (oben Seite 11) indirekt zugegeben, **daß
Protestanten die katholischen Andachten besuchen?**

Bei dieser unsrer Frage sehen wir den Mann lächeln, aus
dessen Feder die Erklärung des Vorstandes geflossen ist, er reibt
sich vergnügt die Hände und freut sich, daß er wieder einmal
mit der **Zweideutigkeit** eines Wortes, des Wortes Gottes=
dienst, etwas erreicht hat. Wenn die Protestanten klagen, daß
ihre Kranken zu den Gottesdiensten genötigt werden, so
meinen sie damit natürlich alle Religionsübungen, Gebete,
Gesänge, Hausandachten u. s. w., welche in der Kapelle gehalten
werden. Das weiß natürlich jeder. Aber der katholische Vorstand
des Josephstiftes thut, als wenn er diesen Sprachgebrauch der
Protestanten nicht kennte. Er greift das Wort Gottesdienst
auf, denkt sich dabei, daß nach streng katholischer Auffassung
nur die Messe ein wirklicher richtiger Gottesdienst ist, weil

zum katholischen Gottesdienst ja der Priester gehört (was alles die meisten Protestanten gar nicht wissen), zur Messe aber, die nur jeden Morgen ganz früh in der Kapelle gefeiert wird, läßt man ja wirklich (aus leicht begreiflichen Gründen) keinen Nicht=katholiken zu, und nun stellt sich der Vorstand des Josephstiftes hin und giebt frisch, frei, fröhlich und fromm vor aller Welt die Erklärung ab, daß Nichtkatholiken bei den Gottesdiensten (soll heißen Messen) in der Kapelle gar nicht zugegen sein dürfen. — Herrlich, herrlich! Unübertrefflich! Das große protestantische Publikum in Bremen muß ja nun nach allgemeinem Sprach=gebrauch, nach seinem Begriff von Gottesdienst unzweifelhaft glauben: „Protestanten kommen überhaupt nicht zu den Religions=übungen in die katholische Kapelle, der Vorstand des Josephstiftes versichert es ja, und wenn ein Mann wie Alfred F. Unkraut seinen Namen darunter setzt, muß man doch annehmen, daß es richtig ist."

Ach nein, ihr guten einfältigen Seelen, ihr kennt den be=sonderen Wahrheitssinn noch nicht, der römische Priester beseelt und von ihnen weiter ausstrahlt. Ihr müßt erst lernen, wie viel Bedeutungen ein Wort haben kann, wie wundervoll es sich in verschiedenem Sinne gebrauchen läßt, um den Leuten Sand in die Augen zu streuen, und erst wenn ihr dies gelernt habt, seid ihr fähig, Jesuitenlist und =Künste zu durchschauen. Vielleicht lernt ihr's an diesen trefflichen Beispielen. Ob es aber schön, ob es recht, ob es christlich ist, so zu handeln und in amtlichen Erklärungen einem Worte einen Sinn beizulegen, den diejenigen nicht ahnen, für welche die Erklärung bestimmt ist, darüber urteile der geneigte Leser selbst. **In welchem Lichte erscheint wohl eine Sache, die mit solchen Mitteln verteidigt werden muß?**

Kirchliche Aktenstücke
Nr. 7.
Herausgegeben von Pfr. Brecht in Oberkochen.

Papst Pius IX.

Encyklika und Syllabus

vom 8. Dezember 1864.

Leipzig 1891.
Verlag der Buchhandlung des Evangelischen Bundes
von C. Braun.

Preis 80 Pfennige.

Den Ehrwürdigen Brüdern, den Patriarchen, Primaten, Erzbischöfen und Bischöfen insgesamt, welche in der Gnade und Gemeinschaft des Apostolischen Stuhles stehen.

Pius IX. Papst.

Ehrwürdige Brüder, Gruß und Apostolischer Segen!

Mit welcher Sorge (Quanta cura) und Hirtenwachsamkeit die Römischen Päpste, Unsere Vorgänger, nachkommend der Pflicht und dem Amt, welche ihnen von Christus dem Herrn selber in der Person des seligen Apostelfürsten Petrus übertragen worden sind, zu weiden die Lämmer und die Schafe, ununterbrochen die gesamte Herde des Herrn mit allem Fleiße durch die Worte des Glaubens genährt, mit heilsamer Lehre unterwiesen und von vergifteten Weideplätzen abgehalten haben, ist Allen und Euch besonders, Ehrwürdige Brüder, aufs Vollkommenste bekannt. Und fürwahr, es haben eben diese Unsere Vorgänger als Beschirmer und Verteidiger der erhabenen katholischen Religion, der Wahrheit und Gerechtigkeit, in ihrer höchsten Sorgfalt für das Heil der Seelen auf nichts mehr je Bedacht genommen, als daß sie durch ihre so weisen Sendschreiben und Verordnungen aufdeckten und verdammten alle Ketzereien und Irrtümer, welche unserm göttlichen Glauben, der Lehre der katholischen Kirche, den guten Sitten und dem ewigen Heile der Menschen zuwider, häufig schwere Stürme heraufbeschworen haben und für Kirche und Staat von den verderblichsten Folgen waren. Daher widerstanden eben diese Unsere Vorgänger mit Apostolischem Starkmute in

Einem fort den nichtswürdigen Umtrieben schlechter Menschen, welche, indem sie den Wogen des wildbewegten Meeres gleich ihre Schändlichkeiten ausschäumen und die Freiheit verheißen, da sie doch Knechte der Verderbnis sind, mit ihren betrüglichen Meinungen und höchst gefährlichen Schriften es versucht haben, die Grundlagen der katholischen Religion und der bürgerlichen Gesellschaft zu untergraben, alle Tugend und Gerechtigkeit zu beseitigen, Aller Geist und Herz zu verderben, die Unvorsichtigen und namentlich die unerfahrene Jugend von der rechten Zucht der Sitten abzulenken und sie kläglich zu Grunde zu richten, in die Schlingen des Irrtums zu verstricken und endlich dem Schooße der katholischen Kirche zu entreißen.

Wie es nun aber Euch, Ehrwürdige Brüder, sehr wohl bekannt ist, haben Wir schon damals, als Wir eben erst, sicher ohne unser Verdienst, durch geheimen Ratschluß der göttlichen Vorsehung auf diesen Stuhl Petri erhoben worden waren, bei dem Unsere Seele mit dem tiefsten Schmerze erfüllenden Anblicke des fürwahr schrecklichen Sturmes, den so viele schlechte Meinungen erregt haben, der so schweren und nie genug zu beklagenden Übel, mit denen das christliche Volk in Folge so vieler Irrtümer überschüttet wird, der Pflicht Unseres Apostolischen Amtes gemäß den ruhmreichen Fußstapfen Unserer Vorgänger folgend, Unsere Stimme erhoben und in mehreren veröffentlichten Encyclifen, Briefen und Konsistorialallocutionen sowie in anderen Apostolischen Sendschreiben die hauptsächlichen Irrtümer unserer so traurigen Zeit verdammt und eure ausgezeichnete bischöfliche Wachsamkeit aufgerufen, auch die Uns so teuren Söhne der katholischen Kirche insgesamt immer und immer wieder gemahnt und aufgefordert, daß sie die Ansteckung einer so schrecklichen Pestseuche von ganzem Herzen verabscheuten und vermieden. Und insbesondere haben wir in unserem ersten Rundschreiben, am 9. November im Jahre 1846 an Euch erlassen, und in den beiden Allocutionen, wovon die eine am 9. Dezember im Jahre 1854, die andere aber am 9. Juni im Jahre 1862 im Konsistorium von Uns gehalten worden ist, jene ungeheuerlichen Ansichten verdammt, welche hauptsächlich in unserer Zeit zum größten Schaden der Seelen und zum Nachteile selbst der bürgerlichen Gesellschaft herrschen und welche nicht allein der katholischen Kirche und ihrer heilsamen Lehre wie auch ihren ehrwürdigen Rechten, sondern auch dem ewigen Naturgesetz, das Gott in aller Herzen eingeschrieben hat und der richtigen Vernunft höchst zuwider sind, aus denen auch nahezu alle anderen Irrtümer ihren Ursprung herleiten.

Obwohl Wir aber nicht unterlassen haben, die vornehmlichsten Irrtümer dieser Art oft zu ächten und zu verwerfen, so erheischen doch die Sache der katholischen Kirche und das Uns von Gott anvertraute Heil der Seelen sowie das Wohl der menschlichen Gesellschaft selber gebieterisch, daß Wir abermals eure Hirtensorgfalt aufrufen, um andere schlechte Meinungen auszurotten, welche aus eben denselben Irrtümern als ihren Quellen hervorfließen. Diese falschen und verkehrten Meinungen sind um so mehr zu verabscheuen, als sie darauf hauptsächlich abzielen, zu verhindern und zu beseitigen jenen heilsamen Einfluß, welchen die katholische Kirche nach der Einsetzung und Weisung ihres göttlichen Urhebers frei ausüben soll bis zum Ende der Zeiten, nicht weniger auf einzelne Menschen als auf Nationen, Völker und ihre obersten Fürsten; sowie aufzuheben jene wechselseitige Übereinstimmung zwischen Priestertum und Königtum in Rat und That, die dem staatlichen ebenso sehr als dem kirchlichen Gemeinwesen allezeit segen- und heilbringend gewesen ist.*) Denn Ihr wisset wohl, Ehrwürdige Brüder, daß zu dieser Zeit sich nicht wenige finden, welche auf die staatliche Gemeinschaft das gottlose und widersinnige Prinzip des sogenannten Naturalismus anwenden und zu lehren sich erkühnen,

„die beste Art von Staatswesen und der bürgerliche Fortschritt verlangen schlechtweg, daß die menschliche Gesellschaft eingerichtet und regiert werde ohne alle Rücksichtsnahme auf die Religion, als ob diese nicht vorhanden wäre, oder wenigstens ohne irgend welchen Unterschied zwischen der wahren und den falschen Religionen zu machen."

[Der Papst verlangt also vom Staate: er soll diejenige Religion, welche die einzig wahre ist, natürlich die römisch-katholische, seinen Einrichtungen zu Grunde legen, mit selbstverständlicher Entrechtung, Ausschluß und Unterdrückung aller übrigen Religionen und Confessionen.]

---

*) Greg. XVI Epist. Enc. Mirari, 15. Aug. 1832.

Sodann tragen sie keine Bedenken im Widerspruch mit der hl. Schrift, der Lehre der Kirche und der hl. Väter zu behaupten,

„der beste Zustand der Gesellschaft sei der, in welchem der Regierungsgewalt nur so weit die Pflicht zuerkannt wird, mit gesetzlich bestimmten Strafen die Verletzer der katholischen Religion im Zaume zu halten, als es die öffentliche Sicherheit verlangt."

[Verletzer der katholischen Religion sind vor allem alle „Ketzer", als Empörer gegen die Kirche, welche nicht nur jeder Bischof schwört, pro posse persequi, nach Kräften zu verfolgen, sondern auch der Staat „mit gesetzlich bestimmten Strafen" im Zaume zu halten hat. Der Staat muß der Kirche zur Ketzermaßregelung das brachium saeculare leihen. Dies der Sinn: denn soweit „der öffentliche Frieden" in Betracht kommt, schützt auch jeder „naturalistische" Staat die römische Kirche; das genügt aber dem Papst nicht. Vergl. die gleichfolgende Verdammung der Gewissensfreiheit!]

Infolge dieser ganz falschen Vorstellung von der Regierung der Gesellschaft scheuen sie sich nicht jene irrtümliche, der katholischen Kirche und dem Seelenheile höchst verderbliche Meinung zu hegen, welche von Unserm Vorgänger Gregor XVI. ehrw. Andenkens ein Wahnsinn (deliramentum) genannt wurde,*) die Meinung nämlich,

„die Freiheit des Gewissens und der Culte sei ein jedem Menschen eigenes Recht, welches durch das Gesetz ausgesprochen und festgestellt werden müsse in jeder wohl constituierten Gesellschaft, und die Bürger besäßen das Recht auf die durch keine kirchliche oder staatliche Behörde zu beschränkende vollständige Freiheit, ihre Gedanken jeglicher Art, sei es durch das mündliche Wort oder durch den Druck oder auf andere Weise zur Öffentlichkeit bringen und aussprechen zu können."

[Wenn man nun die Gewissensfreiheit, Preßfreiheit, Denkfreiheit, Rede- und Cultfreiheit derer, welche diese höchsten Güter für einen Wahnsinn erklären und auf deren Vernichtung hinarbeiten, folgerichtig in den nichtkatholischen Ländern aufheben würde!! Auf einen „Wahnwitz" also gründen die Katholiken Englands, Deutschlands ꝛc. ihre rechtliche Existenz! Der Sinn ist natürlich: Den Katholiken Cult- und Gewissensfreiheit zu gestatten, ist kein Wahnwitz, sondern nur die Gewährung dieser Freiheiten an die Nichtkatholiken.]

---

*) Ead. Enc. Mirari.

— 5 —

Indem sie aber solches vermessentlich behaupten, bedenken und erwägen sie nicht, daß sie die Freiheit des Verderbens*) verkünden, und daß, „wenn es den menschlichen Überzeugungen allezeit freisteht, sich in Streit einzulassen, niemals solche fehlen werden, welche es wagen der Wahrheit zu widerstehen und auf die Geschwätzigkeit menschlicher Weisheit zu vertrauen, da doch der christliche Glaube und die christliche Weisheit aus der Unterweisung Unseres Herrn Jesu Christi selbst erkennen, wie sehr sie eine so schädliche Eitelkeit zu meiden haben."**)

Und weil, sobald die Religion von der bürgerlichen Gesellschaft genommen und die Lehre und das Ansehen der göttlichen Offenbarung geschmäht ist, auch der echte Begriff der Gerechtigkeit und des menschlichen Rechtes verdunkelt wird und verloren geht, sowie an die Stelle der wahren Gerechtigkeit und des legitimen Rechtes die rohe Gewalt tritt,

so ist begreiflich, warum einige mit mit gänzlicher Verkennung und Hintansetzung der gewissesten Grundsätze der gesunden Vernunft laut zu behaupten wagen, „der Wille des Volkes, der sich durch die sogenannte öffentliche Meinung oder auf andere Weise kundgiebt, bilde das oberste von allem göttlichen und menschlichen Recht unabhängige Gesetz, und in der politischen Ordnung haben vollendete Thatsachen, eben dadurch, daß sie vollendet sind, schon Rechtskraft."

[Die „Legitimität" der Regierungen ist also nur im Katholizismus gewahrt. Die Volkssouveränetät dagegen bedeutet „rohe Gewalt." Gregor VII. aber und Thomas v. Aquino und ihnen nach zahlreiche mittelalterliche Schriftsteller vor allem dann die Jesuiten lehren die hier vom unfehlbaren Papst verworfene „Volkssouveränetät", und ziehen sogar die äußerste Consequenz daraus: daß ein Volk Königen den Proceß machen, sie absetzen und hinrichten (Tyrannenmordslehre!) dürfe. Und viele moderne Kirchenfürsten, vor allem Cardinal Manning und Lavigerie wenden sich unter Billigung des Papstes „von den Fürsten zu den Völkern, welchen die Zukunft gehört."

Daß übrigens ein nicht päpstlich legitimierter Staat dem rohen Materialismus anheimfallen müsse, widerlegt sich neben zahllosen geschichtlichen Beweisen schon durch

---
*) S. Aug. Epist. 105 al. 166.
**) S. Leo Epist. 164 al. 133, § 2. edit. Ball.

[die Vergleichung des nichtkatholischen Deutschland mit dem Kirchenstaat. Ja, auch die meisten auf der Volkssouveränetät basierten Republiken waren und sind allermindestens so gut regiert wie jener Priesterstaat.]

Allein wer sieht und erkennt nicht klar, daß die menschliche Gesellschaft, wenn sie der Bande der Religion und der wahren Gerechtigkeit entledigt ist, fürwahr kein anderes Ziel sich vorstecken kann, als die Erwerbung und Anhäufung von Reichtum, und kein anderes Gesetz in ihren Handlungen zu befolgen vermag, als die ungezähmte Begierde des Herzens, den eigenen Interessen dienstbar zu werden?

Deßhalb verfolgen solche Menschen mit wahrhaft bitterm Hasse die religiösen Genossenschaften, obwohl dieselben um Christentum, Staatswesen und Wissenschaft die höchsten Verdienste sich erworben haben, und geben durch ihr sinnloses Gerede, eben diese Orden hätten keinen rechtmäßigen Grund zur Existenz, den Lügen [!] der Ketzer Beifall. Denn, wie sehr weise Unser Vorfahre ehrw. Andenkens Pius VI. lehrte, „die Aufhebung der Orden verletzt den Stand des öffentlichen Bekenntnisses der „evangelischen Räte", verletzt eine in der Kirche als mit der Apostolischen Lehre übereinstimmend empfohlene Lebensweise, verletzt selbst die ausgezeichneten Gründer, die wir auf den Altären verehren und welche nur auf göttliche Eingebung hin diese Gesellschaften gestiftet haben*)."

[Über die Orden in rein katholischen Staaten mag das innerkatholische Urteil über das Mönchswesen gelten, das natürlich von dem protestantischen abweicht. Wir können es dort den Katholiken überlassen, sich vor unerwünschten Wirkungen des Mönchswesens selbst zu schützen. In Ländern mit gemischter Bevölkerung aber muß für eine vernünftige Politik die Erfahrung von drei Jahrhunderten maßgebend sein, daß diese Orden früher oder später Propaganda treiben und den confessionellen Frieden stören.]

Sodann ist es eine gottlose Ansicht, die sie aussprechen, man müsse den Bürgern und der Kirche die Erlaubnis entziehen, „Almosen um der christlichen Liebe willen öffentlich auszuteilen," und das Gesetz beseitigen, „durch welches an bestimmten Tagen die knechtliche Arbeit um des Gottesdienstes willen verboten wird", indem sie höchst betrüglich vorschützen, die erwähnte Erlaubnis und Vorschrift

---

*) Epist. ad. Card. De la Rochefoucault 10 Martii 1791.

stehe den Grundsätzen einer guten Volkswirtschaft entgegen. Aber nicht zufrieden damit, die Religion aus dem öffentlichen Leben zu verbannen, wollen sie dieselbe auch von dem Privatkreise der Familien ausschließen. Denn lehrend und bekennend den so unheilvollen Irrtum des Kommunismus und Socialismus behaupten sie,

„daß die häusliche Gesellschaft oder Familie den ganzen Grund ihrer Existenz einzig vom staatlichen Rechte entlehne; und daß daher aus dem Staatsgesetze allein sich herleiten und abstammen alle Rechte der Eltern auf ihre Kinder, insbesondere aber das Recht, für den Unterricht und die Erziehung zu sorgen."

[Dieselben Leute, welche oben alle geistige und religiöse Freiheit verdammt haben, sie können offiziell und in ihrer Presse nicht genug Worte finden, um für die Familie und die Kinder die Erziehungsfreiheit zu verlangen und gegen den „Staatsmoloch", die „Staatsbestie", das „Staatsschulmonopol" zu schelten. Sie schließen so: ist das geschlossene staatliche Erziehungssystem einmal gefallen, so werden wir mittelst des Beichtstuhls und sonstiger Einflüsse bald das Schulmonopol, bezw. wenigstens reichlich Gelegenheit haben, die Jugend ganz in unseren Ideen zu erziehen. Die Zukunft wird uns gehören. Hätten sie, so fahren wir fort, einmal mittelst der Schule und Erziehung die Zukunft, die Alleinherrschaft, dann würde gar bald der ultramontane Schuleifer auf den Gefrierpunkt herabsinken und die Völker auf jene niedrige Stufe der Schulbildung herabschrauben, auf welcher alle dem Ultramontanismus verfallene Länder, voran der Kirchenstaat standen.]

Mit solchen gottlosen Meinungen und Umtrieben haben es diese betrügerischen Menschen hauptsächlich darauf abgesehen, daß die heilsame Lehre und Einwirkung der katholischen Kirche von der Bildung und Erziehung der Jugend gänzlich verdrängt und das zarte und biegsame Gemüt der Jugend mit allen möglichen verderblichen Irrtümern und Lastern kläglich angesteckt*) und verderbt werde.

---

*) Man beachte die beschimpfenden Ausdrücke, mit welchen die Päpste alle ihre Gegner belegen: „betrügerische Menschen", „Umtriebe",

(Quibus impiis opinionibus, machinationibusque in id praecipue intendunt fallacissimi isti homines, ut salutifera catholicae Ecclesiae doctrina ac vis a juventutis institutione et educatione prorsus eliminetur, ac teneri flexibilesque juvenum animi perniciosis quibusque erroribus, vitiisque misere inficiantur ac depraventur.)

Wie denn auch alle, welche Kirche und Staat unterwühlen und die rechte Ordnung der Gesellschaft umzustürzen sowie alle göttlichen und menschlichen Rechte abzuschaffen versucht haben, alle ihre nichtswürdigen Pläne, Bestrebungen und Anstrengungen immer darauf gerichtet, die unerfahrene Jugend besonders, wie wir oben angedeutet haben, zu verführen [!] und zu bethören, und alle ihre Hoffnung auf die Entsittlichung [!!] der Jugend gesetzt haben. Deshalb hören sie niemals auf, die Welt= und Ordensgeistlichkeit, welcher laut der glänzendsten Zeugnisse der sichersten geschichtlichen Denkmale, Kirche, Staat und Gelehrtenwelt so viele große Förderungen im Überflusse verdanken, auf alle mögliche unsägliche Weise zu mißhandeln und öffentlich zu behaupten, die Geistlichkeit „als ein Feind des wahren und nützlichen Fortschrittes der Wissenschaft und der Bildung müsse von aller Sorge und amtlichen Stellung bei der Bildung und Erziehung der Jugend entfernt werden."

Andere aber frischen die schlechten und so oft verdammten Lügen der Neuerer auf und wagen es mit merkwürdiger Unverschämtheit, die oberste Gewalt der Kirche und dieses apostolischen Stuhles, die sie von Christus dem Herrn empfangen, dem Gutdünken der staatlichen Gewalt zu unterwerfen und alle Rechte derselben Kirche und des heiligen Stuhles bezüglich dessen zu bestreiten, was sich auf die äußere Ordnung bezieht. Sie schämen [!] sich nämlich keineswegs zu behaupten:

| „die Gesetze der Kirche binden im Gewissen nur, wenn sie von der Staatsgewalt veröffentlicht werden; die Erlasse und Decrete der Rö- | [Jede Controle der päpstlichen und bischöflichen Veröffentlichungen durch die Staaten, Placet und Exequatur rc. ist ein „unverschämtes" |

„die Jugend anstecken und verderben". Daß auch die schärfsten Gegner des Papstthums „in gutem Glauben" handeln können, davon weiß der Papst nichts.

mischen Päpste, die sich auf Religion und Kirche beziehen, bedürfen der Sanction und Genehmigung, oder wenigstens der Beistimmung der Staatsgewalt;

[Majestätsverbrechen an des Papstes Souveränetätsrechten, d. h. aber die staatliche Souveränetät auf gut mittelalterliche Weise zu Gunsten der päpstlichen Souveränetät aufheben!]

die apostolischen Constitutionen*), durch welche die geheimen Gesellschaften verdammt werden, möge von ihnen ein Eidschwur über Bewahrung des Geheimnisses gefordert werden oder nicht, sowie ihre Anhänger und Begünstiger mit dem Anathem belegt werden, hätten keine Giltigkeit in jenen Ländern, wo dergleichen Vereine von der Staatsregierung geduldet werden; die Exkommunikation, welche das Konzil von Trient und die römischen Päpste über diejenigen verhängt haben, welche in die Rechte und Besitzungen der Kirche übergreifen und sie an sich reißen, beruhen auf einer Vermischung der geistlichen Ordnung mit der bürgerlichen und politischen Ordnung, einzig um weltlichem Gut nachzugehen;

die Kirche dürfe nichts entscheiden, was die Gewissen der Gläubigen in Bezug auf den Gebrauch der zeitlichen Dinge zu binden im Stande wäre: der Kirche stehe das Recht nicht zu, die Übertreter ihrer Gesetze mit zeitlichen Strafen im Zaume zu halten;

[Der Papst verlangt also eine durch keinerlei staatliches Dreinreden gehemmte freie Disposition über die Gläubigen auch in zeitlichen Dingen und das Recht, die Übertreter seiner Anordnungen mit zeitlichen Strafen zu belegen. Er verlangt nicht bloß die Mitherrschaft, sondern die Oberherrschaft in jedem Staat!]

es sei im Einklang mit den Grundsätzen der heiligen Theologie und des öffentlichen Rechtes,

wenn man das Eigentum der Güter, welche im Besitze von Kirchen, von religiösen Genossenschaften und andern frommen Stiftungen sich befinden, der Staatsregierung zueignet und zuerkennt."

[Der Staat darf also beileib nicht zum rechten sehen, auch wenn Klerus und Mönche, wie es im Mittelalter oft genug geschah, mehr als ein Drittel alles Grund und Bodens sich angeeignet hatten. Säcularisierung oder Beschränkung des Erwerbs zur toten Hand ist und bleibt eine Todsünde.]

Auch erröten sie nicht, offen sich zu der Lehre und dem Grundsatz der Häretiker zu bekennen, aus welchem so viele

---

*) Clement. XII „*In eminenti.*" Bened. XIV *Providas Romanorum*. Pii VII „Ecclesiam." Leonis XII „Quo graviora."

verkehrte Ansichten und Irrtümer entspringen. Sie geben nämlich vor, „die kirchliche Gewalt sei nicht durch göttliches Recht unabhängig und unterschieden von der staatlichen Gewalt, noch lasse sich eine solche Geschiedenheit und Unabhängigkeit festhalten, ohne daß die Kirche sich wesentliche Rechte der Staatsgewalt widerrechtlich anmaße."

Gleichfalls können wir die Verwegenheit Jener nicht mit Stillschweigen übergehen, welche die gesunde Lehre nicht er= tragend behaupten, „man könne jenen Urteilen und Decreten des Apostolischen Stuhles, deren Gegenstand sich erklärender= maßen auf das allgemeine Wohl der Kirche, ihre Rechte und Disciplin bezieht, so lange sie nicht die Dogmen des Glaubens und der Sitten berühren, Beistimmung und Gehorsam verweigern ohne Sünde und ohne irgend welche Beeinträchtigung des katho= lischen Bekenntnisses*)".

(Atque silentio praeterire non possumus eorum audaciam, qui sanam non sustinentes doctrinam contendunt „illis Apostolicae Sedis

---

*) Man unterscheidet zwei ultramontane Staatstheorien, die, welche dem Papst neben dem geistlichen Herrschaftsgebiet ohne weite= res auch das weltliche zuschreibt, die echt mittelalterliche also, wo= nach beide Schwerter dem Papst gehören und der Staat das ihm vom Papst anvertraute völlig ad nutum sacerdotis, nach dem Wink des Papstes zu führen hat — und die abgeschwächte andere Theorie, nach welcher der Papst unmittelbar nur aufs geistliche Gebiet Einfluß hat und bloß mittelbar aufs weltliche, staatliche Gebiet.

Übersetzen wir nun die obenstehende Stelle aus dem negativen ins positive, so lautet sie: Es ist Sünde und Beeinträchtigung des katholischen Glaubens, wenn man irgend einem [natürlich nach des Papstes Urteil] auf das allgemeine Wohl der Kirche, ihre Rechte und Disciplin sich beziehenden päpstlichen Befehl, auch, wenn er sich nicht auf die Dogmen des Glaubens und der Sitten bezieht, den Gehorsam ver= weigert. „Glauben und Sitten" ist schon ein äußerst umfangreiches Gebiet mit dehnbarster Grenze. Die Grenzpfähle päpstlichen Machtbereichs werden aber noch weiter, ins völlig unbestimmte hinausgeschoben. Das politische Gebiet fällt ja im Grunde schon unter die Sittenaufsicht, sicherlich aber wird der Papst, wie er nach seinen offiziellen Blättern auch wirklich thut, jedes politische Ereignis in irgend einer Weise auf das Wohl und Wehe der Kirche beziehen und darnach also seinen Ge= treuen — ohne Dreinreden irgend einer weltlichen Macht — politische Befehle erteilen können. Wir erleben ja immer größere Fortschritte in dem politischen Eingreifen des Papstes, der Bischöfe und Cleriker. Wir haben das Recht, in dieser Encyklika, vor allem in den obenstehenden Worten derselben die bewußte Erneuerung der schroffsten mittelalterlichen Staats= theorie zu erblicken.

judiciis et decretis, quorum objectum ad bonum generale Ecclesiae, ejusdemque jura, ac disciplinam spectare declaratur, dummodo fidei morumque dogmata non attingant, posse assensum et obedientiam detrectari absque peccato, et absque ulla catholicae professionis jactura.")

Wie sehr diese Behauptung dem katholischen Dogma von der dem römischen Papste von Christus dem Herrn selber göttlich verliehenen Vollgewalt, die gesamte Kirche zu weiden, zu leiten und zu regieren, widerstreite, muß jedermann klar und offen sehen und erkennen.

Angesichts einer so großen Verkehrtheit der schlechten Meinungen haben Wir, Unserer Apostolischen Pflicht wohl eingedenk und für unsre heiligste Religion, die gesunde Lehre und das uns von Gott anvertraute Heil der Seelen, wie auch das Wohl der menschlichen Gesellschaft selbst höchst besorgt, abermals Unsere Apostolische Stimme erheben zu sollen geglaubt. **Daher Wir alle und jede der schlechten Meinungen und Lehren einzeln, wie sie in diesem Schreiben erwähnt sind, kraft Unserer Apostolischen Autorität verwerfen, ächten und verdammen, und wollen und befehlen, daß sie von allen Söhnen der katholischen Kirche schlechthin als verworfen, geächtet und verdammt angesehen werden.**

Außerdem wißt Ihr sehr wohl, Ehrwürdige Brüder, daß in unsern Zeiten die Hasser aller Wahrheit und Gerechtigkeit, die heftigsten Feinde unserer Religion, durch verpestete Bücher, Flugschriften und Zeitungen, welche über die ganze Erde hin zerstreut sind, die Völker zum Besten habend und böswillig lügend [!] andere gottlose Lehren jeglicher Art ausstreuen. Auch ist euch nicht unbekannt, wie in unserer Zeit sich Einige finden, die vom Geiste Satans getrieben und angestachelt,

[Würden die „verpesteten" Bücher und Flugschriften der Gegner des Papstes eine solch rohe, beleidigende Sprache führen, wie der Papst und seine Anhänger, zumal in der ultramontanen Presse, so würden diese seine Anhänger tagtäglich nach dem Staatsanwalt rufen. „Diese gemeine gedungene Hundebande" erlaubte sich einmal 1876 die Civiltà Cattolica diejenigen zu beschimpfen, welche über die päpstliche Orientpolitik anderer Meinung waren, als sie. Die „internationale Kirche des Teufels" nannte einmal die Germania die Freimaurerei. Man wird in den offiziellen und offiziösen Kundgebungen des von den Ultramontanen oft so unflätig beschimpften Evangelischen Bundes vergeblich nach ähnlichen Beschimpfungen des Gegners suchen.]

in der Gottlosigkeit so weit gekommen sind, daß sie den Herrscher Jesus Christus unsern Herrn leugnen und mit verruchter Frechheit seine Gottheit zu bekämpfen sich nicht scheuen. Hier aber können wir nicht umhin, höchstes und verdientes Lob Euch zu spenden, Ehrwürdige Brüder, die Ihr eure bischöfliche Stimme gegen eine solche Gottlosigkeit mit allem Eifer zu erheben nicht gesäumt habt.

Wir wenden Uns deshalb durch dieses Unser Schreiben auf's neue mit innigster Liebe an Euch, die Ihr zur Teilnahme an Unserer Sorge berufen, Uns inmitten Unserer bittersten Leiden zum höchsten Trost, zur Freude und Erquickung gereichet um eurer ausgezeichneten Gewissenhaftigkeit, Frömmigkeit und jener bewunderungswürdigen Liebe, Treue und Ergebenheit halber, womit Ihr Uns und diesem Apostolischen Stuhle in höchster Eintracht zugethan und Euer so schweres bischöfliches Amt rüstig und beflissen zu verwalten bestrebt seid. Denn von Eurem ausgezeichneten Hirteneifer erwarten Wir, daß Ihr, ergreifend das Schwert das Geistes, welches ist das Wort Gottes, und gestärkt in der Gnade Unseres Herrn Jesu Christi mit verdoppeltem Eifer täglich mehr vorsorgen wollet, daß die Eurer Sorge anvertrauten Gläubigen „sich von den schädlichen Kräutern enthalten, welche Jesus Christus nicht pflegt, weil sie keine Pflanzung seines Vaters sind."*) Unterlasset sodann niemals eben diesen Gläubigen einzuprägen, daß alles wahre Glück den Menschen aus unserer erhabenen Religion, ihrer Lehre und Übung zufließt, und daß glücklich das Volk ist, dessen Herr sein Gott ist.**) Lehret, daß „auf dem Fundamente des katholischen Glaubens die Staaten Bestand haben,***) und Nichts so todbringend, so nahe dem Falle, so ausgesetzt allen Gefahren sei, als wenn wir, wähnend, das allein vermöge uns zu genügen, daß wir bei der Geburt ein freies Wahlvermögen empfangen haben, weiter nichts mehr bei Gott suchen, das heißt, unseres Urhebers vergessend, seine Macht, um uns als frei zu erweisen, abschwören."†) Unterlasset

---

*) S. Ignatius M. ad Philadelph. 3.
**) Psal. 143.
***) S. Caelest. epist. 22 ad Synod. Ephes. apud. Coust. p. 1200.
†) S. Innocent. I epist. 29 ad Episc. conc. Carthag. apud. Coust. p. 891.

auch nicht zu lehren, „daß die königliche Gewalt nicht allein zur Regierung der Welt, sondern vorzüglich zum Schutze der Kirche verliehen sei,*) und daß nichts den Fürsten und Königen zu größerem Vorteile und Ruhme gereiche, als wenn sie, wie ein anderer überaus weiser und standhafter Vorgänger von Uns, der heilige Felix, an den Kaiser Zeno schrieb, die katholische Kirche nach ihren Gesetzen leben lassen und nicht erlauben, daß jemand ihrer Freiheit widerstehe.... Denn es ist gewiß, daß dies ihren Angelegenheiten förderlich ist, sich zu bemühen, wo es sich um die Sachen Gottes handelt, nach der Anordnung Gottes selbst ihren königlichen Willen den Priestern Christi unterzuordnen, nicht aber voranzustellen."

Der Papst fordert hierauf zum Anrufen Christi und seines „süßesten Herzens" auf, schreibt einen vollkommenen Jubiläumsablaß aus und „damit Gott Unsere und Euere und aller Gläubigen Gebeten und Wünschen gnädiges Gehör schenke, so laßt Uns mit allem Vertrauen bei ihm als Unsere Fürsprecherin die unbefleckte seligste Gottesgebärerin und Jungfrau Maria zu Hilfe nehmen, welche alle Ketzereien vernichtet hat in der ganzen Welt und welche als liebevollste Mutter Unser aller ‚ganz lieblich' ist und voll Barmherzigkeit... Aller Bitten zugänglich ist und als überaus huldvoll sich erweist und aller Nöten sich mit weitesten Herzen erbarmt' und als Königin, welche zur Rechten ihres Eingeborenen Sohnes, Unseres Herrn Jesu Christi, dasteht, in goldenem Gewande, mit buntem Schmuck umkleidet, alles von ihm zu erlangen vermag." Auch die Fürbitte des seligen Apostel= fürsten Petrus und seines Mitapostels Paulus möge man erflehen. Hierauf schließt die Encyklika unter Erteilung des päpstlichen Segens.

---
*) S. Leo Epist. 156 al 125.

Verzeichnis (Syllabus)

der hauptsächlichsten Irrtümer unserer Zeit,

welche in den Konsistorial-Allocutionen, in den Encycliken und anderen Apostolischen Sendschreiben unseres heiligsten Vaters Papst Pius' IX. gerügt [und — nach dem Wortlaute der Encyklika — verdammt] werden.

§ I. Pantheismus, Naturalismus et Rationalismus absolutus.

1. Nullum supremum, sapientissimum, providentissimumque Numen divinum existit ab hac rerum universitate distinctum, et Deus idem est ac rerum natura et idcirco immutationibus obnoxius, Deusque reaspe fit in homine et mundo, atque omnia Deus sunt et ipsissimam Dei habent substantiam; ac una eademque res est Deus cum mundo, et proinde spiritus cum materia, necessitas cum libertate, verum cum falso, bonum cum malo, et justum cum injusto.　　　　　Alloc. Maxima quidem 9 Junii 1862.

Pantheismus, Naturalismus und absoluter Rationalismus.

Es giebt kein höchstes, weisestes, allvorsehendes göttliches Wesen, unterschieden vom Weltall, und Gott ist eins und dasselbe mit der Natur und deshalb Veränderungen unterworfen, und Gott wird wirklich im Menschen und in der Welt; Alles ist Gott und hat die eigenste Wesenheit Gottes; Ein und Dasselbe sind Gott und Welt, und darum auch Geist und Materie, Notwendigkeit und Freiheit, Wahr und Falsch, Gut und Bös, Gerecht und Ungerecht, gleichwertig und ineinander.

Die hier verurteilten Sätze widersprechen der christlichen Lehre. Evangelische und Katholiken sind hierüber einig. Wenn man aber Männer, welche im ernsten Wahrheitsstreben bona fide zu andern als christlichen Ueberzeugungen, zum Pantheismus oder Rationalismus gelangt sind, so wie es die Päpste regelmäßig zu thun pflegen, als teuflische Betrüger und Verführer, als Pestmenschen &c. brandmarkt, so dient dies nicht der Wahrheit und nicht der Liebe, sondern vergiftet jede wissenschaftliche Auseinandersetzung.

Ferner aber möchte man wünschen, daß die Päpste mit demselben Eifer, mit welchem sie den Unglauben bekämpfen, den heidnischen Aberglauben bekämpfen würden, der sich bei ihren Gläubigen so sehr breit macht. Statt dessen mutet Leo XIII. den Katholiken zu glauben zu, daß ein von ihm heilig gesprochener neapolitanischer Mönch, Fra Egidio, tote Aale wieder belebt, zerbrochene Eier wieder ganz gemacht, eine zerstückelte und abgehäutete Kuh wieder lebendig gemacht habe. Den Pantheismus betreffend stehen die zahllosen Creaturvergötterungen in der römischen Kirche dem alten griechisch-römischen Pantheismus näher, als die wissenschaftlichen Ideen des modernen Pantheismus.

2. Neganda est omnis Dei actio in homines et mundum. *Alloc. Maxima quidem 9 Junii 1862.*

Jede Einwirkung Gottes auf die Menschen und die Welt muß in Abrede gestellt werden.

Der Papst lehrt: Es giebt Einwirkungen Gottes auf die Menschen und die Welt. Deismus und Wunderleugnung widersprechen der christlichen Lehre. Das ist auch evangelische Lehre. Allein es giebt auch eine Entweihung des Göttlichen durch einen heidnischen Wust von unsinnigen Wundergeschichten. Gegen diesen gälte es vor allem Encykliken zu erlassen. In den „Herrlichkeiten Mariä" ruft der heil. Dominikus dem in einen Brunnen geworfenen Kopf eines

Mädchens zu: „Alexandra, komm heraus." Der Kopf erscheint auf dem Rande des Brunnens, beichtet und communiziert und steht zwei Tage lebend vor allem Volk. Alexandra bekennt, sie habe sich bei ihrem Tod in einer Totsünde befunden, um ihres vielen Rosenkranzbetens habe sie aber Maria so lange am Leben erhalten, bis sie gebeichtet habe. Nach fünf Tagen erschien dem Dominikus bereits die aus dem Fegefeuer erlöste Seele der Alexandra. Solche und ähnliche Geschichten stehen in dem Werk eines zum „Kirchenlehrer" ernannten Mannes, des h. Liguori! Und die seine Schriften prüfenden Kardinäle hatten das Urteil abgegeben, es fände sich in denselben nihil censura dignum, nichts Anstößiges.

3. Humana ratio, nullo prorsus Dei respectu habito, unicus est veri et falsi, boni et mali arbiter, sibi ipsi est lex et naturalibus suis viribus ad hominum ac populorum bonum curandum sufficit.
Alloc. Maxima quidem 9 Iunii 1862.

Die menschliche Vernunft ist, ohne irgendwie Rücksicht auf Gott zu nehmen, der einzige Schiedsrichter über Wahr und Falsch, Gut und Böse; sie ist sich selber Gesetz und reicht mit ihren natürlichen Kräften aus, das Wohl der Einzelnen und der Völker zu bewirken.

Der Papst lehrt: Die Vernunft hat bei der Entscheidung über Gut und Bös, Wahr und Falsch „auf Gott Rücksicht zu nehmen", und sie ist in diesen Fragen nicht der einzige Schiedsrichter — Sätze, welche einen guten Sinn haben können, aber in ihrer vieldeutigen Allgemeinheit als Richtschnur fürs Denken wenig Nutzen bringen werden.

4. Omnes religionis veritates ex nativa humanae rationis vi derivant; hinc ratio est princeps norma qua homo cognitionem omnium cujuscumque generis veritatum assequi possit ac debeat.
Epist. encycl. Qui pluribus 9 Novembris 1846.
Epist. encycl. Singulari quidem 17 Martii 1856.
Alloc. Maxima quidem 9 Iunii 1862.

Alle Wahrheiten der Religion fließen aus der der menschlichen Vernunft von Natur eigenen Kraft; daher ist die Vernunft die oberste Norm, durch welche der Mensch die Erkenntnis aller Wahrheiten jeglicher Art erlangen kann und soll.

Der Papst lehrt: So wenig als bei den wissenschaftlichen und ethischen Wahrheiten (Satz 3), ist die Vernunft bei den religiösen Wahrheiten einzige Erkenntnisquelle, ja nicht einmal die hauptsächlichste Norm [Instrument? Mittel?], durch welche der Mensch die Erkenntnis aller Wahrheit erlangen kann. So allgemein und vieldeutig diese Sätze sind, so verständlich werden sie aus den Anlässen, bei welchen sie vom Papst vorgetragen worden sind: Es handelte sich dabei zumeist um die Verurteilung von religiös-philosophischen Systemen katholischer Denker und um Einschärfung kirchlich korrekter Lehrweise. Nur noch eine Bemerkung: Wie sehr wird hier und in den folgenden Sätzen das Recht und die Fähigkeit der menschlichen Vernunft zur Wahrheitserkenntnis eingeschränkt und beschnitten! Stößt man aber bei Luther auf ähnliche Aeußerungen oder auf die (echt paulinische und augustinische) „Unfreiheit des menschlichen Willens", so ist er unnachsichtiger Verurteilung seitens ultramontaner Kritiker sicher.

5. Divina revelatio est imperfecta et idcirco subjecta continuo et indefinito progressui, qui humanae rationis progressioni respondeat.
Epist. encycl. Qui pluribus 9 Novembris 1846.
Alloc. Maxima quidem 9 Junii 1862.

Die göttliche Offenbarung ist unvollkommen und deshalb einem ununterbrochenen und unbegrenzten Fortschritte, welcher dem Fortschreiten der menschlichen Vernunft entspricht, unterworfen.

Der Papst lehrt: Die göttliche Offenbarung ist vollkommen [vollständig? abgeschlossen?]. Sie bedarf keines fortwährenden und unendlichen Fortschrittes, der den Fortschritten der menschlichen Vernunft entsprechen würde. Wie steht es dann aber mit Lehren, wie der Unfehlbarkeitslehre, welche nicht einmal durch das Band der Tradition mit der alten Kirche verknüpft ist? Wie steht es mit der Lehre von der übernatürlichen Geburt Mariä, ja mit all den zahlreichen katholischen Lehren, welche in der vollkommenen bezw. abgeschlossenen Offenbarung gar nicht, oder nur auf eine höchst gezwungene Weise begründet werden können? Oder aber, wenn Cardinal Manning die neue und der alten Tradition widersprechende Lehre vom Universalepiskopat und der Unfehlbarkeit des Papstes damit plausibel macht, daß er sagt: Die Lehre sei nicht neu, man habe nur im Lauf der Zeit die Stelle Matth. 16, 18 immer besser verstehen lernen, so entspräche das eben jener vom Papst verworfenen, mit dem Fortschreiten der menschlichen Vernunft Hand in Hand gehenden Offenbarung. Denn faktisch hat, wie z. B. Langen genau nachgewiesen hat, die ganze alte Kirche jener Stelle nicht die Deutung gegeben, welche ihr die heutigen Infallibilisten geben.

6. Christi fides humanae refragatur rationi; divinaque revelatio non solum nihil prodest, verum etiam nocet hominis perfectioni.
Epist. encycl. Qui pluribus 9 Novembris 1846.—
Alloc. Maxima quidem 9 Junii 1862.

Der christliche Glaube widerstrebt der menschlichen Vernunft, und die göttliche Offenbarung ist der Vervollkommnung des Menschen nicht allein nicht förderlich, sondern sogar schädlich.

Der Papst lehrt: Zwischen dem Glauben und der Vernunft besteht kein Widerspruch und die göttliche Offenbarung schadet nicht nur nichts, sondern nützt der Vervollkommnung der Menschen. Auch der evangelische Christ wird diesem Satze Recht geben. Aber er wird jedenfalls nicht die Konsequenzen der Päpste, d. h. die Mundtotmachung der Vernunft, daraus ziehen, sondern auf die ehrliche Auseinandersetzung zwischen Glauben und Wissen vertrauen. Die Päpste aber haben die Gegensätze zwischen Glauben und Wissen bei einem Giordano Bruno und Galilei, wie bei den frommen Jansenisten in Frankreich, bei einem Febronius, wie bei den katholischen Gelehrten dieses Jahrhunderts durch Verdammung jeder abweichenden Lehrmeinung und durch Widerrufserpressung zu lösen gesucht. Inquisition und Index waren und sind die Hauptmittel, um Glauben und Wissen in Einklang zu bringen.

7. Prophetiae et miracula in sacris Litteris exposita et narrata sunt poetarum commenta, et christianae fidei mysteria philosophicarum investigationum summa; et utrisque Testamenti libris mythica continentur inventa; ipseque Jesus Christus est mythica fictio.
Epist. encycl. Qui pluribus 9 Novembris 1846.
Alloc. Maxima quidem 9 Junii 1862.

Die in der heil. Schrift vorgetragenen und berichteten Weissagungen und Wunder sind Erfindungen von Dichtern und die Geheimnisse des christlichen Glaubens ein Inbegriff von philosophischen Forschungen; in den Büchern beider Testamente finden sich mythische Erdichtungen, und Jesus Christus selber ist eine Mythe.

Der Papst lehrt: Die Wunder und Weissagungen der h. Schrift sind keine Erfindungen, sondern Thatsachen. Die Glaubenswahrheiten sind keine bloßen Philosopheme. Die Schrift enthält keine mythischen Bestandteile. Die Persönlichkeit Christi ist eine historische. Wenn er hienach einer durch die Namen Strauß und Renan gekennzeichneten Theologieentwickelung entgegentritt, so wäre nur zu wünschen, daß er mit ebenderselben Entschiedenheit jenem Uebermaß kirchlicher Wunder entgegentreten würde, welches notorisch die meisten gebildeten Italiener und Franzosen dem Atheismus in die Arme treibt.

§ II. Rationalismus moderatus.

8. Quum ratio humana ipsi religioni aequiparetur, idcirco theologicae disciplinae perinde ac philosophicae tractandae sunt.
Alloc. Singulari quadam perfusi 9 Decembris 1854.

Gemäßigter Rationalismus.

Da die menschliche Vernunft der Religion selber gleichkommt, so sind deshalb die theologischen

Wissenschaften ebenso wie die philosophischen zu behandeln.

Der Papst lehrt: Die menschliche Vernunft ist der Religion nicht gleich zu achten (ein Satz, mit dem man, wissenschaftlich betrachtet, nichts anfangen kann); daher sind auch die theologischen Disziplinen nicht geradeso wie die philosophischen zu behandeln. Wie denn aber sonst? Gerade die, nachher vom Papst als Muster aufgestellten Scholastiker, haben ihre besten logisch-philosophischen Methoden angewendet, um theologische Gegenstände dem Verstande plausibel zu machen. Aber freilich, die Scholastik war trotzdem die Wissenschaft mit gebundener Marschroute. Das zu erreichende Ziel stand für sie fest.

9. Omnia indiscriminatim dogmata religionis christianae sunt objectum naturalis scientiae seu philosophiae; et humana ratio historice tantum exculta potest ex suis naturalibus viribus et principiis ad veram de omnibus etiam reconditioribus dogmatibus scientiam pervenire, modo haec dogmata ipsi rationi tamquam objectum proposita fuerint.
Epist. ad Archiep. Frising. Gravissimas 11 Decembris 1862.
Epist. ad cumdem Tuas libenter 21 Decembris 1863.

Alle Dogmen der christlichen Religion ohne Unterschied sind Gegenstand des natürlichen Wissens oder der Philosophie; und die menschliche Vernunft, wenn sie nur historisch gebildet ist, vermag aus ihren natürlichen Kräften und Prinzipien zu einem wahren Wissen über alle, auch die mehr verborgenen Dogmen zu gelangen, vorausgesetzt, daß diese Dogmen derselben Vernunft als Gegenstand vorgestellt seien.

Der Papst lehrt: Nicht alle Dogmen der christlichen Religion ohne Unterschied sind Gegenstand der philosophischen Behandlung. Die natürliche Vernunft ist nicht im stande, zur wahren Erkenntnis aller Dogmen, insbesondere der dunkleren zu gelangen.*) Vergleicht man hiermit den 6. Satz:

---

*) Die Sätze 9—14 sind den zwei Schreiben des Papstes an den Erzbischof von München-Freising vom 11. Dez. 1862 und 21. Dez. 1863

„Glaube und Vernunft widersprechen sich nicht", so klafft hier ein Widerspruch, der freilich dadurch höchst einfach gelöst wird, daß die kirchliche Autorität der Vernunft ihr Gebiet anweist, das sie nicht überschreiten darf: Philosophie, Magd der Theologie, die Gefangene des päpstlichen Glaubensrichterstuhles! Hat sich die Philosophie, die Vernunft einmal eine

entnommen und verurteilen Philosopheme des Professor Frohschammer in München, der deshalb auch eine Antwort auf den Syllabus ergehen ließ („Beleuchtung der päpstlichen Encyklika vom 8. Dez. 1864 und des Verzeichnisses der modernen Irrtümer." 2. Aufl. Brockhaus, Leipzig 1870), in welcher es über diesen 9. Satz heißt: „Dieser verworfene Satz ist weit bedeutender und folgenreicher für die Philosophie, als es auf den ersten Blick scheinen mag. Der Sinn davon ist, daß die menschliche Vernunft und Philosophie aus dem Gebiete der eigentlich christlichen Glaubenslehren ganz ausgeschlossen, dieses ihr als ganz unzugänglich und als ausschließliche, spezielle Domäne der Theologie oder eigentlich der kirchlichen Autorität erklärt ist. Die Folgen davon sind unschwer einzusehen. Die Philosophie ist dann immer nur Dienerin der Theologie, die im Vorhof zu verweilen hat und die vom Höchsten und Wichtigsten nichts versteht, sondern sich ihm als einem Unverstandenen und für sie stets Unverstehbaren zu unterwerfen hat. Man sieht, daß dadurch das Uebergewicht und die Herrschaft der kirchlichen Autorität und ihrer Theologie für immer der Wissenschaft gegenüber gesichert ist. Sie schreibt dieser vor, womit sie sich beschäftigen darf und womit nicht, und vermag sie dadurch in gehöriger Einschränkung und Unterordnung zu halten. Sie selbst, die kirchliche Autorität, bescheidet sich keineswegs in Bezug auf diese geheimnisvollen Dogmen (dogmata reconditiora), sondern giebt gar viele Bestimmungen darüber, und endlose, theologische Streitigkeiten sind über dieselben schon geführt worden, die viele Folianten füllen, so wie demnach doch die Vernunft der Menschen sich damit befassen darf, da doch dieselben nicht wohl ohne Vernunft können geführt worden sein, und der göttliche Geist selber auch kaum an all diesen Streitigkeiten statt der Vernunft sich wird beteiligt haben. Eine wahre, wirkliche Religionsphilosophie, welche die Religion in all ihren Formen, Erscheinungen, Lehren und Kultushandlungen ohne Unterschied, also als menschliche und historische Thatsache in ihrem Grund und Wesen, ihrer Bedeutung und ihrem Endziel zu erforschen hat, wäre hiernach schlechterdings nicht mehr zulässig; denn wenn alle Religionen mit ihren Lehren und Einrichtungen erforscht werden dürften, so wäre doch die christliche oder wenigstens die (römisch-)katholische davon ausgenommen, und es müßte daher diese Lücke bleiben und das Urteil über sie entweder suspendiert oder von außen her, von der kirchlichen Autorität, wie eine bloße Vorschrift an- und aufgenommen werden. Selbst eine Philosophie der Geschichte wäre diesem Satze zufolge für den Katholiken unmöglich und unzulässig, denn auch eine solche fordert doch vor allem, daß die Seele der ganzen menschlichen Geschichte, das Wesen der Religion genau erforscht und in seiner Bedeutung gewürdigt

solche capitis deminutio gefallen lassen, dann freilich besteht auch kein Widerspruch mehr zwischen Glaube und Vernunft. Einer solchen Ausgleichung der Gegensätze aber wird kein Protestant das Wort reden wollen.

10. Quum aliud sit philosophus, aliud philosophia, ille ius et officium habet se submittendi auctoritati, quam veram ipse probaverit; at philosophia neque potest, neque debet ulli sese submittere auctoritati.
Epist. ad Archiep. Frising. Gravissimas 11 Decembris 1862.
Epist. ad eundem Tuas libenter 21 Decembris 1863.

Da etwas anderes der Philosoph und etwas anderes die Philosophie ist, so hat jener das Recht und die Pflicht, sich der Auctorität, die er selber als wahr erfunden hat, zu unterwerfen; aber die Philosophie kann weder, noch soll sie sich irgend welcher Autorität unterwerfen.

Der Papst verschließt hier gewissen katholischen Gelehrten einen Ausweg, mittelst dessen sie, zwischen der Person

---

werde; und es ist selbstverständlich, daß zu diesem Behufe nicht etwa nur die unvollkommenen Formen der Religion erforscht werden, sondern vor allem die wichtigste, vollkommenste und einflußreichste, die christliche; und diese wiederum nicht bloß nach ihren Aeußerlichkeiten, sondern nach ihrem innersten Wesen, also auch in ihren mysteriösen Lehren und Kultushandlungen. Ob diese von der menschlichen Vernunft vollständig erkannt werden können, darauf kommt dabei noch gar nichts an, sondern nur darauf, daß auch sie Gegenstand menschlicher Forschungen sein dürfen, wie die Natur, die Geschichte und Gott selbst als solch ein Gegenstand betrachtet werden. Wo dies verboten wird, da sind die wichtigsten philosophischen Disciplinen unmöglich gemacht . . . Und sonderbar wäre es doch, wenn der Mensch in allem urteilen und forschen dürfte, nur im Wichtigsten seine größte Gabe, die Vernunft zu gebrauchen nicht befugt wäre! Wir geben zu, daß jede Religion um ihrer Einheit und Wirksamkeit willen ein Gebiet unumstößlicher, unantastbarer Lehren und Vorschriften haben müsse, nicht minder, daß jede wirkliche Religion auf einem mystischen, nicht ganz erforschbaren Grund sich aufbaue und dahin sich wieder verliere; denn die Religion ist nicht bloß Sache des Verstandes und Willens, sondern auch des Herzens, des Gemüts. Aber jenes Gebiet unumstößlicher, unantastbarer Lehren können nicht gerade die dunkeln, unverstandenen oder unverständlichen Lehren oder Dogmen sein, sondern vielmehr nur die klaren, allen einleuchtenden, das praktische Leben göttlich bestimmenden und veredelnden Lehren und Vorschriften."

und dem System desselben scheidend, dem Papst persönlich ihre sittlich religiöse Unterwerfung darboten, während sie für die Philosophie als Abstraktum Freiheit der Bewegung in Anspruch nahmen. Zunächst erscheint uns eine solche Scheidung fremdartig, zumal katholische Polemiker oft in einer höchst widerwärtigen und abstoßenden Weise jene Unterscheidung zwischen den Personen und ihren Ueberzeugungen anwenden, indem sie uns selbst, die „Ketzer", angeblich aufs zärtlichste lieben, aber nur, indem sie zugleich auf unsere protestantischen Ueberzeugungen Berge von Beschimpfungen häufen — historisch betrachtet ist aber jenes Verlangen katholischer Gelehrter, zwischen Person und System zu scheiden, durchaus nicht so verfänglich: Im Mittelalter kursierten innerhalb der römischen Kirche unter den Gelehrten eine große Zahl von verschiedenartigsten Systemen, ohne daß man daran dachte, die Vertreter derselben zu maßregeln. Das Mittelalter wäre demnach in diesem Punkt bei weitem toleranter, als die Kurie des 19. Jahrhunderts!

Daß der Papst beides nicht trennen will, Person und System, ist an sich zu billigen, umsoweniger der Zweck, den er dabei im Auge hat, die absolute Unterwerfung unter seine diskretionäre Entscheidung.

11. Ecclesia non solum non debet in philosophiam unquam animadvertere, verum etiam debet ipsius philosophiae tolerare errores, eique relinquere ut ipsa se corrigat.
Epist. ad Archiep. Frising. Gravissimis 11 Decembris 1862.

Die Kirche soll nicht allein niemals gegen die Philosophie einschreiten, sondern sie soll auch die Irrtümer eben dieser Philosophie dulden und es ihr selber überlassen, sich zu verbessern.

Der Papst lehrt: Die Kirche hat das Recht und die Pflicht, gegen die Philosophie einzuschreiten, sie darf die Irrtümer der Philosophie nicht dulden, und es nicht ihr selbst überlassen, daß sie sich selbst verbessere.

Das Lebenselement der Wissenschaft ist die freie Bewegung. Was auf dem Gebiete der Naturwissenschaft das Experiment, das ist auf dem Gebiete der Philosophie das neuaufkommende Philosophem, die Hypothese. So lächerlich es demnach wäre, dem Chemiker cathedraliter zu verbieten, andere als erfolgreiche, formelgerechte Experimente zu machen, so absurd muß es erscheinen, der Philosophie die Freiheit des Suchens, der Hypothese, die Freiheit des Irrtums zu verbieten. Die Wahrheit wird nicht gefunden durch fortlaufende Orakelsprüche des römischen Papstes, der trotz der Unfehlbarkeitslehre seine Irrtumsfähigkeit oft genug thatsächlich bewiesen hat. Sie wird auch nicht, so wie Gott nun einmal die menschliche Vernunft geschaffen, gefunden durch fortlaufende intuitive Erleuchtungen der Gelehrten über das absolut und a priori Wahre, sondern sie wird gefunden im Elemente der Freiheit, durch Versuche aller Art; unter diesen sind halbwahre, ganz mißlungene und zum Ziel führende. Der Irrtum ist, so lange er nicht in staats- und sittengefährlicher Form auftritt, als menschlicher Schatten der Freiheit zu tolerieren. Ihn verbieten, heißt die Wissenschaft töten, wie sie denn in zahlreichen katholischen Ländern getötet worden ist. Döllinger spricht öfters das schmerzliche Bedauern darüber aus, daß der Aufschwung der deutschen Wissenschaft und Dichtung so gut wie ganz auf protestantischem Boden aufgewachsen ist. Man verdankt das der päpstlich=jesuitischen Zensur, der Inquisition und dem Index. Die Wissenschaftsgeschichte der letzten drei Jahrhunderte beweist klar, daß die im 11. Satz vorgetragenen Grundsätze dazu führen, ein apologetisches und polemisches Klopffechtertum für den Papalismus (Jesuiten) zu züchten, das nach Vernichtung der Gegner, weil es keinen wissenschaftlichen Selbstzweck in sich trägt und tragen darf, die Völker einem geistigen torpor d. h. Schlummerzustand überliefert.

Gerade bei dieser These pflegen die zahlreichen ultramontanen Beschönigungen und Abschwächungen des Syllabus einzusetzen: Man müsse doch gegen die umstürzlerischen Bestrebungen einschreiten, das sehe man schon an dem Ausnahmegesetz gegen die Socialdemokratie. Allein die Herren Frohschammer, Hermes, Günther 2c. haben weder staats=, noch sittengefährliche Lehren vorgetragen. Das Einschreiten gegen wirkliche umstürzlerische Bestrebungen ist, wie eben das Sozialistengesetz zeigt, Sache des Staats und nicht der Kirche. Umgekehrt kann man aber sagen: Schon vor 1848 war der größte Teil des katholischen Deutschland nach der Versicherung der Hist. polit. Blätter für Preßfreiheit, wie heutzutage der größte Teil unserer Ultramontanen für Freilassung der Socialdemokratie, für Aufhebung des nun „glücklich" beseitigten Ausnahmegesetzes ist — wie reimt sich das mit der Fesselung der doch weit ungefährlicheren Philosophie, mit der gewaltsamen Zerstörung der selbständigen katholischen Wissenschaft, mit der gewaltsamen Beschränkung auf das System des Thomas von Aquino zusammen?!

Die Kirche hat Recht und Pflicht, ihren Standpunkt gegenüber abweichenden Anschauungen zu vertreten und laut kundzuthun, aber nicht, die Philosophie in ihre Fesseln zu schlagen. Ein mit Gewaltmitteln erkämpfter Sieg auf geistigem Gebiet ist regelmäßig zu teuer erkauft.

12. Apostolicae Sedis, Romanarumque Congregationum decreta liberum scientiae progressum impediunt.
Epist. ad Archiep. Frising. Tuas libenter 21 Decembris 1862.

Die Erlasse des Apostolischen Stuhles und der römischen Congregationen hindern den freien Fortschritt der Wissenschaft.

Trotz aller Hemmungen und Einschränkungen der freien Wissenschaft „hindern die Dekrete des apostolischen Stuhles und der römischen Congregationen den freien Fortschritt der Wissenschaft nicht," lehrt der Papst. Denn, so will uns der vatikanische Gärtner belehren, was ich wegschneide, sind wilde, ungesunde Wasserschößlinge und was ich frei wachsen lasse, das ist allein der gesunde erhaltenswerte Trieb. Oder, wie der Jesuit Schrader seiner Uebersetzung dieses Satzes beifügt, „der apostolische Stuhl ist von Gott selbst zum obersten Lehrer und Verteidiger der Wahrheit gesetzt". So wenig die Freiheit der rechtschaffenen Leute beeinträchtigt wird, wenn Verbrecher inkarzeriert werden, so wenig wird die Freiheit der Wissenschaft beeinträchtigt durch die Maßregelung jeder nicht vatikanisch korrekten, jeder protestantischen und selbständig philosophischen Anschauungsweise. Denn die letzteren sind ja giftig, pestilenzialisch, betrügerisch, teuflisch ꝛc. ꝛc. Dieser 12. Satz ist also vollständig richtig, so bald man sich auf den vatikanisch jesuitischen Standpunkt stellt. Von jedem

anderen Standpunkt freilich, d. h. nicht bloß vom frei wissen=
schaftlichen und vom protestantischen, sondern insbesondere
auch vom altchristlichen Standpunkt aus ist es, wie so
viele andere päpstliche Ansprüche eine unerlaubte Usurpierung,
die größte geistige Tyrannei für Freiheit auszugeben.

13. Methodus et principia, quibus antiqui Doctores
scholastici Theologiam excoluerunt, temporum nostrorum
necessitatibus scientiarumque progressui minime congruunt.

Epist. ad Archiep. Frising. Tuas libenter 21 Decembris 1863.

Die Methode und die Principien, nach denen
die scholastischen Lehrer der Vorzeit die Theologie
ausgebildet haben, entsprechen keineswegs den Be=
dürfnissen unserer Zeit und ihrem Fortschritte in
den Wissenschaften.

Der Papst lehrt: Die scholastische Theologie stimmt mit
den Bedürfnissen unserer Zeit und dem Fortschritt der
Wissenschaften überein, ihre Methode und Grundsätze sind
also auch heute noch zu befolgen; insbesondere gilt dies von
dem am 4. August 1879 von Papst Leo XIII. feierlich als
Kirchenlehrer für alle katholischen Dozenten und Lehranstalten
präconisierten Thomas von Aquino. Die mittelalterlich
scholastische Weltanschauung, die thomistische Theologie und
Philosophie wird heutzutag in den klerikalen Seminarien
und höheren Lehranstalten verbreitet. Unter anderem lehrt
Thomas zum erstenmal auf Grund gefälschter, ihm über=
gebener, von ihm selbst freilich für wahr gehaltener, patristi=
scher Stellen den Primat und Lehrautorität des Papstes
über die ganze Kirche. Er lehrt natürlich auch, daß die
Ketzerei ein todeswürdiges Verbrechen sei. Ebenso berufen
sich die Dominikaner, die Ketzer= und Hexenrichter im Mittel=
alter für die Realität der hexischen Teufelsbuhlschaft mit
Recht auf ihren Ordensgenossen Thomas. Auf dem poli=
tischen Gebiet lehrt Thomas die Suprematie der geistlichen
über die weltliche Gewalt, sowie die Volkssouveränetät bis
zu ihrer letzten Konsequenz, der Absetzbarkeit des Fürsten,
den nach ihm das Volk, falls er ein Tyrann ist, sogar töten
kann. Doch das Hauptprinzip, um dessenwillen auch die
Scholastik nun im 19. Jahrhundert erneuert werden soll,

ist die völlige Unterwerfung jener Scholastiker unter die Autorität der jeweils bestehenden Kirchenlehre.

Unsere Freisinnigen und Radikalen lächeln in leichtsinnigem, gedankenlosem Optimismus über die päpstliche Repristination solcher „interessanter Altertümer". Allein hinter dieser neuaufgebrachten scholastischen Weltanschauung steht nahezu ein Dritteil aller deutschen Reichstagsabgeordneten!

14. Philosophia tractanda est, nulla supernaturalis revelationis habita ratione.
Epist. ad Archiep. Frising. Tuas libenter 21 Decembris 1863.

NB. Cum rationalismi systemate cohaerent maximam partem errores Antonii Günther, qui damnantur in Epist. ad Card. Archiep. Coloniensem Eximiam tuam 15 Junii 1857, et in Epist. ad Episc. Wratislaviensem. Dolore haud mediocri 30 Aprilis 1860.

Die Philosophie ist zu betreiben, ohne daß irgend welche Rücksicht auf die übernatürliche Offenbarung genommen wird.

Anm. Mit dem Systeme des Rationalismus hängen zum größten Teile die Irrtümer von Anton Günther zusammen, welche verurteilt werden in dem Schreiben an den Kardinalerzbischof von Köln Eximiam tuam vom 15. Juni 1857, und in dem Schreiben an den Bischof von Breslau Dolore haud mediocri vom 30. April 1860.

Rönnecke weist in seiner Ausgabe des Syllabus darauf hin, daß das Datum 15. Juni 1847 falsch ist. Es muß heißen: 1857.

Wenn der Papst von der Philosophie Rücksichtnahme auf die übernatürliche Offenbarung verlangt, so sei umgekehrt nochmals daran erinnert, daß am besten jede Wissenschaft, Theologie, wie Philosophie den in ihr selbst liegenden Prinzipien folgt. Spinnen sich ungezwungen und naturgemäß Verbindungsfäden von einer zur andern Wissenschaft, dann um so besser.

§ III. Indifferentismus, Latitudinarismus.

15. Liberum cuique homini est eam amplecti ac profiteri religionem, quam rationis lumine quis ductus veram putaverit.
Litt. Apost. Multiplices inter 10 Junii 1851.
Alloc. Maxima quidem 9 Junii 1862.

Indifferentismus, Latitudinarismus.*)

Es steht jedem Menschen frei, diejenige Religion anzunehmen und zu bekennen, welche Einer, vom Lichte der Vernunft geleitet, für wahr hält.

Der Papst lehrt: Es steht dem Menschen nicht frei [nach Schrader: „es steht nicht jedem Menschen frei", was dem Sinn und der Wirkung nach auf dasselbe hinauskommt], jene Religion anzunehmen, welche er, durch das Licht der Vernunft geführt, für die wahre hält, er verwirft damit die Gewissensfreiheit wie alle seine Vorgänger. Der Papst verlangt also Religionszwang gegen die Katholiken, gegen die vom katholischen Glauben Abfallenden und Abgefallenen aber Bestrafung und gewaltsame Zurückführung zum katholischen Glauben.

16. Homines in cujusvis religionis cultu viam aeternae salutis reperire aeternamque salutem assequi possunt.
Epist. encycl. Qui pluribus 9 Novembris 1846.
Alloc. Ubi primum 17 Decembris 1847.
Epist. encycl. Singulari quidem 17 Martii 1856.

Die Menschen können bei Beobachtung jeder beliebigen Religion den Weg des ewigen Heiles finden und das ewige Heil erreichen.

Der Papst verwirft den Indifferentismus und lehrt: Nicht in jeder Religion vermögen die Menschen den Heilsweg und die Seligkeit zu finden. Das wird jeder Christ zugeben, ohne aber die Konsequenzen des Religionszwanges, welche die Päpste hieran knüpfen, ihrerseits zu ziehen.

---

*) „Latitudinarismus [Weitherzigkeit] ist jener Irrtum, welcher zwar nicht alle Religionen für gleich gut erklärt, aber die katholische Kirche nicht für die Alleinseligmachende hält", erklärt Schrader S. J. das Wort. Wir Protestanten sind in diesem Sinne meist Latitudinarier, denn es fällt uns nicht ein, der römischen Kirche trotz ihrer zahlreichen Irrtümer und Mißbräuche den Charakter einer Kirche abzusprechen.

17. Saltem bene sperandum est de aeterna illorum omnium salute, qui in vera Christi Ecclesia nequaquam versantur.
Alloc. Singulari quadam 9 Decembris 1854.
Epist. encycl. Quanto conficiamur 10 Augusti 1863.

Wenigstens muß man gute Hoffnung hegen bezüglich des ewigen Heiles aller Jener, welche in der wahren Kirche Christi sich auf keine Weise befinden.

Der Papst lehrt: Extra ecclesiam nulla salus, d. h. die Verdammnis derer, welche völlig außerhalb der wahren Kirche sich befinden. Was versteht der Papst unter der wahren Kirche? Nicht, wie die Augsburger Konfession diejenige, in welcher das Wort Gottes lauter und rein gelehrt und die Sakramente nach Christi Einsetzung verwaltet werden, auch nicht diejenigen selbständigen Kirchen, welche ebenso gut, wie die Kirche von Rom auf die christliche Urzeit zurückreichen, wie die griechische, die armenische, syrische, sondern allein die römische Papstkirche.

Alle Ketzer sind verdammt! Unter den mannigfachen Abschwächungsversuchen, durch welche das Gehässige dieses Satzes vor der modernen öffentlichen Meinung gemildert, bezw. verschleiert werden soll, ist jene Unterscheidung der Jesuiten zwischen formaler und materialer Ketzerei vielleicht am widerlichsten. Sie kommt darauf hinaus, daß der naive, ohne eigenes Nachdenken gewohnheitsmäßig in seinem „ketzerischen" Glauben aufgewachsene und andererseits der halbe oder ganze Ueberläufer milder beurteilt wird, der überzeugte, charaktervolle, für seinen eigenen Glauben einstehende „Ketzer" aber nach dem schroffen römischen Ketzerrecht.

18. Protestantismus non aliud est quam diversa verae ejusdem christianae religionis forma, in qua aeque ac in Ecclesia catholica Deo placere datum est.
Epist. encycl. Noscitis et Nobiscum 8 Decembris 1849.

Der Protestantismus ist nichts anderes, als eine verschiedene Form einer und derselben wahren christlichen Religion, in welcher Form es ebensowohl möglich ist, Gott zu gefallen, als in der katholischen Kirche.

Der Papst lehrt: Der Protestantismus ist keine (ebenbürtige, gleichwertige) verschiedene Form derselben wahren christlichen Religion, wie die katholische Kirche (geschweige denn eine „Schwesterkirche", von welcher manchmal im Parlament ultramontane Abgeordnete reden, wenn es gilt, konservative Protestanten für ihre Zwecke zu fangen). Der Protestantismus ist vielmehr, wie Papst Leo als Bischof von Perugia seinen Gläubigen versicherte, „der pestilenzialischste Irrtum aller Irrtümer, ein dummes, wetterwendisches System, hervorgegangen aus Uebermut und Gottlosigkeit", in letzter Linie eine Ausgeburt des Satans, an deren Vernichtung alle gutgläubigen Katholiken nach Kräften zu arbeiten haben.

Hat je einmal in den letzten 100 Jahren, so fragen wir, um die intolerante Gehässigkeit solcher Sätze klar zu stellen, eine evangelische Kirchenbehörde solche Sätze gegen den Katholizismus verübt, wie sie hier der Papst gegen den Protestantismus, dreihundertjährigen Hader erneuernd, verübt hat?! Und jenen gedankenlosen, indifferenten Protestanten, welche uns, kühl bis ans Herz hinan erwidern: Was wollt ihr, so muß nun einmal der Katholik den evangelischen Glauben ansehen! — ihnen erwidern wir: Was muß denn aber solcher prinzipieller Intoleranz gegenüber der Protestant thun?! Muß er nicht mit aller Macht seinen Glauben gegen solche Beschimpfungen und Angriffe verteidigen oder muß er schwächliche, feige, verräterische „Toleranz" üben auch gegen die Intoleranz?!

§ IV. Socialismus, Communismus, Societates clandestinae, Societates biblicae, Societates clerico-liberales.

Ejusmodi pestes saepe gravissimisque verborum formulis reprobantur in Epist. encycl. Qui pluribus 9 Novembris 1846; in Alloc. Quibus quantisque 20 Aprilis 1849; in Epist. encycl. Noscitis et Nobiscum 8 Dec. 1849; in Alloc. Singulari quadam 9 Dec. 1854; in Epist. encycl. Quanto conficiamur moerore 10 Augusti 1863.

Socialismus, Kommunismus, geheime Gesell=
schaften [Freimaurerei], Bibelgesellschaften [!!!], kleri=
kal=liberale Gesellschaften [Gesellschaften italienischer
Geistlicher, welche für „die freie Kirche im freien Staate"
schwärmen].

Diese verderbenbringenden Seuchen werden oft,
und zwar in den ernstesten Ausdrücken verworfen
in der Encycl. Qui pluribus vom 9. November 1846;
in der Alloc. Quibus quantisque vom 20. April 1849;
in der Encycl. Noscitis et Nobiscum vom 8. De=
zember 1849; in der Alloc. Singulari quadam vom
9. Dezember 1854; in der Encycl. Quanto conficiamur moerore vom 10. August 1863.

Wiederum die Frage: Wo hat eine protestantische
Kirchenregierung die freche Beschimpfung begangen, in einem
öffentlichen Aktenstück eine katholische Einrichtung mit den
verruchtesten Bestrebungen der Umsturzparteien zusammen=
zustellen und als ansteckende Pestseuchen zu bezeichnen?! Eine
Beschimpfung, welche keineswegs durch die dogmatische Ver=
werfung der Bibelgesellschaften gefordert wurde. Diese Ver=
werfung konnte ohne Beschimpfung geschehen. Man verlangt
vom protestantischen Laien, daß er in einen Reliquiendienst,
der sich nur dem Namen nach vom Heidentum unterscheidet,
noch die Ehrlichkeit einer, wenn auch irrenden Ueberzeugung
achten soll — und was thut der Papst?! Namentlich unsere
social bewegte Zeit wird fragen: Wie sollen sich die pro=
testantischen Abwehrkräfte gegen den Umsturz Seite an Seite
stellen mit den katholischen, von welchen sie selbst mit den
Umsturzmächten frischweg in einen Topf geworfen werden.

§ V. Errores de Ecclesia ejusque juribus.

19. Ecclesia non est vera perfectaque societas plane
libera, nec pollet suis propriis et constantibus juribus
sibi a divino suo fundatore collatis, sed civilis potestatis
est definire quae sint Ecclesiae jura ac limites, intra quos
eadem jura exercere queat.

Alloc. Singulari quadam 9 Decembris 1854.
Alloc. Multis gravibusque 17 Decembris 1860.
Alloc. Maxima quidem 9 Junii 1862.

Irrtümer über die Kirche und ihre Rechte.

Die Kirche ist keine wahre, vollkommene, völlig freie Gesellschaft, noch besitzt sie ihre eigenen, beständigen, von ihrem göttlichen Gründer ihr verliehenen Rechte, sondern der Staatsgewalt steht es zu, zu bestimmen, welches die Rechte der Kirche und die Grenzen sind, innerhalb deren sie eben diese Rechte ausüben dürfe.

Der Papst lehrt: Die Kirche ist frei, souverän, vom Staat unabhängig. Der Staat hat mit nichten zu bestimmen, welches die Rechte der Kirche und die Schranken ihrer Ausübung seien — ein stolzer Satz, der aber vor einer näheren Beleuchtung nicht Stand hält. Die Kirche war 1000 Jahre lang nicht souverän in dem hier gemeinten Sinne, die Päpste die gehorsamen Unterthanen der Kaiser und erst Revolutionen, Usurpationen und Fälschungen der schlimmsten Art haben die Kirche vom Staat frei gemacht (Pseudoisidor, Abfall vom oströmischen Reich ꝛc.). Wer ist überhaupt die Kirche? Die Hierarchie, nicht das Volk. Und wenn die Hierarchie, ist sie denn noch das gleiche Individuum, wie in den ersten Jahrhunderten?! Damals wurden die Bischöfe, den römischen eingeschlossen, vom Volk und den Priestern gewählt, heute besteht die Hierarchie aus oligarchischen, sich aus sich selbst*) — ohne jedes Zuthun des christlich-katholischen Volkes, und mit möglichster Verdrängung der 2000jährigen Rechte der Obrigkeiten — ergänzenden Kollegien. Gerade wenn man auf die äußeren Verfassungsfragen der Kirche (bischöfliche Nachfolge ꝛc.) so hohen grundlegenden Wert legt, wie die römische Kirche, gerade dann sind solche prinzipielle Verfassungsänderungen für den Rechtsbestand verhängnisvoll. So wenig ein gewählter Abgeordneter heutigen Schlags das gleiche ist, wie ein Mitglied der venetianischen Signorie, ebenso wenig ein heutiger Bischof das gleiche, wie ein Bischof der ersten Jahrhunderte. Ist denn das nach diesen und zahllosen anderen Veränderungen (1870!) noch dieselbe alte Kirche, wie am Anfang?!

---

*) Die Domkapitel und das Kardinalkollegium sind die Wahlorgane für Bischöfe und Päpste.

Ohne hier die weitverzweigte Frage des Verhältnisses von Kirche und Staat lösen zu wollen, bemerken wir: das meiste von dem, was jetzt die römische Kirche als ihr von Christus übertragenes Recht beansprucht, ist historisch geworden. Sie mag z. B. noch so sehr gegen Placet und Exequatur protestieren; Thatsache ist, daß die Staatsgewalt in den ersten 1000 Jahren der christlichen Kirche noch viel weitergehende — notabene auch von Rom anerkannte — Rechte hatte und ausübte.

20. Ecclesiastica potestas suam auctoritatem exercere non debet absque civilis gubernii venia et assensu.
Alloc. Meminit unusquisque 30 Septembris 1861.

Die kirchliche Gewalt darf von ihrer Vollmacht keinen Gebrauch machen ohne die Erlaubnis und Zustimmung der Staatsregierung.

Der Papst lehrt: Die Kirchengewalt darf ihre Gewalt ohne Erlaubnis und Zustimmung der Staatsgewalt ausüben — ein Satz, gegen welchen nahezu alle Staaten, katholische, wie protestantische, protestiert haben. Bedenkt man, was alles nach Encyklika und Syllabus unter den Begriff der Kirchengewalt fällt, und wie der Papst die Bestimmung der Grenzen der Kirchengewalt sich selbst vorbehält, so wird man die Tragweite dieses Satzes verstehen. Er mutet dem Staat zu, seine Souveränetät der päpstlichen unterzuordnen.

21. Ecclesia non habet potestatem dogmatice definiendi, religionem catholicae Ecclesiae esse unice veram religionem.
Litt. Apost. Multiplices inter 10 Junii 1851.

Die Kirche hat keine Gewalt, dogmatisch festzustellen, daß die Religion der katholischen Kirche die einzig wahre Religion sei.

Der Papst lehrt: Die Kirche hat die Macht, dogmatisch zu entscheiden, daß die Religion der katholischen Kirche die einzig wahre Religion sei — und darf, nach den zwei vorherrschenden Sätzen, vom Staat unbehindert die von ihr hieran geknüpften intoleranten Konsequenzen zur Ausführung bringen.

22. Obligatio, qua catholici magistri et scriptores omnino adstringuntur, coarctatur in iis tantum, quae ab infallibili Ecclesiae judicio veluti fidei dogmata ab omnibus credenda proponuntur.
Epist. ad Archiep. Frising. Tuas libenter 21 Decembris 1863.

Die Verpflichtung, welche katholische Lehrer und Schriftsteller unbedingt bindet, ist nur auf dasjenige beschränkt, was von dem unfehlbaren Urteil der Kirche als von allen zu glaubendes Dogma vorgestellt wird.

Der Papst lehrt: Katholische Lehrer und Schriftsteller haben sich nicht nur an die im katholischen Glaubensbekenntnis fixierten Lehrsätze zu halten, sondern ihre ganze Thätigkeit untersteht der kirchlichen Autorität — so wie etwa nach Maßgabe des XIII. Artikels im bayrischen Konkordat von 1817, welcher der Staatsregierung zur Auflage macht, alle in dem Königreich gedruckten oder eingeführten Bücher, welche die Erzbischöfe und Bischöfe als dem Glauben, den guten Sitten oder der Kirchenzucht zuwiderlaufend, zur Anzeige gebracht haben würden, zu unterdrücken.

Man vergl. damit die „dogmatisch historische Methode", wie sie die Redaktion des histor. Jahrb. des Goerresgesellschaft (Bd. III, Heft 4) proklamiert: „Ein katholischer Autor muß es geradezu als seine strenge Pflicht betrachten, die prinzipiell allein richtige und deshalb objektive [!] Auffassung der Kirche von der Glaubensspaltung zum klar betonten Grundsatz der eigenen historischen Anschauung zu machen". Oder wie ein Dr. Pohle in den „Hist. pol. Bl." schreibt: „Die Auslegung der geschichtlichen Thatsachen hat sich innig und schweigsam an das Dogma anzulehnen." Daß die Resultate einer solchen Forschung sich trotzdem uns als objektive Wissenschaft aufzudrängen suchen, ist eben die Konsequenz des Unfehlbarkeitsstandpunktes jener Kirche.

23. Romani Pontifices et Concilia oecumenica a limitibus suae potestatis recesserunt, jura Principum usurparunt, atque etiam in rebus fidei et morum definiendis errarunt.
Litt. Apost. Multiplices inter 10 Junii 1851.

Die römischen Päpste und die allgemeinen Koncilien haben die Grenzen ihrer Gewalt überschritten, Rechte der Fürsten sich angemaßt und selbst bei Definierung von Gegenständen des Glaubens und der Sitten geirrt.

Der Papst lehrt: Die römischen Päpste und die allgemeinen Konzilien haben die Grenzen ihrer Gewalt nie überschritten, nie die Rechte der Fürsten usurpiert, nie in Festsetzung der Glaubens- und Sittenlehren geirrt. D. h. also, die Päpste haben in allen ihren offiziellen Schritten richtig gehandelt und können und dürfen daher je nach den Zeitumständen jeden einzelnen Akt, welchen sie früher vollzogen haben, wiederholen. Auch wenn sie Fürsten absetzten, die Unterthanen ihres Eides entbanden, gegen den Willen der Fürsten Steuern erhoben, die Völker zum Aufruhr und zum Bürgerkrieg aufhetzten, wenn sie ganze Reiche und Nationen nach Gutdünken verschenkten, wenn sie um rein politischer und finanzieller Zwecke willen ganze Stadtgemeinden und Völker der Sklaverei preisgaben, für ehrlos erklärten, wenn sie oft um der geringfügigsten Ursachen willen ganze Völker des Gottesdienstes und der Heilsmittel durch's Interdikt beraubten, welche doch zur Seligkeit notwendig erachtet werden — alle jene Thaten der Päpste waren kein Unrecht, waren keine Usurpationen fremden Rechtes und Eingriffe in die Fürstenrechte, sondern Ausflüsse der die ganze Welt umfassenden päpstlichen Allgewalt. Alle Ansprüche der Bulle Unam sanctam: daß alle Kreatur bei Verlust der Seligkeit dem Papst unterthan sein und die weltliche Macht der geistlichen unterstehe, Ansprüche, welche, obwohl sie nie zurückgenommen, die moderne Welt für immer begraben wähnte, sie sind in diesem 23. Satze des Syllabus wieder geltend gemacht. (Vergl. darüber auch Janus-Döllinger, S. 8 ff.). Die Unfehlbarkeitserklärung, die Irrtumsunmöglichkeit in Glaubens- und Sittendekreten, ist durch die Behauptung angebahnt, daß thatsächlich in solchen Dingen die Päpste nie geirrt haben; die zahlreichen entgegenstehenden Thatsachen müssen natürlich von der vatikanischen Wissenschaft wegkorrigiert werden.

24. Ecclesia vis inferendae potestatem non habet, neque potestatem ullam temporalem directam vel indirectam. Litt. Apost. Ad apostolicae 22 Augusti 1851.

Die Kirche hat nicht die Gewalt, Zwang anzuthun, noch irgendwelche direkte oder indirekte zeitliche Gewalt.

Der Papst lehrt: Die Kirche hat die Macht, äußeren Zwang anzuwenden, sie hat auch eine direkte und indirekte zeitliche Macht, d. h.: „nicht bloß die Geister sind der Gewalt der Kirche unterworfen" (Schrader S. J.), sondern auch die Leiber. Nicht genug damit, daß die Staatsgewalten unter strengen Strafen angehalten werden, die Urteile der Kirche, gegen die Ketzer z. B., zu vollstrecken, was dann wieder von einer lügnerischen römischen Apologetik dazu benützt wird, um die Schuld der Kirche an den gegen die Ketzer verübten Greueln abzuleugnen und alles der weltlichen Obrigkeit aufzubürden (vergl. zahlreiche Papsterlasse hierüber im kanonischen Rechtsbuch), vielmehr wird der Kirche selbst ausdrücklich ein selbständiges körperliches Strafrecht vorgehalten, über welches der Jesuit Gerhard Schneemann folgende Reflexionen anstellt:

„Hat die Kirche eine äußere Gerichtsbarkeit, so darf sie auch zeitliche Strafen verhängen, und die schuldig befundenen nicht bloß geistiger Güter berauben... Die Liebe des Irdischen, welche die von der Kirche gesetzte Ordnung verletzt, kann offenbar nicht durch bloß geistige Strafen, durch Beraubung geistiger Güter, wirksam niedergedrückt und zurückgedrängt werden. Thun doch dieselben gerade jener nicht sehr weh. Soll daher die Ordnung an dem gerächt werden, welches sie verletzt hat, soll das Leiden und büßen, welches sich in der Sünde gefreut, so müssen auch zeitliche oder sinnliche Strafen angewendet werden." Unter diesen zählt Schneemann Geldstrafen, Kerker, Schläge und Verbannung auf und wiederholt darin nur die Ausführungen in einem Artikel der Civiltà: „Del potere coattivo della chiesa", worin die Notwendigkeit dargethan wird, daß die Kirche gegen Widerspenstige auf dem Wege zeitlicher Strafen einschreite, nämlich mit Geldstrafen, Auferlegen von Fasten, mit Kerker und Schlägen; da ohne die äußere Zwangsgewalt die Kirche nicht dauern könnte bis ans Ende der Welt. Sie selbst nur habe sich die Grenzen derselben zu bestimmen. Leider, klagt Schneemann, sei unsere Zeit diesen Rechten der Kirche sehr abgünstig gesinnt und habe sie auf ein Minimum reduziert. (Janus, S. 11. Die Stimmen aus Maria Laach, Heft VII. 1867.)

25. Praeter potestatem episcopatui inhaerentem, alia est attributa temporalis potestas a civili imperio vel expresse vel tacite concessa, revocanda propterea, cum libuerit, a civili imperio.
Litt. Apost. Ad apostolicae 22 Augusti 1851.

Außer der dem Episkopat innewohnenden Gewalt ist ihm eine andere zeitliche Gewalt verliehen, welche vom Staate entweder ausdrücklich oder stillschweigend zugestanden worden ist, und daher vom Staate nach Belieben widerrufen werden kann.

Der Papst lehrt: Außer der dem Episkopat (kirchlich) inhärierenden Gewalt ist diesem nicht eine vom Staat ausdrücklich oder stillschweigend übertragene zeitliche Gewalt verliehen, welche von der Staatsregierung beliebig zurückgenommen werden könnte: Während also die ureigenen Rechte des Episcopates nach und nach vom römischen Stuhl alle aufgesogen und die Bischöfe zu Vicaren des „Universalbischofs" werden, wird die seit Pseudoisidor in Anspruch genommene Unabhängigkeit des Episcopats von der staatlichen Gewalt, eine Unabhängigkeit, von welcher frühere Zeiten nichts wußten, aufs sorgfältigste gewahrt. Leider haben die Regierungen in diesem Jahrhundert manche von ihren Rechten, an denen frühere Jahrhunderte trotz der päpstlichen Proteste festgehalten haben, preisgegeben; je mehr die Bischöfe den Päpsten gegenüber rechtlos geworden sind, um so mehr kommen diese „Freiheits"-Ansprüche der Hierarchie dem päpstlichen Absolutismus zu gut.

26. Ecclesia non habet nativum ac legitimum jus acquirendi ac possidendi.
Alloc. nunquam fore 15 Decembris 1856.
Epist. encycl. Incredibili 17 Septembri 1863.

Die Kirche hat kein ihr von Natur eigenes und legitimes Recht, zu erwerben und zu besitzen.

Der Papst lehrt: Die Kirche hat ein angeborenes und legitimes Recht auf Erwerb und Besitz, das von staatlicher Kontrole und Beschränkung, womöglich auch von staatlichen Abgaben (Immunität nach kanonischem Recht!)

frei ist. Daß Christus selbst Steuern zahlte, daß er sprach: Mein Reich ist nicht von dieser Welt, und: Gebet dem Kaiser, was des Kaisers ist, steht natürlich jenen kanonischen und päpstlichen Forderungen nicht im Weg. Vergl. das klassische Werk von Woker, Das kirchliche Finanzwesen der Päpste. (Nördlingen, Beck.)

27. Sacri Ecclesiae ministri Romanusque Pontifex ab omni rerum temporalium cura ac dominio sunt omnino excludendi.

Alloc. Maxima quidem 9. Juni 1862.

Die Diener der Kirche und der römische Papst sind von aller Sorge für das Zeitliche und von jeglichem Herrschaftsbesitze gänzlich auszuschließen.

Der Papst lehrt: Die Kleriker und der Papst haben ein Recht auf Leitung und Herrschaft auch über weltliche Dinge. Das Maß dieses Rechtes zu bestimmen, behält sich natürlich nach früheren Sätzen der Papst vor.

28. Episcopis, sine Gubernii venia, fas non est vel ipsas apostolicas litteras promulgare.

Alloc. Nunquam fore 15. Decembris 1856.

Den Bischöfen steht es ohne Erlaubnis der Regierung nicht zu, auch nur die apostolischen Sendschreiben zu veröffentlichen.

Der Papst verlangt: Die Bischöfe dürfen auch ohne Erlaubnis der Staatsregierungen päpstliche Schreiben veröffentlichen. Das vel im lateinischen Text bedeutet: Nicht einmal apostolische Schreiben, geschweige denn andere Kundgebungen. Die von Schrader S. J. gegebene affirmative Wendung des Satzes: selbst apostolische Schreiben dürfen die Bischöfe veröffentlichen, ist also logisch nicht richtig. Die genau affirmative Wendung wäre die: Die Bischöfe haben in erster Linie das (selbstverständliche) Recht zur Veröffentlichung apostolischer Schreiben, aber auch in ihren sonstigen Veröffentlichungen sind sie dem Staat gegenüber unbehindert, souverän.

Der Sinn ist jedenfalls Verwerfung der Staatsaufsicht, des Placet und des Jus circa sacra. Wie notwendig aber diese

Rechte des Staates sind, zeigt die Geschichte des 19., wie der früheren Jahrhunderte.

29. Gratiae a Romano Pontifice concessae existimari debent tamquam irritae, nisi per Gubernium fuerint imploratae. Alloc. Nunquam fore 15 Decembris 1855.

Die vom römischen Papste bewilligten Gnaden müssen als ungültig erachtet werden, wenn sie nicht durch die Regierung erbeten worden sind.

Die päpstlichen Gnaden, lehrt der Papst, sind gültig, ohne daß sie durch die Staatsregierung nachgesucht werden. Unter diesen Gnadenbeweisen sind vor allem die Dispense von kirchlichen Geboten aller Art zu verstehen. Denn eine der seltsamsten Erscheinungen an dem römischen Kirchenwesen ist die, daß es kaum ein kirchliches Gebot giebt, von dem nicht Dispense erteilt werden. Ist zufällig etwas, wovon der Papst Dispens erteilt, zugleich durch staatliches Gesetz anbefohlen, so gilt nach dem Sinn dieses Satzes die päpstliche Erlaubnis zum Nichthalten jenes Gebotes auch ohne daß der Staat seinerseits sein Gesetz aufgehoben hätte.

30. Ecclesiae et personarum ecclesiastarum immunitas a jure civili ortum habuit. Litt. Apost. Multiplices inter 10 Junii 1851.

Die Immunität der Kirche und der kirchlichen Personen hat ihren Ursprung im bürgerlichen Recht.

Der Papst lehrt: Die Immunität (Befreiung von öffentlichen Lasten und Dienstleistungen, von Steuern, Militärdienst c.) der Kirche und der Kleriker stammt nicht vom Civilrecht, von staatlichen Verleihungen her, sie wurzelt vielmehr im eigenen, von Gott ihr verliehenen Rechte der Kirche. Wenn nur nicht sich genau nachweisen ließe, wie die einzelnen Privilegien der Kirche und dem Klerus teils verliehen, teils von ihr usurpiert worden sind! Ein echter Vatikaner läßt sich freilich durch solchen Nachweis nicht verblüffen. Wenn man dem angeblichen Rechte der Päpste, ungeratene Fürsten abzusetzen, entgegenhält, daß früher die

Päpste die gehorsamen Unterthanen der Fürsten gewesen, daß ein Paulus unter der Regierung eines Claudius und Nero gesprochen: Jedermann sei unterthan der Obrigkeit — so bemerkte der Jesuit Bellarmin darauf: Wenn die ersten Christen die Macht gehabt hätten, so hätten sie solche Fürsten nicht geduldet. Paulus hat also nur „aus der Not eine Tugend gemacht". Aehnlich erklärt uns vielleicht ein heutiger Ultramontaner, wenn es auch Zeiten gab, wo von den später so weit ausgedehnten Immunitäten der Kirche nichts zu bemerken ist, so beweist dieses gottlose Ignorieren göttlicher Rechte der Kirche seitens früherer Zeiten gegen die Realität dieser Rechte gar nichts, wie ja das Fehlen der Unfehlbarkeitstradition in der alten Kirche gar nichts beweist gegen die Wahrheit des Dogma's vom Jahre 1870 — nach römischer Logik.

31. Ecclesiasticum forum pro temporalibus clericorum causis sive civilibus sive criminalibus omnino de medio tollendum est, etiam inconsulta et reclamante Apostolica Sede.
Alloc. Acerbissimum 27 Septembris 1852.
Alloc. Nunquam fore 15. Decembris 1856.

Das geistliche Gericht für die zeitlichen Rechtssachen der Geistlichen, sei es in Civil- oder Kriminalfällen, ist gänzlich abzuschaffen, auch ohne vorgängiges Befragen und trotz des Einspruches des hl. Stuhles.

Der Papst lehrt: Die geistliche Gerichtsbarkeit für weltliche Civil- wie Kriminalangelegenheiten der Geistlichen ist nicht abzuschaffen, zum wenigsten nicht ohne Befragen und gegen den Einspruch des apostolischen Stuhles. Es gehörte zur geistlichen Immunität, zur Ausnahmestellung des Klerus, auf welche namentlich Pseudoisidors Fälschungen mit Hochdruck hinarbeiteten, daß die Gerichtsbarkeit über die Geistlichkeit den weltlichen Gerichten durchweg entzogen wurde. Schon mit dem Sieg des Christentums im römischen Reiche hat dieser Prozeß begonnen. Fast durchweg wurden die Vergehungen der Kleriker von dieser geistlichen Gerichtsbarkeit milder bestraft, als die der Laien von den weltlichen Gerichten. Mit welcher Strafe der Pfarrer Hart=

mann von Kronungen für seine Meineidsverleitung zu Gunsten der Gesellschaft Jesu von der geistlichen Gerichtsbarkeit belegt worden wäre, wissen wir nicht. Aber für die Stellung der römischen Kirche zum modernen Rechtsstaat ist es bezeichnend, daß sie auch gegen den Fundamentalsatz: „Vor dem Gesetz sind alle Bürger gleich" Einsprache erhebt. Die zwei zitierten päpstlichen Ansprachen vom Jahre 1852 und 1856 haben Gesetze der Staaten Neu-Granada und Mexiko im Auge, durch welche die geistliche Sondergerichtsbarkeit abgeschafft wurde.

32. Absque ulla naturalis juris et aequitatis violatione potest abrogari personalis immunitas, qua clerici ab onere subeundae exercendaeque militiae eximuntur; hanc vero abrogationem postulat civilis progressus, maxime in societate ad formam liberioris regiminis constituta.
Epist. ad Episc. Montisregal. Singularis Nobisque 29 Septembris 1864.

Ohne alle Verletzung des natürlichen Rechtes und der Billigkeit kann man die persönliche Immunität, kraft welcher die Geistlichen von der Last, zum Kriegsdienste herangezogen und verwendet zu werden, befreit werden, abschaffen; diese Abschaffung aber heischt der politische Fortschritt, besonders in einem mit freierer Verfassung ausgerüsteten Gemeinwesen.

Der Papst lehrt: Die Aufhebung der Befreiung der Kleriker von der Militärlast widerspricht schon dem natürlichen Recht und der Billigkeit, geschweige den ihnen bezw. der Kirche inhärierenden Rechten.

Schade, daß die modernen Kulturstaaten solchen römisch-kanonischen Forderungen gegenüber nicht mehr Festigkeit besitzen. Frankreich hat heutzutage die Militärpflicht der Geistlichen, ohne daß dadurch das päpstlich sanctionierte Liebeswerben Lavigeries um die Republik behindert würde. Deutschland hatte sie und hat sie thörichter Weise im Jahre 1890 auf Andrängen der Ultramontanen für den römischen Klerus abgeschafft. Man hat selbst in den ärgsten Reaktionszeiten nach 1849 vergeblich jenes Ausnahmegesetz in Preußen angestrebt.*)

33. Non pertinet unice ad ecclesiasticam jurisdictionis potestatem proprio ac nativo jure dirigere theologicarum rerum doctrinam.

Epist. ad Archiep. Frising. Tuas libenter 21 Decembris 1863.

Es gehört nicht ausschließlich zu der kirchlichen Jurisdictionsgewalt, kraft eigenen, selbst überkommenen Rechtes die Lehre in den theologischen Gegenständen zu leiten.

Der Papst lehrt: Es gehört einzig zur kirchlichen Jurisdiktionsgewalt, aus eigenem angeborenen Rechte die theologischen Studien zu leiten. D. h. der Staat hat gar nichts drein zu reden, in welchem Geiste die Kleriker erzogen werden, er hat sie einfach so anzunehmen, wie die Kirche sie liefert. Trotzdem natürlich hat er einem solchen Klerus, der ganz ohne seine Kontrole erzogen ist, wie in den früheren Sätzen ausgeführt, den weitestgehenden Einfluß auf Volksschulen, Volksleben ꝛc. einzuräumen. Und wenn dieser Klerus im Elsaß französisch, in Posen polnisch, in beiden Fällen landesverräterisch aufgezogen wird — macht nichts, die Kirche allein erzieht ihren Klerus.

Hat der Klerus ein blindergebenes, für die Staats-

---

*) In v. Stengels Wörterbuch des deutschen Verwaltungsrechts heißt es in dem Artikel „Wehrpflicht":

„Die mehrfachen Anträge wegen Befreiung des geistlichen Standes von der Wehrpflicht, welche sich auf das kanonische Recht (2. Timoth. 2, 4; vergl. Friedberg, Lehrbuch des Kirchenrechts, § 54 IV.) stützen, wurden früher zurückgewiesen. (Gründe: Erteilung der Diakonatsweihe an 73 junge Leute in Trier und Köln bei der Kriegserklärung 1870! Vergl. Reichstagsverh. v. 16. April 1874, St. Ber. S. 856 ff.). Bisher galten nur die oben im Art. Reserve (II. 392) angeführten Begünstigungen. Durch das R.-G. v. 8. Febr. 1890 ist jedoch das Prinzip des mittelalterlich-kirchlichen Rechtes in die deutsche Militärgesetzgebung eingeführt und sind somit die römischen Geistlichen — nicht die evangelischen, welche sich energisch gegen die ihnen als Herabsetzung erscheinende Befreiung wendeten — dieser staatsbürgerlichen Pflicht nicht teilhaftig." (Aus Nippold, Der Jesuitenstreit in Wiesbaden, ein Einzelbild im Rahmen der gegenwärtigen Agitation für den Jesuitenorden.)

interessen taubes Volk hinter sich, dann natürlich wird er auch solche staatsfeindliche Theorien durchsetzen.

34. Doctrina comparantium Romanum Pontificem Principi libero et agenti in universa Ecclesia, doctrina est quae medio aevo praevaluit.
Litt. Apost. Ad apostolicae 22 Augusti 1851.

Die Lehre derjenigen, welche den römischen Papst mit einem freien, in der Gesamtkirche regierenden Fürsten vergleichen, ist eine Lehre, die im Mittelalter zur Geltung gekommen ist.

Der Papst erklärt: Auch heute noch und für alle Zeiten ist es römische Lehre, daß der römische Papst einem freien und in der ganzen Kirche seine Macht ausübenden Fürsten gleicht.

Bekanntlich wußten die ersten Jahrhunderte, in welchen natürlicherweise die römischen Traditionen, wenn sie echt wären, am allerdeutlichsten erkennbar sein müßten, weder von einer Fürstenstellung, noch von dem Universalepiskopat des Papstes etwas.

35. Nihil vetat, alicujus Concilii generalis sententia aut universorum populorum facto, summum Pontificatum ab Romano Episcopo atque Urbe ad alium Episcopum aliamque civitatem transferri.
Litt. Apost. Ad apostolicae 22 Augusti 1851.

Nichts steht im Wege, durch Beschluß eines allgemeinen Konzils oder durch thatsächliches Vorgehen aller Völker das Papsttum vom römischen Bischof und der Stadt Rom hinweg auf einen andern Bischof und eine andere Stadt zu übertragen.

Der Papst lehrt: Weder durch Beschluß eines allgemeinen Konzils, noch durch eine gemeinsame Aktion der christlichen Nationen kann die Thatsache umgestoßen werden, daß das Pontificat (Summepiskopat) dem römischen Bischof und der Stadt Rom übertragen worden ist. Dem gegenüber sei daran erinnert, daß das Papsttum lange Zeit von der Stadt Rom getrennt war (Avignon), also entweder damals die Welt lange Jahrzehnte ohne rechtmäßigen Pontifex war, oder aber diese These des Papstes unrichtig ist.

Wie weit aber die alten Päpste von dem Anspruch auf ein Universalepiskopat entfernt waren, zeigen zahlreiche Aussprüche des Papst Gregor I., der diesen Titel mit Entrüstung zurückweist und dessen Annahme durch den Patriarchen von Konstantinopel als teuflische Anmaßung bezeichnet. „Wenn einer der universale ist, so folgt daraus, daß ihr (andern Bischöfe) keine Bischöfe mehr seid", schreibt er an Eusebius, den Bischof von Thessalonich. „Keiner meiner Vorgänger hat diesen so schnöden (profanum) Titel gebrauchen wollen: weil ja (videlicet), wenn einer der universale Patriarch genannt wird, den übrigen der Patriarchentitel abgesprochen wird", heißt es in einem Brief Gregors an die Bischöfe Eulogius und Anastasius. Und in dem Schreiben an den Kaiser Mauritius schreibt er: Während das Reich von den Barbaren bedrängt, Städte und Provinzen verwüstet und die Christen von den Heiden bedrängt würden, sei es der höchste Grad von Frivolität, wenn Priester statt im Staub und in der Asche zu beten, in frivoler Gier nach „eiteln, neumodischen" Titeln jagen. Ein „blasphemischer Titel" sei es, sich den „Universalen" zu heißen, da „durch diese wahnsinnige Anmaßung eines einzigen (des Patriarchen von Konstantinopel) allen Priestern ihr Ehrenrang genommen werde. v. Schulte, Die Stellung der Päpste, Konzilien und Bischöfe vom historischen und kanonistischen Standpunkt und die päpstliche Konstitution vom 18. Juli 1870", Prag 1871 giebt Belege auch dafür, daß wirklich, was der Papst in dem 35. Satze leugnet, Konzilien über den römischen Pontifex gerichtet haben. Thatsächlich hat das Konzil von Pisa 1409 sowohl „über den Papst von Avignon, als über den von Rom das Urteil gefällt, daß sie als Schismatiker, Häretiker, wegen zahlreicher Frevel abgesetzt und aus der Gemeinschaft der Kirche ausgeschlossen seien". Das Constanzer Konzil setzte wiederum die Doppel=Päpste Johann XXIII. und Benedikt XIII. ab, wählte Martin V. zum Papst und erklärte sich hierzu berechtigt als Vertretungsorgan der allgemeinen Kirche, welchem unmittelbar von Christus die höchste kirchliche Gewalt an=

vertraut sei und jeder, auch der Papst Gehorsam zu leisten habe. (Vergl. Rönnecke a. a. O. S. 71.)

36. Nationalis concilii definitio nullam aliam admittit disputationem, civilisque administratio rem ad hosce terminos exigere potest.
Litt. Apost. Ad apostolicae 22 Augusti 1851.

Die Entscheidung eines Nationalkonzils läßt keine weitere Erörterung zu, und die Staatsverwaltung kann eine Sache bis zu dieser Entscheidung bringen.

Der Papst lehrt: Die Entscheidung eines Nationalkonzils bedarf zu ihrer Gültigkeit und Bestätigung der Zustimmung des heil. Stuhles und die Staatsregierung kann in höchster Instanz nicht an die Entscheidung eines Nationalkonzils, sondern muß an die Entscheidung des römischen Stuhles appellieren. Er bestätigt damit die Vernichtung aller partiellen Selbständigkeit der Nationalkirchen durch die römische Kirche und stellt das Resultat dieser Gewaltthätigkeiten als göttliches Recht hin.

37. Institui possunt nationales Ecclesiae ab auctoritate Romani Pontificis subductae planeque divisae.
Alloc. Multis gravibusque 17 Decembris 1860.
Alloc. Jam dudum cernimus 18 Martii 1861.

Es können Nationalkirchen errichtet werden, welche der Autorität des römischen Papstes entzogen und von ihr gänzlich getrennt sind.

Der Papst lehrt: „Nationalkirchen, welche der Autorität des römischen Papstes entzogen und von ihm völlig getrennt sind, können nicht errichtet werden, weil das nichts anderes ist, als die Einheit der katholischen Kirche zerreißen und vernichten und weil die Kraft und Weihe dieser Einheit durchaus erfordert, daß wie die Glieder mit dem Haupt, so alle Gläubigen mit dem römischen Papste, welcher Christi Statthalter auf Erden ist, vereinigt und verbunden sind." (Schrader.)

Dieser Beweisführung halten wir entgegen die abendländischen ganz romfreien und halb romfreien Kirchen: die altirische, die gallikanische und Mailänder Kirche, die autokephalen orientalischen Kirchen und das ganze christliche Altertum, welches von der vom Papst heutzutage vorgetragenen Einheitstheorie nichts wußte, sondern in der freien Vereinigung der einander ebenbürtigen Bischöfe und der von ihnen vertretenen Einzelkirchen die Garantie der Einheit erblickte.

38. Divisioni Ecclesiae in orientalem atque occidentalem nimia Romanorum Pontificum arbitria contulerunt.
Litt. Apost. Ad apostolicae 22 Augusti 1851.

Zur Trennung der Kirche in eine morgen- und abendländische haben die zu willkürlichen Bestimmungen der römischen Päpste beigetragen.

Der Papst lehrt: Nicht die übertriebenen Machtansprüche der römischen Päpste haben zur Teilung der Kirche beigetragen, d. h. die Päpste sind wie an allem anderen, was man ihnen im Lauf der Geschichte schuld gegeben hat, so auch an der Trennung der Kirche unschuldig. Die Geschichte sagt das Gegenteil. Sie muß also auch in diesem Stück umkorrigiert werden. Die Orientalen, in welchen altchristliche Traditionen noch lebendig sind, sträuben sich gegen nichts mehr, als gegen die außerordentliche Stellung des Papsttums, von welcher das Altertum nichts wußte.

§ VI. Errores de societate civili tum in se, tum in suis ad Ecclesiam relationibus spectata.

39. Reipublicae status, utpote omnium jurium origo et fons, jure quodam pollet nullis circumscripto limitibus.
Alloc. Maxima quidem 9 Junii 1862.

Irrtümer über die bürgerliche Gesellschaft sowohl an sich, als in ihren Beziehungen zur Kirche betrachtet.

Der Staat, als der Ursprung und die Quelle aller Rechte, besitzt ein gewisses unbegrenztes Recht.

Der Papst lehrt: Der Staat ist nicht Ursprung und
Quelle aller Rechte; er besitzt daher kein schrankenloses Recht.
Vielmehr, haben wir uns hinzuzudenken, bekommt er, der
Mond, von der Kirche, als der Sonne, sein Licht. Sie ist
die Quelle auch des Rechtes. Denn ein Teilgebiet der dem
päpstlichen Richterspruch unterstehenden „Sitten" bildet auch
das Rechtsgebiet. Die evangelisch=reformatorische Lehre schreibt
dem Staat auch kein „schrankenloses Recht" zu. Aber sie
unterstellt den Staat nicht der Kirche, sondern sie sieht in
ihm eine ebensowohl auf Gottes Stiftung zurückgehende
Ordnung, wie in der Kirche. Der oberste Herr über Fürsten
und Könige ist uns nicht der päpstliche Oberlehnsherr*),
sondern Gott.

40. Catholicae Ecclesiae doctrina humanae societatis
bono et commodis adversatur.
        Epist. encycl. Qui pluribus 9 Novembris 1844.
        Alloc. Quibus quantisque 20 Aprilis 1849.

Die Lehre der katholischen Kirche wider=
streitet dem Wohle und den Interessen der mensch=
lichen Gesellschaft.

Die Lehre der katholischen Kirche ist dem Wohl der
menschlichen Gesellschaft nicht zuwider, sondern förderlich,
lehrt der Papst. Niemand leugnet, daß die Lehre der
römischen Kirche ein Kulturfaktor ist. Wenn nur die römische
Kirche andere Kirchen, wie die evangelische, zunächst als
Kirchen, sodann als ebenbürtige Kulturfaktoren anerkennen
würde. Mögen dies nun die Päpste, durch ihre Lehren ver=
blendet, leugnen, die Thatsachen beweisen, daß der Protestan=
tismus ein höherer Kulturfaktor ist, als die römische Kirche.
Vergl. die Schriften von Laveleye's: „Die Zukunft der

---

*) Wie ganz anders als die herrische Sprache der späteren Päpste
lautet doch noch das Schreiben Gregor I. an den Kaiser Mauritius
auf dessen Verbot des Mönchwerdens für Soldaten und Geschäftsleute:
„Wer bin ich, der ich zu meinem Herrn rede als Staub und Wurm?"
Er nennt sich seinen unwürdigen Diener, den Kaiser seinen frommen
Herrn, dem die Gewalt über alle Menschen vom Himmel herab [nicht
wie es später lautete: vom Papst] erteilt worden sei, daß der Weg zum
Himmel erweitert werde und das irdische Reich dem himmlischen biene.

katholischen Völker" und „Protestantismus und Katholizismus in ihren Beziehungen zur Freiheit und Wohlfahrt der Völker."

41. Civili potestati vel ab infideli imperante exercitae competit potestas indirecta negativa in sacra; eidem proinde competit nedum jus quod vocant „exequatur", sed etiam jus appellationis, quam nuncupant „ab abusu".
Litt. Apost. Ad apostolicae 22 Augusti 1851.

Der Staatsgewalt, auch wenn sie sich in den Händen eines ungläubigen Herrschers befindet, gebührt eine indirekte, negative Gewalt in geist=lichen Dingen; daher gebührt ihr nicht allein das sogenannte Exequaturrecht, sondern auch das Recht der sog. appellatio ab abusu (Appellation vom Miß=brauch).

Der Papst lehrt: Die Staatsgewalt hat keine indirekte, negative Gewalt in religiösen Dingen, sie hat weder das Recht des Exequatur (der Bischofsbestätigung), noch das Recht der Appellatio abusu (staatlich=gerichtlichen Schutz der Betroffenen gegen Mißbrauch der geistlichen Amtsgewalt), am allerwenigsten, wenn sie von einem ungläubigen Fürsten ausgeübt wird. Hat der Papst freiwillig temporum ratione habita, namentlich nach der Reformationszeit, um treu ge=bliebene Fürsten an sein Interesse zu fesseln, diesen das Exequatur concediert, hat er es ferner in den Konkordaten dieses Jahrhunderts zum Dank für weitgehende Auslieferung der Staatsrechte an die Kirche bewilligt, so ist das alles dem prinzipiellen Rechte des Papstes nicht zuwider. Vor allem aber kann derselbe jede dieser Konzessionen zurücknehmen, wenn er es für gut findet. — Nur daß die Staaten diese absolute Souveränetät, von der man im ersten Jahrtausend bis auf Pseudoisidor und Gregor VII. nichts wußte*), überall

---

*) Als Damasus (366—384) beschuldigt wurde, über die Leichen seiner Gegner (Ursinus) auf den römischen Stuhl gelangt zu sein, fordert er als ein Recht, wolle man die Untersuchung gegen ihn nicht einem römischen Konzilium übertragen, daß er durch den kaiserlichen Staatsrat gerichtet werde, wie bereits unter dem Vater des Kaisers mit dem Papste Sylvester, als der von gottlosen Menschen angeklagt wurde, geschehen sei; auch die Schrift gäbe ähnliches an die Hand, wiefern Paulus, als der Statthalter ihn bedrohte, an den Kaiser

da nicht anerkannten, wo sie sich der eigenen Souveränetät bewußt blieben und nicht durch den blinden Fanatismus des von den Priestern aufgehetzten Volkes zur Nachgiebigkeit genötigt wurden.

42. In conflictu legum utriusque potestatis, jus civile praevalet. Litt. Apost. Ad apostolicae 22 Augusti 1851.

Bei einem Konflikt der Gesetze beider Gewalten hat das weltliche Recht den Vorzug.

Der Papst lehrt: Im Konflikte beider Gewalten geht das geistliche, päpstliche Recht vor. Ganz ebenso erklärt Leo XIII. in einer seiner neuen Encykliken (10. Dez. 1890):

„Auch in staatlichen Angelegenheiten, die ja vom Sittengesetz und von der Religion nicht losgetrennt werden dürfen, müssen sie [die Katholiken] immer und vor allem im Auge haben, was der Religion und der Kirche nützlich und ersprießlich ist. Wo aber das Interesse der Kirche in Gefahr kommt, da müssen sie selbst allen Hader bei Se.te lassen und einträchtig und einmütig die gefährdete heilige Sache zu der ihrigen machen und verteidigen: die ist ja ihr allerhöchstes Gut und nach ihr muß sich alles andere richten."

Daß solche Sätze geeignet sind, den Unterthanengehorsam in der Wurzel abzutöten, sobald sie einmal ganz in das Bewußtsein der Katholiken übergegangen sind, bedarf keines Beweises. Das Papsttum bedroht dadurch den Staat mit beständigen Gesetzwidrigkeiten. Bei jeder dem Papst nicht genehmen Gesetzesvorlage droht ein neuer Kulturkampf, d. h. die Anschürung der Volksleidenschaften gegen die Staatsgesetze unter der Firma des aufs frivolste mißbrauchten Satzes: „Man muß Gott mehr gehorchen als den Menschen", als ob nicht oft genug auch umgekehrt des Staates Forderung göttlicher, die des Papstes menschlicher Natur sein könnte. Als Bischof Rudigier von Linz wegen Uebertretung der vom Papst verdammten österreichischen Schulgesetze vor Gericht gestellt wurde, sprach sein Verteidiger den Satz: „Der Katholik

---

appellierte und an den Kaiser gesandt wurde. Gregor VII. freilich erklärt: „Sein (des Papstes) Urteil kann von keinem Menschen umgestoßen werden, er aber kann aller Menschen Urteil umstoßen." „Er darf von keinem Menschen gerichtet werden." Und „der Papst kann die Unterthanen vom Eide der Treue lossprechen, den sie einem bösen Fürsten geleistet haben."

muß seiner Natur nach stets mit den Staatsgesetzen in Konflikt sein." Dem korrekten Katholiken muß also das, was der Papst sagt, immer als das Göttliche, Unfehlbare, die staatliche Sphäre aber als das bloß Menschliche und Sündige erscheinen, jenes das Geistige, dieses das bloß Leibliche, wenn er nicht gar den „Racker Staat" oder den „Staatsgötzen" mit Gregor VII. vom Teufel herleitet. „Diese Priester!" rief einmal Napoleon I. aus, „für sich wollen sie die Seelen, mir wollen sie nur die Leichname lassen!"

43. Laica potestas auctoritatem habet rescindendi, declarandi ac faciendi irritas solemnes conventiones (vulgo Concordata) super usu jurium ad ecclesiasticam immunitatem pertinentium cum Sede Apostolica initas, sine hujus consensu, immo et ea reclamante.
Alloc. In consistoriali 1 Novembris 1850.
Alloc. Multis gravibusque 17 Decembris 1860.

Die weltliche Gewalt hat die Befugnis, die feierlichen Konventionen (vulgo Konkordate), welche rücksichtlich der Ausübung der auf die kirchliche Immunität bezüglichen Rechte mit dem Apostolischen Stuhle abgeschlossen sind, ohne dessen Einwilligung, ja auch gegen seine Einsprache aufzuheben, für null und nichtig zu erklären und unwirksam zu machen.

Der Papst lehrt: Die weltliche Gewalt hat nicht das Recht, Konkordate einseitig, ohne oder gegen den Willen der Kurie zu beschränken, zu modifizieren oder für ungültig zu erklären. Wohl aber, setzen wir im Sinne der kurialistischen und vor allem jesuitischen Lehre hinzu, hat der Papst dieses Recht, d. h. gegenüber den beschönigenden, vertuschenden Ausführungen deutscher Ultramontaner, wie Vering, Hergenröther, Reichensperger ist thatsächlich ein Konkordat nach römischer Meinung nur der Form nach ein „Vertrag" zwischen zwei Gleichberechtigten, materiell z. B. nach einem Breve Pius IX. vom 19. Juni 1872 sind es „Pacta et indulta", Privilegien, welche die Kirche einzelnen Fürsten und Staaten aus der Fülle ihrer Rechte spendet, Privilegien, welche sie jederzeit zurücknehmen kann. Aehnlich M. de Bonald und Liberatore. Ein Konkordatsstaat begiebt sich also prinzipiell unter die Oberhoheit des Papstes. Das hat freilich viele Staaten diesseits und jenseits des Ozeans nicht abgehalten, ihrerseits die Konkordate nicht bloß formell, sondern auch materiell als zweiseitige Verträge aufzufassen. Oesterreich hat bekanntlich den Vertragscharakter seines Konkordates dahin interpretiert, daß dasselbe aufgehoben werden müsse, wenn der eine der Vertragschließenden sich in ein prinzipiell verschiedenes Rechtssubjekt verwandle, und das Konkordat nach der Unfehlbarkeitserklärung gekündigt, eine Theorie, nach welcher auch das traurige bayrische Konkordat ebenso hinfällig geworden wäre, wenn es überhaupt nicht schon längst durch die bayrische Verfassungsurkunde seine Geltung verloren hätte.

44. Civilis auctoritas potest se immiscere rebus quae ad religionem, mores et regimen spirituale pertinent. Hinc potest de instructionibus judicare, quas Ecclesiae pastores ad conscientiarum normam pro suo munere edunt, quin etiam potest de divinorum sacramentorum administratione et dispositionibus ad ea suscipienda necessariis decernere.
Alloc. In consistoriali 1 Novembris 1850.
Alloc. Maxima quidem 9 Junii 1862.

Die Staatsbehörde kann sich in Sachen einmischen, welche sich auf die Religion, die Sitten und die geistliche Leitung beziehen. Daher kann sie über die Unterweisungen urteilen, welche die Hirten der Kirche als Richtschnur der Gewissen ihrem Amte gemäß erteilen, ja sie kann sogar über die Verwaltung der heiligen Sakramente und die zu ihrem Empfange nötigen Dispositionen entscheiden.

Der Papst lehrt: Die Staatsgewalt kann sich in Sachen der Religion, der Moral und des geistlichen Regimentes nicht einmischen. Sie vermag über die Weisungen, welche die kirchlichen Oberhirten ihrem Amte gemäß als Norm für die Gewissen erlassen, nicht zu urteilen. Die Kirchengeschichte lehrt freilich, daß sehr oft in Sachen der Religion, Moral und des geistlichen Regiments Fälle vorlagen, in welchen die Staatsgewalt die Pflicht hatte, einzuschreiten. Man braucht nur an den Sumpf zu erinnern, aus welchem die deutschen Kaiser im 10. und 11. Jahrhundert durch sehr energische Eingriffe das Papsttum herausgehoben haben. Freilich haben auch berechtigte Eingriffe der Staatsgewalt dann keinen

Nutzen gebracht, wenn es der römischen Kirche gelang, sich einen und wenn auch noch so unberechtigten Märtyrernimbus zu verschaffen und die Massen dadurch zu fanatisieren.

Wenn auch wir zwischen kirchlicher und staatlicher Sphäre geschieden wissen wollen, so verläuft doch unsere Grenzlinie ganz anders, als die der papalen Theorie.

45. Totum scholarum publicarum regimen, in quibus juventus christianae alicujus Reipublicae instituitur, episcopalibus dumtaxat seminariis aliqua ratione exceptis, potest ac debet attribui auctoritati civili, et ita quidem attribui, ut nullum alii cuicumque auctoritati recognoscatur jus immiscendi se in disciplina scholarum, in regimine studiorum, in graduum collatione, in delectu ac approbatione magistrorum.

Alloc. In consistoriali 1 Novembris 1850.
Alloc. Quibus luctuosissimis 5 Septembris 1851.

Die Gesamtleitung der öffentlichen Schulen, in denen die Jugend eines christlichen Staates herangebildet wird, kann und muß einzig, die bischöflichen Seminarien in gewisser Beziehung ausgenommen, der Staatsbehörde zugeteilt werden, und zwar in solchem Grade, daß kein Recht einer andern Behörde, welche immer sie sei, zuerkannt werde, sich einzumischen in die Schulzucht, in die Leitung der Studien, in die Verleihung der Grade, in die Auswahl und Genehmigung der Lehrer.

Der Papst lehrt hiermit nicht etwa nur, der Kirche müsse auch ein Einfluß auf die Schule neben dem Staate gewahrt bleiben, sondern, wie Schrader (hier bezeichnender Weise die Affirmation des verdammten Satzes nicht wie sonst im kontradiktorischen, sondern im konträren Gegenteil suchend) in einer Anmerkung versichert:

Die oberste Leitung der öffentlichen Schulen, in denen die Jugend eines christlichen Staates erzogen wird, kommt der Kirche zu; ihre Pflicht ist es, über alle öffentlichen und Privatschulen zu wachen, damit im ganzen Schulwesen, aber besonders in dem, was die Religion betrifft, Lehrer angestellt und Bücher angewendet werden, welche von jedem Verdachte des Irrtums frei sind, und damit für die Schulen der Kinder und jungen Leute des ersten Alters, Lehrer und Lehrerinnen von der erprobtesten Rechtschaffenheit bestimmt werden. Die Kirche würde gegen die Befehle ihres göttlichen Stifters handeln, und ihrer

— 53 —

wichtigsten, von Gott ihr übertragenen Pflicht, für das Seelenheil aller Menschen zu sorgen, untreu werden, wollte sie ihren heilsamen, regelnden Einfluß auf die Volksschulen aufgeben oder unterbrechen; darum hält sie es auch für ihre Pflicht, alle Gläubigen zu ermahnen, und ihnen zu erklären, daß Schulen, aus welchen die Autorität der Kirche verdrängt ist, als der Kirche feindliche Schulen, mit gutem Gewissen nicht besucht werden dürfen.

So groß der Eifer ist, die Schulen völlig in die Gewalt zu bekommen, so gering ist er, wenn man sie, bezw. das ganze Volk einmal ganz in der Gewalt hat. Man braucht nur an jene jammervollen statistischen Vergleiche über die Schulbildung echt katholischer und protestantischer Länder zu erinnern.*)

*) Immerhin werden einige statistische Notizen zur Vergleichung notwendig sein. Das protestantische Finnland zählt unter 1000 Einwohnern 19 Analphabeten, Portugal zählt unter 1000 825. Belgien zählte noch 1888 unter 1000 Rekruten 160 Analphabeten, Schweden unter 1000 3. In Italien trotz der großen Anstrengungen der neuen italienischen Regierung noch 1881 auf 1000 Einwohner 673 Analphabeten.

In Preußen betrug die Anzahl der Schüler in den höheren Lehranstalten im Wintersemester 1888/89:

	Absolute Zahlen Protestanten	Absolute Zahlen Katholiken	Verhältniszahlen Protestanten	Verhältniszahlen Katholiken	Vorsprung der Protestanten
1. Gymnasien	53191	17381	1000	327	+ 62 %
2. Progymnasien	2053	1679	1000	818	− 35 %
3. 1. u. 2. zusammen	55244	19060	1000	345	+ 53 %
4. Realgymnasien	19767	3062	1000	155	+ 241 %
5. Realprogymnasien	7042	1628	1000	237	+ 123 %
6. Oberrealschulen	3744	712	1000	190	+ 178 %
7. Realschulen	3923	1038	1000	265	+ 100 %
8. Höhere Bürgerschulen	5926	1377	1000	232	+ 127 %
9. 4.—8. zusammen	40402	7857	1000	194	+ 171 %
10. Gymnasial- und Realanstalten	95646	26917	1000	281	+ 88 %
11. Gymnasialabiturienten (1888/89)	2515	851	1000	338	+ 56 %
12. Realabiturienten (1888/89)	466	53	1000	114	+ 364 %
13. Universitäten (Preußen 1886)	8065	2320	1000	228	+ 84 %
14. Oeffentliche und private mittlere und höhere Mädchenschulen (1886)	164439	21162	1000	129	+ 309 %
15. Bevölkerung	—	—	1000	528	—

Uebrigens bewegt sich glücklicherweise das deutsche Schulwesen nicht in dem verhängnisvollen: Entweder Staat — oder Kirche, sondern der Staat als oberster Schulherr gewährt überall der Kirche wie den übrigen beim Schulwesen interessierten Faktoren einen Einfluß, über dessen Maß im einzelnen wohl Differenzen, aber keine „Kulturkämpfe", wie über den Windthorstschen Schulantrag entstehen können. Um aber die ganze innere Unwahrheit und Unlauterkeit vatikanischer Kirchen- und Schulpolitik zu würdigen, muß man neben einanderhalten auf der einen Seite die Drohung mit einem neuen noch weit schärferen Kulturkampf in Deutschland wegen eines Volksschulgesetzentwurfes, der allen billigen Ansprüchen kirchlichen Einflusses aufs weiteste entgegenkommt — und in Frankreich seit einem Jahrzehnt die Duldung einer atheistischen Staatsschule ohne „Kulturkämpfe" und die päpst-

In Bayern betrug die Zahl der Schüler in den Mittelschulen (höheren Schulen) 1887/88:

	Absolute Zahlen		Verhältniszahlen		Vorsprung der Protestanten
	Katholiken	Protestanten	Katholiken	Protestanten	
1. Humanistische Gymnasien und Lateinschulen . .	11115	5664	196	100	+ 29 %
2. Realgymnasien	162	232	70	100	+ 261 %
3. Realschulen	4720	4089	115	100	+ 119 %
4. Industrieschulen . . .	97	92	105	100	+ 140 %
5. Baugewerbeschulen . .	385	699	55	100	+ 359 %
6. Handelsschulen . . .	546	395	138	100	+ 83 %
7. Kunstgewerbeschulen . .	249	317	79	100	+ 222 %
8. Präparantenschulen und Lehrerseminare . . .	1831	968	189	100	+ 34 %
9. Musikschulen	617	608	101	100	+ 149 %
10. Höhere Töchterschulen .	6546	4184	156	100	+ 61 %
11. Frauenarbeitsschulen und Arbeitslehrerinnenseminare	1067	731	146	100	+ 73 %
12. Ackerbauschulen . . .	173	167	104	100	+ 144 %
13. Centralturnanstalt . .	170	121	140	100	+ 80 %
14. Fachschulen außerhalb der Fortbildungsschulen .	1457	279	522	100	− 52 %
15. Sonstige Privatschulen .	84	62	135	100	+ 86 %
16. 1.—15. zusammen . .	29219	18608	157	100	+ 61 %
17. Bevölkerung (1885) . .	—	—	252,6	100	—

lichen und Lavigerie'schen Versuche, mit der atheistischen Republik Hand in Hand zu gehen.

46. Immo in ipsis clericorum seminariis methodus studiorum adhibenda civili auctoritati subjicitur.
Alloc. Nunquam fore 15 Decembris 1856.

Ja in den Klerikalseminarien selber ist der anzuwendende Studienplan der Staatsbehörde unterworfen.

Der Papst will, vom kleineren aufs größere schließend, dem Staat am allerwenigsten auf die Studienordnungen der Klerikalseminarien einen Einfluß gewähren. Wir gleichfalls vom kleineren aufs größere schließend, erklären natürlich umgekehrt: Es ist für den Staat von allergrößter Bedeutung, zu wissen, ob nicht, und dafür zu sorgen, daß nicht in den Klerikalseminarien staatsfeindliche und intolerante Grundsätze oder etwa die schönen Moralsätze eines Gury verbreitet und zur Herrschaft gebracht werden.

47. Postulat optima civilis societatis ratio, ut populares scholae, quae patent omnibus cujusque e populo classis pueris, ac publica universim Instituta, quae litteris severioribusque disciplinis tradendis et educationi juventutis curandae sunt destinata, eximantur ab omni Ecclesiae auctoritate, moderatrice vi et ingerentia, plenoque civilis ac politicae auctoritatis arbitrio subjiciantur, ad imperantium placita et ad communium aetatis opinionum amussim.
Epist. ad Archiep. Friburg. Quum non sine 14 Julii 1864.

Es verlangt die beste Einrichtung der bürgerlichen Gesellschaft, daß die Volksschulen, welche allen Kindern jeder Volksklasse offen stehen, und die öffentlichen Anstalten insgesamt, welche für die höhere wissenschaftliche Ausbildung und die Erziehung der Jugend bestimmt sind, von aller Autorität, Leitung und Einmischung der Kirche befreit und der vollen Verfügung der bürgerlichen und politischen Autorität unterstellt werden, nach dem Gutdünken der Staatslenker und nach Maßgabe der allgemeinen Zeitrichtung.

Der Papst lehrt: Die höheren wie die niederen Bildungsanstalten dürfen nicht aller Autorität, Leitung und Einmischung der Kirche enthoben werden:

Schrader bemerkt hierzu:

Eine so verderbliche Lehrweise, getrennt vom katholischen Glauben und dem Einflusse der Kirche, ist schon da, wo es sich um den gelehrten und wissenschaftlichen Unterricht und um die Erziehung der Jugend in den öffentlichen Schulen und Anstalten handelt, welche für die höheren Klassen der Gesellschaft bestimmt sind, den einzelnen und der Gesellschaft von größtem Nachteile; aber noch viel größere Uebel und Nachteile entspringen aus dieser Methode, wenn sie in den Volksschulen eingeführt wird, daher gehen auch alle Anschläge und Versuche, den Einfluß der Kirche von den Volksschulen abzuhalten, von einem, der Kirche äußerst feindseligen Geiste aus, sowie von dem Bestreben, unter den Völkern das göttliche Licht unseres heiligsten Glaubens auszulöschen.

Schon aus dem zum 45. Satz Gesagten folgt, wie weit wir mit dem 47. Satz übereinstimmen und wo die Differenzen beginnen.

48. Catholicis viris probari potest ea juventutis instituendae ratio, quae sit a catholica fide et ab Ecclesiae potestate sejuncta, quaeque rerum dumtaxat naturalium scientiam ac terrenae socialis vitae fines tantummodo vel saltem primario spectet.

Epist. ad Archiep. Friburg. Quum non sine 14 Julii 1864.

Katholiken können jener Art von Jugendbildung beistimmen, welche dem katholischen Glauben und der Gewalt der Kirche entfremdet ist und welche einzig das Wissen der natürlichen Dinge und nur, oder wenigstens in erster Linie, die Zwecke des irdischen Social-Lebens ins Auge faßt.

Der Papst verwirft eine bloß utilitarische Jugendbildung und damit zugleich jenes Schulsystem, bei welchem der Sitten- und Religionsunterricht aus dem Unterrichtsplan entfernt wird, so daß er dem Privatbelieben überlassen bleibt. So wenig wir mit den positiven Zielen der Klerikalschule einverstanden sind, so sehr mit dieser Abweisung eines Schulideals, welches mit Sitten- und Religionsunterricht der Schule die Seele aus dem Leib nimmt.

49. Civilis auctoritas potest impedire quominus sacrorum Antistites ed fideles populi cum Romano Pontifice libere ac mutuo communicent.
Alloc. Maxima quidem 9 Junii 1862.

Die Staatsbehörde darf verhindern, daß die Bischöfe und die gläubigen Völker frei und gegenseitig mit dem Römischen Papste verkehren.

Die Staatsgewalt muß nach des Papstes Meinung den Bischöfen und Gläubigen den freien Verkehr mit dem Papste unter allen Umständen gestatten, obwohl dieser Verkehr zuweilen staatsgefährliche Ziele verfolgt. Der „freie Verkehr" mit Rom ist für die päpstliche Allgewalt natürlich sehr wichtig, in dem Maße wichtiger, als die alten Bischofsrechte von den Päpsten nach und nach alle absorbiert worden sind und der Papst zum Bischof aller Diöcesen geworden ist. Was in der alten Kirche die freie Gemeinschaft der Bischöfe unter einander war, die Bürgschaft der Einheit, das ist jetzt der so eifersüchtig gewahrte, wie so vieles andere im Namen der Freiheit geforderte, in der That aber sehr unfreie, d. h. sklavische Verkehr der Bischöfe mit dem Universalbischof zu Rom. So wenig wir einen die Kirche knechtenden, zu weitgehenden staatlichen Einfluß auf die Bischöfe gutheißen, so wenig entspricht der sogenannte freie Verkehr der Bischöfe mit Rom dem altchristlichen und neutestamentlichen Kirchenideale.

50. Laica auctoritas habet per se jus praesentandi episcopos, et postet ab illis exigere ut ineant dioecesium procurationem, antequem ipsi canonicam a S. Sede institutionem et apostolicas litteras accipiant.
Alloc. Nunquam fore 15 Decembris 1856.

Die weltliche Obrigkeit hat durch sich selbst das Recht, Bischöfe zu präsentieren und kann von ihnen verlangen, daß sie die Verwaltung ihrer Diözese antreten, bevor sie die kanonische Einsetzung und das apostolische Schreiben empfangen haben.

Wo die weltliche Obrigkeit das „Recht" hat, Bischöfe zu präsentieren, da ist dies nach des Papstes Erklärung kein ursprüngliches Recht, sondern ein gewissen Fürsten erteiltes Privileg, wie z. B. die bayrischen Fürsten für ihre Anhänglichkeit an Rom in der Reformationszeit solche Privilegien vom Papste erhalten haben. Weiß man freilich, daß die Päpste mit dieser „kanonischen Einsetzung" und „apostolischem Schreiben" keineswegs uralte Rechte ausüben, sondern die ehemaligen Rechte der Metropoliten, der Erzbischöfe und Provinzialsynoden usurpiert haben, dann kann uns der feierliche Ernst, mit dem diese päpstlichen „Rechte" der Staatsgewalt gegenüber proklamiert werden, nur noch in höchst geringem Maße imponieren. Fragt man dann weiter, wo in aller Welt bleiben denn die alten Rechte der Laien, des christlichen Volkes zur Bischofswahl, so kann man nur wünschen, daß der von der Hierarchie so gründlich eliminierte legitime Einfluß der bürgerlichen laikalen Sphäre wenigstens durch einen angemessenen Einfluß der Regierungen ersetzt werde. Allein nicht bloß als Vertreter des Laienelementes haben die Regierungen ein ureigenes, nicht erst von den Päpsten deriviertes Recht, bei den Bischofsernennungen mitzusprechen, sondern auch mit Rücksicht auf die Sicherheit des Staates, auf den weittragenden Einfluß, der den Bischöfen auf allen Gebieten des sittlichen und Bildungslebens der Nation eingeräumt wird.

51. Immo laicum Gubernium habet jus deponendi ab exercitio pastoralis ministerii episcopos, neque tenetur obedire Romano Pontifici in iis quae episcopatuum et episcoporum respiciunt institutionem.

Litt. Apost. Multiplices inter 19 Junii 1851.
Alloc. Acerbissimum 27 Septembris 1852.

Ja die weltliche Regierung hat das Recht, die Bischöfe ihres Hirtenamtes zu entsetzen, und ist nicht gehalten, dem Römischen Papste in den Punkten Gehorsam zu leisten, welche die Gründung von Bistümern und Einsetzung der Bischöfe betreffen.

Der Papst verlangt, daß die weltliche Regierung in dem, was den Episkopat und die Einsetzung der Bischöfe betrifft, dem römischen Papste gehorche: sie hat nicht das Recht, Bischöfe der Ausübung ihres Amtes (geschweige denn des

Amtes selbst) zu entheben. Thatsächlich freilich sahen sich oft genug die Regierungen genötigt, gegen staatsgefährliche Bischöfe einzuschreiten. Je mehr seit 1870 der Bischof zum Vikar des Papstes herabgesunken und damit die Ansprüche der Päpste auf das Universalregiment der Kirche realisiert worden sind, um so schwieriger ist die Stellung der Regierungen gegenüber den Bischöfen geworden, welche jetzt nur noch die willenlosen Exekutoren der kirchlich=politischen Pläne des Papstes, bezw. des diesen beherrschenden Jesuitenordens sind. Man hat mit Recht darauf hingewiesen, daß der kirchliche Verfassungssturz von 1870, die Etablierung der schrankenlosen Papstdiktatur die Kirchenverfassung nach dem Muster der Verfassung des Jesuitenordens umgebildet hat. Wie die Jesuiten willenlos dem Oberen, so unterstehen jetzt die Bischöfe willenlos dem Papst. Erst jetzt beherrscht der Jesuitenorden mittelst des Papstes die ganze Kirche. Ohne die kirchlich=fanatische Hypnotisierung der katholischen Völker müßte freilich dieses autokratische Kirchenregiment bald bankerott machen.

52. Gubernium potest suo jure immutare aetatem ab Ecclesia praescriptam pro religiosa tam mulierum quam virorum professione, omnibusque religiosis familiis indicere, ut neminem sine suo permissu ad solemnia vota nuncupanda admittant. Alloc. Nunquam fore 15 Decembris 1856.

Die Regierung kann kraft ihres Rechtes das von der Kirche für die Ablegung der Ordensgelübde für Frauen sowohl als Männer vorgeschriebene Alter abändern und allen religiösen Genossen= schaften untersagen, jemanden ohne ihre Erlaubnis zu den feierlichen Gelübden zuzulassen.*)

*) Hierzu macht Frohschammer die treffende Bemerkung: Der Papst scheint also allen Ernstes zu fordern, daß noch jetzt die Eltern ermächtigt sein sollen, ihre kaum geborenen Kinder dem Kloster zu widmen und die Bewußtseins=, Urteils= und Willenlosen zu den frei= willigen Gelübden zu zwingen, sie also als Geopferte (Oblaten) dar= zubringen, Frömmigkeit auf Kosten anderer und mit Mißachtung deren heiligsten Rechten übend. Und es soll, wie es scheint, ferner gestattet sein, daß augenblickliche Stimmung, künstlich hervorgerufene religiöse Ueberspanntheit urteilsloser Kinder ohne Welt=, Selbst= und Menschen=

53. Abrogandae sunt leges quae ad religiosarum familiarum statum tutandum, earumque jura et officia pertinent; immo potest civile gubernium iis omnibus auxilium praestare, qui a suscepto religiosae vitae instituto deficere ac solemnia vota frangere velint; pariterque potest, religiosas easdem familias perinde ac collegiatas ecclesias et beneficia simplicia etiam juris patronatus penitus extinguere, illorumque bona et reditus civilis potestatis administrationi et arbitrio subjicere et vindicare.

Alloc. Acerbissimum 27 Septembris 1852.
Alloc. Probe memineritis 22 Januarii 1855.
Alloc. Cum saepe 26 Julii 1855.

Man muß die Gesetze abschaffen, welche sich auf den Schutz des Standes der religiösen Genossenschaften, seine Rechte und Pflichten beziehen; ja es kann eine Staatsregierung allen denen Vorschub leisten, welche von dem erwählten Ordensstande abfallen und ihre feierlichen Gelübde brechen wollen; und gleichermaßen kann sie eben dieselben religiösen Genossenschaften gerade so wie die Kollegiatkirchen und die einfachen Pfründen, auch wenn sie dem Patronatsrechte unterstehen, gänzlich aufzuheben und ihre Güter und Einkünfte der Verwaltung und Verfügung der Staatsgewalt unterstellen und von Rechtswegen überweisen.

Der Papst lehrt im 52. und 53. Satze, daß die Regierung keinerlei Aufsichtsrechte über das Mönchs- und Klosterwesen habe — wenn es auch, wie vom 4.—6. Jahrhundert, eine Ursache der schlimmsten socialen Zerrüttung bildet,

---

kenntnis benutzt, daß der alsbald über sie zu erlangende moralische Zwang ausgebeutet werde, um sie zu einem Schritte zu verleiten und zu einem Lebensberufe für immer zu verbinden, für den sie sich vielleicht bei reiferem Urteil und nach vernünftiger Ueberlegung nicht geeignet erkennen und dann das unselige Gefühl verfehlten Lebens und verlorenen Lebensglücks für immer zu ertragen haben! Uns scheint, zu dem, was den modernen Staat auszeichnet und verdient gemacht hat, gehöre auch dies, daß er, ohne geradezu ein Verbot zu erlassen und ins kirchliche Gebiet einzugreifen, doch auch in diese Verhältnisse des religiösen Lebens Vernunft, Billigkeit und Menschlichkeit gebracht hat, die von der kirchlichen Autorität, wie sich hier klar zeigt, niemals wären zu erwarten gewesen.

wenn auch, wie im 13. Jahrhundert, die Bettelmönche zur Aufruhrpredigt gegen die Staatsgewalt verwendet werden, wenn auch die unnatürliche Ausdehnung des Kloster- und Kirchenbesitzes, wie so oft im Mittelalter, lähmend und zerrüttend in alle socialen Verhältnisse eingriff. Allein der Staat, welcher die Aufsicht über das Klosterwesen preisgiebt, sorgt schlecht für seine Sicherheit. Es ist das also wieder einer der Punkte, wo in alle Ewigkeit kein Einverständnis zwischen Staat und katholischer Kirche möglich sein wird. Denn die letztere duldet zwar temporum ratione habita oder wo sie eine Stütze für ihre anderweitigen Pläne sucht, wie in Frankreich, die größten Beeinträchtigungen des Klosterwesens; wo sie dagegen der Herrschaft über fanatische Massen sicher, oder einem Staatswesen sonstwie sich gewachsen fühlt, da wird sie immer wieder im Namen der Freiheit auf ihre alten Forderungen zurückkommen. Bezeichnend ist auch die Forderung, daß der Staat den austretenden Ordensleuten keinen Schutz gewähren, also die Hand dazu bieten soll, sie ins Kloster zurückzuzwingen, während man sonst, z. B. beim Versprechen evangelischer Kindererziehung in einer Mischehe, denen, die aus Gewissenhaftigkeit das Versprechen halten zu müssen glauben, den Rat erteilt, das Gelöbnis zu brechen, d. h. also: man sucht Ordensleute, welche aus Ueberzeugung ihr Gelübde nicht mehr zu halten gesonnen sind, festzuhalten und man sucht in zahllosen Mischehen solche gewissenhafte Ehegatten, welche ein gegebenes Versprechen halten wollen, zum Bruch desselben zu verleiten. Schrader interpretiert die Sätze über das Ordenswesen also:

> Die Gesetze, welche den Schutz der religiösen Orden, ihre Rechte und Pflichten betreffen, sind nicht abzuschaffen, es hat vielmehr jede Regierung die Pflicht, den religiösen Orden diesen Schutz zu gewähren. Wenn die staatliche Regierung denjenigen Unterstützung gewährt, welche den gewählten Ordensstand verlassen und ihre feierlichen Gelübde brechen wollen, so handelt sie gegen den Geist und den Willen der Kirche; wenn sie Ordenshäuser, Kollegiatkirchen und einzelne geistliche Pfründen, sogar wenn sie dem Patronatsrechte unterstehen, aufhebt und ihre Güter der staatlichen Verwaltung und Verfügung überweiset, so raubt sie der Kirche ihr rechtmäßiges Eigentum, und verfällt in die größere Exkommunikation, sowie in die anderen Zensuren und Strafen, welche gegen die Verletzer und Entweiher der geweihten Personen und Sachen, und gegen die Usurpatoren der Rechte des apostolischen Stuhles, durch die apostolischen Konstitutionen, die heiligen Kanones, und die

Dekrete der allgemeinen Konzilien, insbesondere des Konzils von Trient (sess. 22. cap. 11.) festgesetzt worden sind.

54. Reges et Principes non solum ab Ecclesiae jurisdictione eximuntur, verum etiam in quaestionibus jurisdictionis dirimendis superiores sunt Ecclesia.
Litt. Apost. Multiplices inter 10 Junii 1851.

Die Könige und die Fürsten sind nicht allein von der Jurisdiktion der Kirche exempt, sondern stehen auch bei Entscheidung von Jurisdiktionsfragen über der Kirche.

Der Papst lehrt, übereinstimmend mit der Bulle Unam sanctam, daß die Fürsten von der Jurisdiktion der Kirche nicht ausgenommen sind, sondern, setzt Schrader hinzu, „sie sind als Glieder der Kirche den Entscheidungen der Hirten und namentlich des Hauptes unterworfen; die Fürsten sollen sich vielmehr erinnern, die königliche Gewalt sei ihnen nicht nur zur Regierung der Welt, sondern hauptsächlich zum Schutze übertragen [übertragen natürlich nicht von Gott, sondern vom Papst], und sie thun für ihr Reich und für ihre Ruhe, was sie für das Wohl der Kirche thun."

55. Ecclesia a Statu, Status ab Ecclesia sejungendus est.
Alloc. Acerbissimum 27 Septembris 1852.

Die Kirche ist vom Staate, der Staat von der Kirche zu trennen.

Die Kirche ist, lehrt der Papst, weder vom Staat, noch der Staat von der Kirche zu trennen — weil die Kirche den Staat beherrschen will. Christliche Ideen vermöchten ja auch bei Trennung von Staat und Kirche in den Staatsleitern und durch sie im Staatswesen zur Geltung kommen, wie es bis zu einem gewissen Grade in der nordamerikanischen Republik stattfindet. Aber der Papst will mehr, er will die volle Gewalt über die Staaten nach mittelalterlichen Vorbildern, und er will kein solches Christentum, das losgelöst von seiner obersten Autorität selbständig aufträte.

Andererseits hat aber auch der Staat ein wirkliches Interesse daran, daß die Kirche nicht vom Staate getrennt werde. Man hat wohlweise nach dem Mißlingen des Kulturkampfes gesagt: Der Staat hätte die katholische Kirche frei walten lassen sollen in ihrer Klerikererziehung, in ihrem Verhalten zu den die Unfehlbarkeit nicht anerkennenden Gliedern 2c. 2c. — und sich rein auf die Repressivmaßregeln beschränken, also bloß da einschreiten sollen, wo die katholische Kirche mit den schon bestehenden Staatsgesetzen in Konflikt gekommen wäre. Beispielsweise: der Staat sollte sich also nicht darum kümmern, ob in den Posener Priesterseminaren offiziell deutschfeindliche Lehrbücher eingeführt werden und Gewehr bei Fuß zuwarten, bis einmal wieder die polnischen Bauern die Sensen wetzen?! Repressivmaßregeln sind einem fanatisierten Volke gegenüber nur unter den größten Erschütterungen des Staatswesens durchzuführen.

§ VII. Errores de Ethica naturali et christiana.

56. Morum leges divina haud egent sanctione, minimeque opus est ut humanae leges ad naturae jus conformentur aut obligandi vim a Deo accipiant.
Alloc. Maxima quidem 9 Junii 1862.

Irrtümer über die natürliche und christliche Sittenlehre.

Die Sittengesetze bedürfen der göttlichen Sanktion nicht, und es ist keineswegs vonnöten, daß die menschlichen Gesetze mit dem Naturrecht in Uebereinstimmung gesetzt werden oder ihre verpflichtende Kraft von Gott erhalten.

Jeder Christ wird dem Papste zustimmen, wenn er verlangt, daß die Sittengesetze mit dem göttlichen Gesetze in Uebereinstimmung gebracht werden müssen. Nur müßte vor allem die Morallehre des die römische Kirche jetzt absolut beherrschenden Jesuitenordens an diesem untrüglichen Maßstab gemessen werden (Vergl. Kirchl. Aktenstücke Nr. 3)! Wer den Alfons Liguori zum Kirchenlehrer deklariert, soll nur nicht gegen die naturalistische Sittenlehre der Modernen ankämpfen wollen!

57. Philosophicarum rerum morumque scientia, itemque civiles leges possunt et debent a divina et ecclesiastica auctoritate declinare.
Alloc. Maxima quidem 9 Junii 1862.

Die philosophische und die Moralwissenschaft, wie auch die Staatsgesetze, können und sollen der göttlichen und kirchlichen Autorität sich entziehen.

Die Wissenschaft der Philosophie und Ethik, sowie die bürgerlichen Gesetze dürfen von der göttlichen Offenbarung und der Autorität der Kirche*) nicht abweichen. Zu welchen Ungeheuerlichkeiten die römische Ausübung dieses Satzes geführt hat, darüber vergleiche man das großartige Werk von Professor Reusch-Bonn über den römischen Index: Noch im Jahr 1819 wurden die Werke des Kopernikus, Galilei's, Keplers unter den verbotenen Büchern im Index aufgeführt. Erst 1835 enthielt der Neudruck des Index jene drei Namen nicht mehr, nachdem auf wiederholtes Drängen am 16. August 1821 dem römischen Astronomen Settele erlaubt wurde, Kopernikanische Lehren in seinem Buche aufstellen zu dürfen.

58. Aliae vires non sunt agnoscendae nisi illae quae in materia positae sunt, et omnis morum disciplina honestasque collocari debet in cumulandis et augendis quovis modo divitiis ac in voluptatibus explendis.
Alloc. Maxima quidem 9 Junii 1862.
Epist. encycl. Quanto conficiamur 10 Augusti 1863.

Andere Kräfte als jene, welche im Stoffe vorhanden sind, sind nicht anzuerkennen, und alle Zucht und Ehrbarkeit der Sitten muß in der Aufhäufung und Vermehrung der Reichtümer, wie immer sie geschehen möge, und in der Befriedigung der Lüste befaßt werden.

Der Papst verwirft in einer und derselben These zuerst den theoretisch-metaphysischen und darauf den praktisch-sittlichen

---

*) Der Kirche: Es gehört zum intoleranten Sprachgebrauch der römischen Kirche, daß neben den 200 Millionen römischer Katholiken die ca. 200 Millionen nichtrömischer Christen bezw. deren Kirchen regelmäßig ignoriert werden.

Materialismus. Es ist aber eine, freilich sehr gewöhnliche Vergiftung des Kampfes der Weltanschauungen, wenn man den Materialisten unter den Männern der Wissenschaft die Konsequenz des praktisch-sittlichen Materialismus, der niedrigen Gesinnung imputiert, von der sie oft sehr weit entfernt sind. Außerdem braucht kaum hinzugefügt zu werden, daß die niedrige Denkungsart zwar auch aus dem theoretischen Materialismus erwachsen kann, daneben aber zahlreiche anderweitige Quellen haben kann.

59. Jus in materiali facto consistit, et omnia hominum officia sunt nomen inane, et omnia humana facta juris vim habent. Alloc. Maxima quidem 9 Junii 1862.

Das Recht besteht in der materiellen Thatsache, und alle menschlichen Pflichten sind ein leeres Wort, und alle menschlichen Thatsachen besitzen Rechtskraft.

Vollendete Thatsachen, Faits accomplis, lehrt der Papst, sind nicht durch ihr Bestehen schon rechtsbeständig, legitim. Man wende das einmal an auf die päpstlichen Machtusurpationen, welche die altchristliche Kirchenverfassung nach und nach aufgehoben und aufgesogen haben. Man wende den Satz auf die Entstehung des Kirchenstaats an, Territorien, die, dem Kaiser von Ostrom gehörend, von dem Frankenkönig Pipin dem Papste Stephan III. dafür „geschenkt" worden sind, daß derselbe die „materielle Thatsache" des Thronraubs Pipins anerkannte, weihte und legitimierte! Die Pflichten jener Päpste gegen ihre legitimen Herren, die oströmischen Kaiser, waren ihnen offenbar „ein leerer Name", so vor allem jenem Gregor II., der im Bilderstreit den Kaiser Leo III. exkommunizierte und durch die unerhörte Maßnahme der Steuerverweigerung den ersten Schritt zur politischen Losreißung von Ostrom gethan hat.

60. Auctoritas nihil aliud est nisi numeri et materialium virium summa. Alloc. Maxima quidem 9 Junii 1862.

Die Autorität ist nichts Anderes, als die Summe von Zahl und materiellen Kräften.

Die Autorität ist etwas anderes als Zahlen und die Summe der materiellen Kräfte, lehrt der Papst. (Sie stammt von Gott, sagen wir. Woher sie der Papst ableitet, sagt Satz 23.) Denn, setzt Schrader hinzu, sonst würden ja die Thoren die höchste Autorität bilden, deren Zahl nach der Schrift ohne Ende sei. Volkssouveränetät und Regierung durch Parlamente und das allgemeine Wahlrecht sind damit verworfen, obwohl die Volkssouveränetät von zahlreichen römischen Schriftstellern gelehrt wurde und die neue ultramontan=demagogische Strömung in Nordamerika, England=Irland, Frankreich und Deutschland eine bereits weit verbreitete ist. Wer das auffällig findet, weiß eben noch nicht, daß es für Rom trotz seines den Schwächlingen gegenüber je und dann durchgesetzten Non possumus überhaupt keine feststehenden politischen Prinzipien giebt, als das Prinzip der eigenen Machtvergrößerung.

61. Fortunata facti injustitia nullum juris sanctitati detrimentum affert.
Alloc. Jamdudum cernimus 18 Martii 1861.

Eine mit Erfolg gekrönte thatsächliche Ungerechtigkeit thut der Heiligkeit des Rechtes keinen Eintrag.

Der Papst lehrt: Eine ungerechte That wird durch den Erfolg, durch ihr glückliches Zustandekommen nicht legalisiert, sie verletzt vielmehr die Heiligkeit des Rechtes, ob sie gelingt oder mißlingt. Der Papst tritt der Erfolganbetung entgegen, denkt aber natürlich nicht an die zahlreichen „ungerechten Thaten" seiner Vorgänger, auf kirchlichem und politischem Gebiete, welche ebensowenig durch den Erfolg legalisiert werden, wie andere Gewaltthaten. Das Gleiche gilt natürlich von Pius' eigenen Gewaltthaten, von der aller altkirchlichen Tradition widersprechenden eigenmächtigen Dogmatisierung der übernatürlichen Geburt Mariae 1854 und von der Dogmatisierung der päpstlichen Unfehlbarkeit.

62. Proclamandum est et observandum principium quod vocant de non-interventu.
Alloc. Novos et ante 28 Septembris 1860.

Man muß das sog. Nichtinterventionsprinzip verkünden und beobachten.

Der Papst verwirft das Prinzip der Nichtintervention. Das Interventionsprinzip ist nämlich seit tausend Jahren ein Hauptmittel päpstlicher Politik. Von jenem Augenblick an, wo die Päpste Zacharias und Stephan III. die „Intervention" der Franken anriefen (was etwa auf das Gleiche hinauskommt, wie wenn ein von fremdem Einfall bedrohter deutscher Bundesstaat die Franzosen oder Russen zur Intervention anrufen würde), haben die Päpste jederzeit sowohl selbst überall „interveniert", wo sie es für gut fanden, als auch fremde Intervention angerufen. Italien und Deutschland haben, jenes als passives Objekt der päpstlichen Interventionspolitik, dieses durch die kaiserliche Schirmvogtei über die Kirche, die Römerzüge ꝛc., am meisten durch das Interventionsprinzip gelitten. Um so bezeichnender ist es, daß schon am 9. November 1870, während der blutigen Kämpfe gegen den französischen Erbfeind, dem bei der ersten gewonnenen Schlacht Oesterreich und Italien nach jenem berüchtigten Bündnisvertrag zu Hilfe gekommen wären — der Posener Erzbischof Ledochowsky mit einer Adresse ins Hauptquartier nach Versailles kam, welche den König Wilhelm zur Intervention für den Kirchenstaat des Papstes aufforderte. Das bei den Wahlen zum neuen Reichstag auf den Plan tretende Centrum, die katholisch-konfessionelle Fraktion trennte sich aus Anlaß dieser Frage von den übrigen Reichstagsfraktionen und übergab an Kaiser Wilhelm jene Sonderadresse, in welcher auch sie die Intervention zu Gunsten der Wiederherstellung des Kirchenstaates verlangte. Intervention bedeutet heutzutage Kriegserklärung. Und da wir leider nicht einmal für die deutsche Bevölkerung im Osten intervenieren, so werden wir es gewiß am allerwenigsten für den Kirchenstaat des Papstes thun.

63. Legitimis principibus obedientiam detrectare, immo et rebellare licet.

Epist. encycl. Qui pluribus 9 Novembris 1846.
Alloc. Quisque vestrum 4 Octobris 1847.
Epist. encycl. Noscitis et Nobiscum 8 Decembris 1849.
Litt. Apost. Cum catholica 26 Martii 1860.

Den rechtmäßigen Fürsten den Gehorsam zu verweigern, ja auch aufrührerisch sich gegen sie zu erheben, ist erlaubt.

Der Papst verwirft das Revolutionsrecht den rechtmäßigen, legitimen Fürsten gegenüber. Die große Frage ist aber, wer ist ein legitimer Fürst? Antwort: Der, welcher dem Papst in allem zu Willen ist. Darin sind das kanonische Recht, Thomas von Aquino und neben zahlreichen mittelalterlichen Schriftstellern vor allem die Jesuiten einig, ebenso darin, daß sie das Revolutionsrecht gegen jeden nicht legitimen Herrscher, jeden „Tyrannen" proklamieren (Tyrannenmordslehre). Was nach diesen Lehren ketzerische, illegitime Herrscher zu erwarten haben, möge uns zeigen die päpstliche Absetzung der Königin Elisabeth von England, die zahlreichen Mordanschläge gegen diese Königin, gegen Heinrich III. und IV. von Frankreich, gegen Wilhelm von Oranien, das beweist das päpstliche Frohlocken über die Bartholomäusnacht, über die Zerstörung Magdeburgs ꝛc.

64. Tum cujusque sanctissimi juramenti violatio, tum quaelibet scelesta flagitiosaque actio sempiternae legi repugnans, non solum haud est improbanda, verum etiam omnino licita, summisque laudibus efferenda, quando id pro patriae amore agatur.
Alloc. Quibus quantisque 20 Aprilis 1849.

Sowohl der Bruch jedes, auch des heiligsten Eides, als auch jegliche ruchlose und verbrecherische, dem ewigen Gesetze widerstreitende That ist nicht nur nicht zu mißbilligen, sondern auch vollkommen erlaubt und des höchsten Lobes wert, wenn sie aus Liebe zum Vaterlande verübt wird.

Um der Vaterlandsliebe willen darf kein Eid gebrochen werden, lehrt der Papst, wohl aber haben die Päpste nur allzuoft um ihrer hierarchischen Interessen willen Eide gebrochen und das Band der Unterthanentreue der Völker zerrissen.

§ VIII. Errores de matrimonio christiano.

65. Nulla ratione ferri potest, Christum erexisse matrimonium ad dignitatem sacramenti.
Litt. Apost. Ad apostolicae 22 Augusti 1851.

Irrtümer über die christliche Ehe.

Es kann in keiner Weise zugegeben werden, daß Christus die Ehe zur Würde eines Sakramentes erhoben hat.

„Es können viele Beweise vorgebracht werden", erklärt Schrader diesen Satz, „daß Christus die Ehe zur Würde eines Sakramentes erhoben hat." Diese Beweise haben nur eben keine Beweiskraft. Vor allem jene im Tridentinum und Katechismus Romanus und sonst überall als Hauptbeweis citierte Stelle Ephes. 5, 32: „Wie Christus das Haupt der Gemeinde, heißt es dort, so sei der Mann des Weibes Haupt, ein Mensch verläßt Vater und Mutter und hängt seinem Weibe an, und werden die Zwei ein Fleisch sein.' Dieses Geheimwort (d. h. das eben genannte nach 1. Mof. 2, 24 und Matth. 19, 5 ff. citierte Bibelwort) ist schwer; ich deute es von Christus und der Gemeinde. Allein bei euch soll jeder einzelne sein Weib so lieben, wie sich selbst, das Weib aber achte darauf, den Mann zu fürchten." Ob die lateinische Bibelübersetzung des Hieronymus, die römische Vulgata im Recht ist, wenn sie das griechische mysterion. das wir mit Geheimwort übersetzt haben, mit sacramentum übersetzt und in der Stelle den Nachweis des Sakramentscharakters der Ehe finden will, das vermag jeder leicht nachzuprüfen. Christus hat (Matth. 19, 3—9) selbst nichts anderes wollen, als die alte, ursprüngliche Gottesordnung der Ehe von den jüdischen Auswüchsen reinigen und in der ursprünglichen Reinheit wiederherstellen. Wollte man demnach je bei der Ehe von einem Sakrament reden, so hätten wir die seltsame Erscheinung, daß ein Sakrament der christlichen Glaubenslehre nicht von Christus, sondern von Gott am Anfang der Welt gestiftet worden wäre.

Die Reformation hat die religiöse Bedeutung der Ehe in ihrer ganzen Tiefe erkannt. (Vergl. namentlich Augsburger Konfession Art. XXIII, Apologie Art. XIII, XXIII und zahlreiche Aussprüche in den Schriften Luthers, sowie in den reformierten Konfessionsschriften.) Ueber den erst im Mittelalter aufgekommenen eigentlichen Sakramentsbegriff der Ehe sagt dagegen die Apologie Art. XIII mit Recht: Wenn man deshalb die Ehe als ein Sakrament bezeichnen wollte, weil sie auf göttliche Einsetzung zurückgeht, so müsse man auch andere Ordnungen und Handlungen, die auf göttliche Einsetzung sich gründen, Sakramente nennen, z. B. die Staatsregierungen.

66. Matrimonii sacramentum non est nisi quid contractui accessorium ab eoque separabile, ipsumque sacramentum in una tantum nuptiali benedictione situm est.
Litt. Apost. Ad apostolicae 22 Augusti 1851.

Das Sakrament der Ehe ist nur etwas zum Vertrage Hinzukommendes und von ihm Trennbares, und das Sakrament selber besteht einzig und allein in der Einsegnung der Ehe.

Der Gang der Ehegesetzgebung war der, daß die christliche Kirche auf dem Boden des altrömischen, sehr freien Eherechtes die ihr nach alttestamentlichen Analogien und christlichen Prinzipien notwendig erscheinenden Schranken und Ordnungen errichtete, welche in der nachkonstantinischen Zeit allmählich staatliche Sanktion erhielten. Während nun zur Zeit ihrer größten Machtentfaltung die Kirche die gesamte Ehegesetzgebung für sich beanspruchte, hat die gallikanische Theorie, welche hier der Papst verurteilt, zu unterscheiden begonnen zwischen der Ehe als eines Sakramentes und ihrer in die Sphäre der bürgerlichen Gesetzgebung fallenden Seite. Auch Luther hat in der Vorrede zum Traubüchlein (1529) erklärt: „So manchs Land, so manche Sitte, sagt das gemeine Sprüchwort; demnach weil die Hochzeit und Ehestand ein weltlich Geschäft ist, gebührt uns Geistlichen oder Kirchendienern nichts darin zu ordnen oder regieren, sondern lassen einer iglichen Stadt und Land ihren Brauch und Gewohnheit, wie sie gehen. Etliche führen die Braut zweimal zur Kirchen, beide des Morgens und Abends, Etliche nur einmal; Etliche verkündigens und bieten sie auf auf der Kanzel, zwo oder drei Wochen zuvor: solchs alles und dergleichen laß ich Herren und Rath schaffen und machen, wie sie wollen, es gehet mich nichts an. Aber so man von uns begehret, für der Kirchen oder in der Kirchen sie zu segenen, über sie zu beten, oder auch sie zu trauen, sind wir schuldig, dasselbige zu thun." Voraussetzung hierbei ist für Luther natürlich, daß es ein christlicher und nach christlichen Grundsätzen handelnder Rat oder Staatsregierung ist, dem er hierbei neben der bürgerlichen Seite der Eheschließung auch die Ordnung der kirchlichen Mitwirkung überläßt.

Papst Pius IX. aber verlangt, wie wir sehen werden, nach wie vor die ganze Ehegesetzgebung für die Kirche und legt in dem 66. Satze den Grund zu dieser Forderung, indem er die Trennung zwischen einer bürgerlichen und kirchlich-sakramentalen Seite der Eheschließung abweist.

67. Jure naturae matrimonii vinculum non est indissolubile, et in variis casibus divortium proprie dictum auctoritate civili sanciri potest.
Litt. Apost. Ad apostolicae 22 Augusti 1851.
Alloc. Acerbissimum 27 Septembris 1852.

Nach dem Naturrecht ist das Band der Ehe nicht unauflöslich, und in verschiedenen Fällen kann eine Ehescheidung im eigentlichen Sinne des Wortes durch die Staatsbehörde gesetzlich bestimmt werden.

Obwohl Christus selbst die Ehescheidung im Falle des Ehebruchs erlaubt hat (Matth. 19, 9), erklärt die römische Kirche die Ehe unter allen Umständen für unauflöslich, die bürgerliche Ehescheidung daher für nichtig. Trotzdem aber bringt es die römische Kirche fertig, auch dieses scheinbar so starre und sichere Prinzip, mit dem sie sich vor anderen Kirchen so oft berühmt, gegebenen Falls zu umgehen. Leo XIII. hat (3. Januar 1890) die Ehe des Erbprinzen von Monaco, dem so gut katholischen Spielbanknest, mit der Herzogin von Hamilton für nichtig erklärt nach elfjährigem

Bestehen, ohne daß deshalb der aus der „Scheinehe" entsprossene Sohn seine Legitimität dadurch eingebüßt hätte. Sechs Monate nach der Trennung heiratete die Herzogin einen ungarischen Magnaten. Ob es diese päpstliche „Toleranz" in Eheangelegenheiten war, welche solch tiefen Eindruck auf den Bruder Carlo Hamilton machte, daß er im Februar 1885 katholisch wurde, wissen wir leider nicht.

68. Ecclesia non habet potestatem impedimenta matrimonium dirimentia inducendi, sed ea potestas civili auctoritati competit, a qua impedimenta existentia tollenda sunt. Litt. Apost. Multiplices inter 10 Junii 1851.

Die Kirche hat keine Gewalt, trennende Ehehindernisse aufzustellen, sondern diese Gewalt steht der Staatsbehörde zu, von welcher die bestehenden Hindernisse aufzuheben sind.

Der Papst spricht, wie jede Kompetenz in Ehesachen, so die Vollmacht, trennende Ehehindernisse aufzustellen oder aufzuheben, der weltlichen Gewalt ab, die Kirche allein hat die Gewalt, trennende Ehehindernisse aufzustellen und — nach Belieben sie durch Dispense aufzuheben. Hier einige Belege:

Als im Jahre 1877 ein armer jüdischer Schneidergeselle aus Dünkirchen sich zu Paris mit einer katholischen Nätherin verlobte, wurde ihm bedeutet, daß „ein Dispens für eine Mischehe mit einem Juden von der Kirche niemals zu erhoffen sei". Da sammelte Francisque Sarcey eine ganze Reihe von solchen Dispensen und veröffentlichte sie zur Beleuchtung römischer Konsequenz im XIX. Siècle: 1. Wenige Jahre zuvor hatte Herr Déobat-Raymond, Graf von Turenne, in der Diözese von Soissons die Witwe Bernheim geb. Allegri, jüdischer Konfession geheiratet und war vom Bischof selbst getraut worden. 2. Mit Erlaubnis des Pariser Erzbischofs war ein Fräulein Marie Arbit am 22. Juni 1867 mit dem Israeliten Julius Moyse in der Pfarrkirche Saint-Louis d'Antin getraut worden. 3. 1845 bewilligte Gregor XVI. Dispens für den jüdischen Banquier Saamudah und ein katholisches Fräulein Lanneau, der Tochter eines Oberbeamten der Militär-Intendantur. 4. Ein Jahr früher erhielt das katholische Fräulein Eugenie Lecomte dieselbe Dispens zur Ehe mit dem israel. Advokaten Rodrigue in Paris. 5. Gegen Ende 1876 erhielt die kirchliche Trauung in der Pfarrkirche Saint-Roch eine Tochter des israelitischen Spekulanten Isaak Pereire mit dem Deputierten Mir. Genug der Beweise für die „Konsequenz" römisch-katholischer Ehepraxis. Von jeher erwies sich diese Kirche namentlich reichen und einflußreichen Geschlechtern gegenüber „tolerant". Kann man doch hoffen, durch Mischehen sie nach und nach zu katholisieren. Der Zweck heiligt das Mittel!

69. Ecclesia sequioribus saeculis dirimentia impedimenta inducere coepit, non jure proprio, sed illo jure usa, quod a civili potestate mutuata erat.
Litt. Apost. Ad apostolicae 22 Augusti 1851.

Die Kirche hat in späteren Jahrhunderten erst begonnen, trennende Ehehindernisse aufzustellen, nicht kraft eigenen Rechtes, sondern indem sie von jenem Rechte Gebrauch machte, welches sie von der Staatsgewalt entlehnt hatte.

Die Kirche hat allerdings nicht erst in späteren Jahrhunderten angefangen, trennende Ehehindernisse aufzustellen und sie that es unabhängig vom Staat, eigenem Rechte folgend, aber nicht in der absoluten Unabhängigkeit, welche der Papst behauptet. Sie hielt sich zunächst an die Bestimmungen des römischen Rechtes, verbot allerdings die Geschwisterkinderehe schon zu einer Zeit, wo sie im römischen Kaiserreich noch nicht verboten war. Nachdem das letztere geschehen, deckte sich hierin staatliche und kirchliche Ehegesetzgebung, bis im sechsten Jahrhundert die Ehe zwischen Geschwisterenkeln kirchlich verboten wurde. Während nun die fränkischen Konzilien bis zum 8. Jahrhundert noch die Geschwister-Urenkel (das vierte Glied) mit Buße belegten, wenn auch nicht verboten, verboten die Päpste damals bereits die Verwandtenehe überhaupt, d. h. nach ihrer Ansicht innerhalb der siebenten Generation mit Berufung auf die sieben Schöpfungstage (!). Unter dem Druck dieser strengeren Anschauung verbot im neunten Jahrhundert auch die deutsche (fränkische) Kirche die Ehe im vierten Grade gänzlich. Im elften Jahrhundert wurde die strenge römische Anschauung auf einem römischen Konzil sanktioniert; das Verbot der Ehe bis zum siebenten Grade einschließlich wurde von da an auch in Deutschland allgemein. Diese unsinnige Uebertreibung konnte sich aber nicht lange halten. Innocenz III. beschränkte auf der IV. Lateransynode (1215) unter Berufung auf einen aus der Galenischen Humoralpathologie entlehnten Grund (!)

das Ehehindernis auf den vierten Grad. Nachträglich wurde die Ehe in dem Spezialfall erlaubt, wenn der eine Teil im vierten, der andere im fünften Grade der Verwandtschaft stand. Nach der späteren Praxis wurden Dispense beim dritten und vierten Grade regelmäßig erteilt. Aber auch Ehen zwischen Geschwisterkindern sind schon oft genug gestattet worden. Je näher die Verwandtschaft, um so höher die Dispensationssportel. Schon aus diesem kurzen Ueberblick geht hervor, wie wechselvoll die kirchliche Ehegesetzgebung gewesen ist, wie wenig hier also von absoluten Prinzipien die Rede sein kann, wie sehr aber auch die Staaten ein Recht haben, solchen abenteuerlichen Willkürlichkeiten gegenüber ein selbständiges staatliches Eherecht aufzustellen, wie ja auch andererseits jede Kirche für sich das Recht beanspruchen muß, etwaiger staatlicher Laxheit gegenüber die strengeren sittlichen Grundsätze zu vertreten.

70. T.identini canones qui anathematis censuram illis inferunt, qui facultatem impedimenta dirimentia inducendi Ecclesiae negare audeant, vel non sunt dogmatici vel de hac mutuata potestate intelligendi sunt.
Litt. Apost. Ad apostolicae 22 Augusti 1851.

Die tridentinischen Canones, welche die Strafe des Anathems über jene verhängen, die es wagen, der Kirche die Vollmacht zur Aufstellung von trennenden Ehehindernissen zu bestreiten, sind nicht dogmatisch, oder von dieser entlehnten Gewalt zu verstehen.

Die tridentinischen Canones vindizieren der Kirche nicht nur das Recht, trennende Ehehindernisse aufzustellen, sondern belegen (can. XII.) außerdem ganz allgemein den mit dem Anathem, der leugnet, daß die Ehesachen alle vor den geistlichen Richterstuhl gehören. Wir haben also die Ungeheuerlichkeit vor uns, daß jeder katholische Jurist, der bei der staatlichen Ehegerichtsbarkeit mitwirkt, eo ipso exkommuniziert ist — wenn nicht für ihn eine der zahllosen Dispensationen Platz greift, durch welche die römische Kirche den Abgrund zwischen ihrem katholische Gewissen bindenden mittelalterlichen Rechte und den bestehenden Rechtszuständen überbrückt.

Welche „Konsequenz" hierin in der römischen Praxis besteht, mag man auch daraus ersehen, daß Leo XIII. 1886 mittelst Breve's ein Dekret der Kongregation der Inquisition veröffentlichte, wonach katholischen Richtern, zunächst in Frankreich, verboten wurde, in amtlicher Stellung bei Ehescheidungen zwischen katholischen Eheleuten zu fungieren. In Belgien aber besteht seit dem Code civil vom Jahre 1803 ein Ehescheidungsgesetz, und fünf Päpste haben hier in 83 Jahren keinerlei Veranlassung genommen, gegen die Funktionen katholischer Richter bei der Ausführung dieses Gesetzes Protest zu erheben.

71. Tridentini forma sub infirmitatis poena non obligat, ubi lex civilis aliam formam praestituat, et velit hac nova forma interveniente matrimonium valere.

Litt. Apost. Ad apostolicae 22 Augusti 1851.

Die tridentinische Form verpflichtet nicht unter der Strafe der Ungültigkeit, wo das Staatsgesetz eine andere Form festsetzt und will, daß die Ehe, die nach dieser neuen Form abgeschlossen wird, gültig sei.

Die tridentinische Form der Eheschließung ist für Christen die einzig gültige Form der Eheschließung, auch wo das staatliche Gesetz eine andere Form vorschreibt und davon die Gültigkeit der Ehe abhängig macht, erklärt der Papst und Schrader ergänzt: da hat das staatliche Gesetz keine Geltung.

Die durch das tridentinische Konzil vorgeschriebene Form ist die Eheschließung coram parocho et duobus testibus. In all den Ländern, in welchen die Trienter Konzilsbeschlüsse proklamiert worden sind, waren die nicht vor dem zuständigen katholischen Pfarrer und zwei Zeugen abgeschlossenen Ehen von Christen Konkubinate, ungültige Ehen. Zum erstenmal erkannte Papst Benedikt XIV. 1741 durch päpstliche Deklaration an, daß die Ehen Evangelischer und die nicht katholisch geschlossenen Mischehen als gültige Ehen angesehen werden sollten. Diese zunächst für die Niederlande erlassene Indulgenz wurde 1793 auch auf Kleve, 1764 auf Kanada, 1765 auf Schlesien, 1767 auf Malabar und Bombay, 1775 auf Kulm, 1780 auf Russisch-Polen, 1785 auf Irland, 1830 auf die Diözesen Köln, Trier, Münster, Paderborn und auf Ungarn, 1854 auf Limburg ausgedehnt und 1882 endlich auch auf den Delegaturbezirk des Fürstbistums Breslau, nämlich auf — Berlin, Brandenburg und Pommern. Von 1882 an also gelten nach römischem Recht die Berliner und Brandenburger Ehen der Evangelischen und die evangelisch getrauten Mischehen nicht mehr als Konkubinate; als solche sind sie noch beschimpft in jenem berüchtigten Proklama, das im Herbst 1881 an verschiedenen katholischen Kirchen Brandenburgs, unter anderen an der Hedwigskirche zu Berlin angeschlagen war.*)

Die prinzipielle, dem Tridentinum entsprechende Fassung des 71. Satzes ignoriert also die seit Benedikt XIV. eintretenden Ermäßigungen in dem schroffen katholischen Eherecht und bringt uns zum Bewußtsein, daß der Jesuitismus, dem wir die neuere Verschärfung der Gegensätze verdanken, auch auf diesem Punkte, sobald er kann, das Mittelalter wieder heraufführen will.

72. Bonifacius VIII. votum castitatis in ordinatione emissum nuptias nullas reddere primus asseruit.
Litt. Apost. Ad apostolicae 22 Augusti 1851.

Bonifacius VIII. hat zuerst die Behauptung aufgestellt, daß das bei der Ordination abgelegte Gelübde der Keuschheit die Ehe ungültig mache.

Nicht erst Bonifacius VIII. hat erklärt, daß das bei der Ordination abgelegte Keuschheitsgelübde eine zuvor bestehende Ehe ungültig mache, erklärt der Papst, läßt aber vorsichtigerweise die Frage offen, ob diese Uebung eine sehr alte bezw. eine urchristliche gewesen ist. Das letztere wäre falsch, denn die Schrift und die ersten Jahrhunderte der Kirche wissen von einer erzwungenen Ehelosigkeit der Geistlichen nichts. Die Apostel waren verheiratet, wie die Brüder Jesu (1. Cor. 9, 5) und der einzige Cölibatär unter ihnen, Paulus, nimmt für sich ausdrücklich, falls er

---

*) Das Nähere hierüber, sowie den Wortlaut des Proklama siehe bei Brecht, Papst Leo XIII. und der Protestantismus. S. 63—79.

wollte, das Recht zur Heirat in Anspruch und redet in seinen Briefen von verheirateten Bischöfen als einer stehenden Uebung (1. Tim. 3, 2 und Tit. 1, 6). Das Cölibat ist durch das im vierten Jahrhundert immer allgemeiner aufkommende falsche Sittlichkeitsideal der Einsiedler und Mönche dem Priesterstand mit steigendem Fanatismus aufgedrungen worden. Welches Motiv für Gregor VII. bei der zwangsweisen Durchführung des Cölibats maßgebend war, verrät er uns mit kalter Offenheit in dem Wort: „Die Kirche kann von der Sklaverei der Laien (d. h. von dem tausend Jahre bestehenden bürgerlich staatlichen und Laien-Einflusse) nicht befreit werden, so lange nicht die Priester von ihren Gattinnen befreit werden. Die Folgen dieses brutalen Zwanges beschreibt uns aktenmäßig das Theiner'sche Werk: Die Einführung der erzwungenen Ehelosigkeit bei den christlichen Geistlichen und ihre Folgen 1828 und 1845 — ein Werk, das uns wahrhaft entsetzliche Enthüllungen über die Folgen jener „Befreiung" vorführt und den erzwungenen Cölibat der römischen Kirche für alle Zeiten gerichtet hat.

73. Vi contractus mere civilis potest inter christianos constare veri nominis matrimonium; falsumque est, aut contractum matrimonii inter christianos semper esse sacramentum, aut nullum esse contractum, si sacramentum excludatur.
Litt. Apost. Ad apostolicae 22 Augusti 1851.
Epist. SS. Pii IX. ad Regem Sardiniae 9 Septembris 1852.
Alloc. Acerbissimum 27 Septembris 1852.
Alloc. Multis gravibusque 17 Decembris 1860.

In Kraft eines rein bürgerlichen Vertrags vermag zwischen Christen eine Ehe im wahren Sinne des Wortes zu bestehen, und es ist falsch, daß entweder der Ehevertrag unter Christen immer ein Sakrament sei, oder aber gar kein Vertrag, wenn das Sakrament ausgeschlossen wird.

Der Papst erklärt in näherer Ausführung des 66. Satzes, daß unter Christen durch bloßen Civilvertrag keine Ehe zu stande kommt, d. h. daß der Ehevertrag entweder durch die sakramentale Eheschließung vor dem Priester zu stande kommt oder aber, wenn er ohne die sakramentale Beihilfe des Priesters geschlossen wird, nichtig ist. „Und ebendarum", setzt Schrader hinzu, „ist auch jede in was immer für einer Gesetzeskraft rein unter den Christen außerhalb des Sakramentes eingegangene Verbindung zwischen Mann und Frau nichts anderes, als ein schändliches und verderbliches, von der Kirche so sehr verdammtes Konkubinat und deshalb kann von dem Eheband das Sakrament nie getrennt werden."

Wie der Jesuit Schrader, hat Pius IX. oft genug die Civilehe als Konkubinat beschimpft und Leo XIII. hat am 21. April 1878, am 1. Juni 1879 und am 20. Februar 1880 diese Brandmarkung wiederholt.

74. Caussae matrimoniales et sponsalia suapte natura ad forum civile pertinent.
Litt. Apost. Ad apostolicae 22 Augusti 1851.
Alloc. Acerbissimum 27 Septembris 1852.

NB. Huc facere possunt duo alii errores: de clericorum coelibatu abolendo et de statu matrimonii statui virginitatis anteferendo. Confodiuntur, prior in Epist. encycl. Qui pluribus 9 Novembris 1846, posterior in Litt. Apost. Multiplices inter 10 Junii 1851.

Die Ehesachen und Verlöbnisse gehören ihrer Natur nach vor das weltliche Gericht.

Anm. Hierher lassen sich rechnen zwei andere Irrtümer über die Abschaffung des Cölibates der Geistlichen und den Vorzug des Ehestandes vor dem jungfräulichen Stande. Sie werden verurteilt, ersterer in der Encyklika Qui pluribus vom 9. November 1846, letzterer in dem apostol. Sendschreiben Multiplices inter vom 10. Juni 1851.

Ehesachen und Sponsalien gehören nicht vor das weltliche, sondern nach Sess. XXIV. can. XII. des Tridentinum vor den geistlichen Richter. Dieser Satz macht durch die ganze bürgerliche Ehegesetzgebung moderner Staaten, soweit sie Christen, d. h. Katholiken und die dem päpstlichen Recht gleichfalls unterstehenden Schismatiker und Ketzer betrifft, einen Strich.

§ IX. Errores de civili Romani Pontificis principatu.

75. De temporalis regni cum spirituali compatibilitate disputant inter se christianae et catholicae Ecclesiae filii.
Litt. Apost. Ad apostolicae 22 Augusti 1851.

Irrtümer über die weltliche Herrschaft des römischen
Papstes.

Ueber die Vereinbarkeit der weltlichen mit der geistlichen Herrschaft sind die Söhne der christkatholischen Kirche verschiedener Meinung.

Der Papst lehrt, über die Vereinbarkeit der weltlichen Herrschaft mit der geistlichen besteht so wenig ein Streit zwischen den Söhnen der katholischen Kirche, daß vielmehr alle darüber einig sind, bezw. alle, die die weltliche mit der geistlichen Herrschaft unvereinbar halten, gar keine wahren Katholiken sind. Oder, wenn die Vereinbarkeit der weltlichen mit der geistlichen Herrschaft zum Glaubensartikel gestempelt wird, so soll dadurch der Weg gebahnt werden zur Dogmatisierung des Kirchenstaates.

76. Abrogatio civilis imperii, quo Apostolica Sedes potitur, ad Ecclesiae libertatem felicitatemque vel maxime conduceret. Alloc. Quibus quantisque 20 Aprilis 1849.

NB. Praeter hos errores explicite notatos, alii complures implicite reprobantur, proposita et asserta doctrina, quam catholici omnes firmissime retinere debent, de civili Romani Pontificis principatu. Ejusmodi doctrina luculenter traditur in Alloc. Quibus quantisque 20 Aprilis 1849 in Alloc. Si semper antea 20 Maji 1850; in Litt. Apost. Cum catholica Ecclesia 26 Martii 1860; in Alloc. Novos 28 Septembris 1860; in Alloc. Jamdudum 18 Mart. 1861; in Alloc. Maxima quidem 9 Junii 1862.

Die Abschaffung der weltlichen Herrschaft, welche der apostolische Stuhl besitzt, würde zur Freiheit und Wohlfahrt der Kirche im höchsten Maße beitragen.

Anm. Außer diesen ausdrücklich bezeichneten Irrtümern werden mehrere andere einschließlich verworfen durch die Vorstellung und Darlegung der Lehre von der weltlichen Herrschaft des römischen Papstes, an welcher alle Katholiken durchaus festhalten sollen. Diese Lehre wird klar vorgetragen in der All. Quibus quantisque vom 20. April 1849; in der All. Si semper antea vom 20. Mai 1850; in dem Apost. Sendschreiben Cum catholica Ecclesia vom 26. März 1860; in der All. Novos vom 28. September 1860 in der All. Jamdudum vom 18. März 1861; in der All. Maxima quidem vom 9. Juni 1862.

Die Abschaffung der weltlichen Herrschaft des Papstes würde zum Wohl der Kirche nicht nur nicht "außerordentlich viel beitragen", lehrt der Papst, sondern dem Wohl der Kirche großen Schaden bringen. Der Kirchenstaat ist zum Wohl der Kirche notwendig. Schrader erklärt, durch die Aufhebung der weltlichen Herrschaft des Papstes würde das Glück und die Wohlfahrt der Kirche beeinträchtigt, wo nicht ganz vernichtet; denn es ist durch einen besonderen Ratschluß der göttlichen Vorsehung geschehen, daß nach der Spaltung des römischen Reiches in mehrere Reiche und verschiedene Gebiete der römische Papst, welchem von Christus dem Herrn [wo denn?!] die Regierung und Obsorge für die ganze Kirche anvertraut wurde, die weltliche Herrschaft gewiß [!] aus dem Grunde erhielt, damit er zur Regierung der Kirche und zur Wahrung ihrer Einheit seine volle Freiheit besitzen, welche zur Erfüllung der Pflichten des höchsten apostolischen Amtes erfordert wird.

Es giebt also eine "Lehre vom Kirchenstaat", welche der Papst in Allokutionen und Schreiben vom Jahr 1849, 1850, 1860, 1861 und 1862 "klar dargelegt" hat, an welcher alle Katholiken "aufs kräftigste festhalten müssen". Der Traditionsbeweis für diese seltsame neue Lehre, durch welche man neuerdings ganz Europa gegen Italien in Waffen zu rufen sucht, ist natürlich nicht zu erbringen. Auch der Ursprung des Kirchenstaates ist so illegitim als möglich. Und seine Geschichte?! Sie ist ein fortlaufender Beweis für das Gegenteil dessen, was der Kirchenstaat bezwecken soll. In wie weit der Kirchenstaat der Kirche zum Wohl gereicht hat, von 853 bis 1870, inwiefern dieses 1000jährige Reich, dieses Millennium für die Römer selbst, die Italiener und die ganze Kirche chiliastische Segnungen gebracht hat, das möge man nachlesen in Sugenheim, Geschichte der Entstehung und Ausbildung des Kirchenstaates 1854, und Brosch, Geschichte des Kirchenstaates 1879—82. Vergegenwärtigt man sich die jämmerlichen Zustände dieses Priesterstaates mit seinen Bettlerscharen und Räuberbanden, so wird man ermessen können, ob diese angeblichen Statthalter Christi nicht besser daran gethan hätten, an dem Wort Jesu festzuhalten: Mein Reich ist nicht von dieser Welt.

§ X. Errores qui ad liberalismum hodiernum referuntur.

77. Aetate hac nostra non amplius expedit, religionem catholicam haberi tamquam unicam Status religionem, ceteris quibuscumque cultibus exclusis.
Alloc. Nemo vestrum 26 Julii 1855.

Irrtümer, welche zu dem heutigen Liberalismus in Beziehung stehen.

In unserer Zeit ist es nicht mehr zuträglich, daß die katholische Religion mit Ausschluß aller übrigen Kulte als einzige Staatsreligion gelte.

Der Papst lehrt: Auch in unserer Zeit ist es noch nützlich, daß die katholische Religion als einzige Staatsreligion unter Ausschluß aller anderen Kulte anerkannt werde. Schrader interpretiert diesen intoleranten Grundsatz dahin:

„Darum fordert auch der Papst in solchen Staaten, in welchen bloß Katholiken wohnen, die alleinige Herrschaft der katholischen Religion mit Ausschluß jedes anderen Kultus, und darum hat er auch in der Allokution vom 26. Juli 1855 gegen die Verletzung des ersten Artikels des spanischen Konkordates reklamiert, in welchem die ausschließliche Herrschaft der katholischen Religion in Spanien stipuliert worden ist und die Gesetze, mit welchen die Kultusfreiheit eingeführt wurde, verworfen und für null und nichtig erklärt" — und darum verlangt Artikel 1 des bayrischen Konkordates „mit Recht", setzen wir hinzu, daß

„die römisch-katholische apostolische Religion in dem ganzen Umfang des Königreichs Bayern und in den dazu gehörigen Gebieten unversehrt mit jenen Rechten und Praerogativen erhalten werde, welche sie nach göttlicher Anordnung und den kanonischen Satzungen zu genießen hat."

Es ist also Flunkerei, wenn ultramontanerseits die prinzipielle Intoleranz dieses Satzes damit beschönigt und verschleiert wird, daß man thut, als ob hier nur von rein katholischen Staaten die Rede wäre. Solche giebt es zudem heutzutage nirgends mehr. Und das Beispiel Bayerns, wo die 1½ Millionen Protestanten einfach ignoriert werden, zeigt aufs deutlichste, wenn man es nicht längst schon wüßte, daß die Intoleranz dieses 77. Satzes keinerlei Grenzen hat, vielmehr seine Durchführung überall angestrebt wird, und überall soweit, als die Zeitumstände es erlauben.*)

78. Hinc laudabiliter in quibusdam catholici nominis regionibus lege cautum est, ut hominibus illuc immigrantibus liceat publicum proprii cujusque cultus exercitium habere.
Alloc. Acerbissimum 27 Septembris 1852.

---

*) Im Kirchenstaat natürlich wurden diese Bestimmungen — abgesehen von den protestantischen Gesandtschaftskapellen — streng durchgeführt. Ganz besonders bezeichnend aber ist bei dieser Frage die Stellung Tyrols. Bei der Konstituierung des katholischen Vereins zu Mainz (1848) war beantragt worden, zu beschließen, der katholische Verein wolle „dieselben Rechte und Freiheiten, welche er für die katholische Kirche in Anspruch nehme, auch für die andern Konfessionen", worauf Dr. Haidegger meinte, diese Fassung sei wohl gerechtfertigt für die Teile Deutschlands, wo akatholische Gemeinden bereits rechtlich konstituiert seien. In katholischen Ländern dagegen, z. B. in Tyrol, könne der Ausdruck, daß der Verein für die Akatholiken dieselben Rechte und Freiheiten wolle, wie für die katholische Kirche, Anstoß und Mißtrauen erregen, und beantragte deshalb Streichung des Satzes, worauf dann die Fassung angenommen wurde: „Der Verein wird andern Konfessionen gegenüber den Frieden des Rechts wahren und in keiner Weise den Rechten derselben Eingriff thun." Von dem Präsidenten jener Versammlung, dem bekannten Hofrat Dr. Buß, ist dann im Jahre 1863, als es sich in Oesterreich um die Durchführung der Glaubens- und Kultfreiheit handelte, die „Glaubenseinheit" Tyrols, d. h. der Ausschluß der Protestanten in einer besonderen Schrift verteidigt worden, welche ihm das Tyroler Ehrenbürgerrecht eintrug. Bedenkt man, mit welch schändlichen Mitteln die „Glaubenseinheit" Tyrols im 16. und 17. Jahrhundert wieder hergestellt, wie noch im vorigen Jahrhundert die protestantischen Salzburger, noch im Jahre 1837 die Zillerthaler vertrieben wurden, dann hat man erst den rechten Hintergrund für diese Glaubenseinheit Tyrols, welche zum großen Leidwesen der Tyroler und deutschen Fanatiker neuerdings durch protestantische Kirchenbauten in Meran und Bozen durchbrochen worden ist. Während im Freiheitskrieg von 1813 katholische und evangelische Deutsche in patriotischem Heldenmut wetteiferten, hat sich in der bewußten Schrift Dr. Buß nicht entblödet, als Hauptgrund des glorreichen Patriotismus der Tyroler im Jahr 1809 die katholische Glaubenseinheit hinzustellen und nach Aufhebung dieser Glaubenseinheit ein Aufhören jenes patriotischen Heldenmutes in Aussicht zu stellen.

Daher ist es eine löbliche Anordnung, daß in gewissen katholischen Gegenden gesetzlich feststeht, daß es jedem Einwanderer daselbst erlaubt sei, seinen eigenen Kult, welcher immer es sei, öffentlich auszuüben.

Es war eine verderbliche Neuerung, wenn in gewissen katholischen Ländern den Einwanderern gesetzlich die freie Ausübung ihres Kultus garantiert wurde, lehrt der Papst. Er gestattet in den Ländern, wo seine Prinzipien herrschen oder zur Herrschaft gebracht werden können, keinerlei Kultusfreiheit. Wo es möglich sein wird, da werden die Ketzer prozessiert nach dem kanonischen Recht. Alle protestantischen Länder sind Missionsgebiete und unterstehen der Propaganda-Kongregation in Rom. Wenn daher deutsche Katholiken in Deutschland Toleranz, Parität, Kultusfreiheit für sich verlangen, und diese von den Päpsten verdammten Grundsätze als „ihr heiligstes Recht" bezeichnen, so ist nur zweierlei möglich: entweder kennen sie die intoleranten Grundsätze ihrer Kirche — dank der opportunistischen Ableugnung in der ultramontanen Litteratur — nicht; dann aber mögen sie das kanonische Rechtsbuch oder den Syllabus lesen, um zu lernen, was katholische Lehre ist — oder aber, sie kennen diese intoleranten Grundsätze und berufen sich trotzdem auf die heutigen Rechte der Parität und Toleranz; denn ist es echt jesuitische Heuchelei oder jene rücksichtslose Kampfesstellung des propagandistischen Ultramontanismus, welcher Louis Veuillot (1875) klassischen Ausdruck gegeben hat in den Worten: „Da, wo wir in der Minorität sind, beanspruchen wir die Freiheit nach neueren Grundsätzen; wo wir die Mehrheit haben, versagen wir sie nach unsern religiösen Ueberzeugungen." Ein Jahr vor dem Erscheinen des Syllabus rief einer jener ehrlichen idealen Ultramontanen, der Graf Montalembert der katholischen Versammlung zu Mecheln zu: „Vernehmt es wohl, Katholiken! Wenn ihr die Freiheit für euch wollt, so müßt ihr sie wollen für alle Menschen und unter jedem Himmel. Wenn ihr nur für euch sie fordert, wird man sie euch nie zugestehn. Gebt sie, wo ihr Herrn seid, auf daß man sie euch gebe, wo ihr Knechte." Die Worte dieses idealen Ultramontanisten verhallten natürlich ungehört. Man bedient sich ihrer Dienste, ohne die naiven in die letzten Absichten Roms einzuweihen. Sind sie ausgebraucht, so wirft man sie zu dem großen Haufen der anrüchigen und nicht ganz korrekten.

79. Enimvero falsum est, civilem cujusque cultus libertatem, itemque plenam potestatem omnibus attributam quaslibet opiniones cogitationesque palam publiceque manifestandi conducere ad populorum mores animosque facilius corrumpendos ac indifferentismi pestem propagandam.

Alloc. Nunquam fore 15 Decembris 1856.

Denn es ist falsch, daß die staatlich bewilligte Freiheit eines Jeden, sowie auch die allen verliehene volle Befugnis, jede beliebige Meinung und Ansicht öffentlich kundzugeben, dazu führe, die Sitten und Gesinnungen der Völker leichter zu verderben und die Pest des Indifferentismus zu verbreiten.

Der Papst verwirft Kultus=, Preß= und Redefreiheit und zwar in dem Sinne, wie die moderne Weltanschauung diese Freiheiten versteht. In der Verteidigung, bezw. Beschönigung der Lehren des Syllabus konnte man manchmal Hinweisungen auf unsittliche heidnische Kulte oder die Exzesse der anarchistischen und radikalen Presse vernehmen, welche doch ebensowenig eine weltliche, wie die geistliche Gewalt zu billigen und dulden vermöge. Allein es handelt sich in unserer These nicht um solche Exzesse, wie sie bekanntlich auch die meisten der liberalen modernen Staatsregierungen verwerfen und bestrafen. Es handelt sich vielmehr eben um die Grundsätze dieses modernen Staats= und Kulturlebens, welchem ja im folgenden 80. Satze der unversöhnliche Krieg angesagt wird. Logischer Weise wird vielmehr im 79. Satze gerade diejenige Kultus=, Rede= und Preßfreiheit verurteilt, wie sie das vom Papst auf Tod und Leben bekämpfte moderne Kultur= und Staatsleben zur Grundlage hat.

Bischof Dupanloup von Orleans, dessen Broschüre La convention du 15 Septembre et L'Encyclique du 8 Decembre. Paris 1865 tonangebend für die ultramontanen Beschönigungen des Syllabus geworden ist, hat auch die Verwerfung der Preßfreiheit abzuschwächen gesucht, als handele es sich nur um die Verwerfung jenes völligen laisser faire, welches auch das Verbrechen und die Unsittlichkeit offen durch die Presse empfehlen, proklamieren lasse. Allein wie gesagt, kaum ein Staat der Welt hat Preßfreiheit in diesem Sinne proklamiert und daß der Papst mit unserem 79. Satz nicht gegen Windmühlen kämpfen oder offene Thüren einstoßen will, ist klar. Sicherlich will er nichts anderes, als die Idealzustände, welche in seinem Kirchenstaat herrschten, auch der übrigen Welt zukommen lassen. In diesem Idealstaat bestand aber eben der Zustand absoluter Censur und Knechtung der öffentlichen Meinung, Zeitungs= und Büchercensur, welche eben die moderne Welt sich nicht mehr gefallen lassen und durch das Prinzip der Preßfreiheit abschaffen wollte. Man würde aber die römische Taktik sehr übel verstehen, wenn man nicht die andere Seite ins Auge fassen würde: Da, wo Rom noch nicht herrscht, wo seine Scharen gegen einen akatholischen Staat kämpfen, wo es erst gilt, den römischen Prinzipien zur Herrschaft zu verhelfen, da läßt man sich die schranken= loseste Preßfreiheit nicht nur gefallen, man fordert sie. Schon vor 1848 erklärten die Münch. „Hist.=pol. Blätter", so gut wie einstimmig sei das katholische Deutschland in dem Ver= langen nach Preßfreiheit. Und von der Preßfreiheit hat bekanntlich gerade die Kaplanspresse einen schauderhaften Ge= brauch gemacht. Kein Radikaler hat unverantwortlicher gegen den Staat gehetzt, als diese Garde des römischen Papstes. Das bezeichnendste ist aber, daß die französischen Ultramon= tanen gegen das Verbot der Veröffentlichung des Syllabus im Namen der Preßfreiheit protestierten!

80. Romanus Pontifex potest ac debet cum progressu, cum liberalismo et cum civilitate sese reconciliare et componere. Alloc. Jamdudum cernimus 18 Martii 1861.

Der römische Papst kann und soll sich mit dem Fortschritt, mit dem Liberalismus und mit der modernen Bildung aussöhnen und verständigen.

Der römische Papst kann sich, erklärt Pius, mit dem Fort= schritt, dem Liberalismus und der modernen Civilisation nicht versöhnen und vergleichen. Er muß sie vielmehr, ist die Meinung des Papstes, auf Tod und Leben bekämpfen und zu vernichten suchen. Schrader fügt erklärend bei: „Denn diejenigen, welche die Gerechtigkeit und die Rechte unserer heiligen Religion verfechten, fordern mit Recht, daß die unwandelbaren und unerschütterten Prinzipien der ewigen Gerechtigkeit ganz und unversehrt bewahrt werden und daß die Kraft unserer heilsamen göttlichen Religion erhalten, die Gläubigen auf dem sicheren Wege zum Guten, nicht aber auf dem schiefen Wege zum Verderben geführt werden. Der h. Stuhl ist die höchste Stütze, der Schützer und Hirte der Gläubigen, darum kann er sich mit dem Liberalismus und mit der heutigen Civilisation ohne die schwerste Verletzung des Gewissens und ohne das größte allgemeine Verderben nicht verbunden."

Die Bedeutung des Syllabus.

Der letzte Satz des Syllabus zeigt uns am klarsten, was der Papst mit dieser feierlichen Kundgebung bezweckt. Es ist eine Kriegserklärung an die gesamte nichtkatholische, bezw. nichtultramontane Welt, eine Magna charta, eine Verfassungsurkunde des mittelalterlichen Katholizismus, ein Programm, nach dessen Sätzen die ganze moderne Welt umgestaltet werden soll.

Manche Ueberraschung hatte Pius IX., seit er sich nach seiner kurzdauernden liberalen Aera den Jesuiten in die Arme geworfen hatte, der Welt bereitet. Schon im Jahr 1854 hatte er eine in 1800 Jahren nicht erhörte Neuerung begangen, indem er, nicht etwa ein Konzil, die übernatürliche Geburt und Sündlosigkeit der Maria als Dogma proklamierte. Einer seiner jesuitischen Ratgeber, der öfters genannte Schrader, macht über die Tragweite jenes Schrittes folgende bedenkliche Geständnisse*): „Es ist dies ein dem Pontifikat Pius IX. ganz eigentümlicher Akt, wie ihn kein früheres Pontifikat aufzuweisen hat [allerdings!]; denn der Papst hat dieses Dogma selbständig und aus eigener Machtvollkommenheit ohne Mitwirkung eines Konzils definiert und diese selbständige Definition eines Dogma schließt gleichzeitig, zwar nicht ausdrücklich und förmlich, aber nichtsdestoweniger unzweifelhaft und thatsächlich eine andere dogmatische Entscheidung in sich: nämlich die Entscheidung der Streitfrage, ob der Papst in Glaubenssachen auch für seine Person unfehlbar sei, oder ob er diese Unfehlbarkeit nur an der Spitze eines Konzils [!] auszusprechen

---

*) Schrader, Pius IX. als Papst und als König. Wien, 1865.

habe. Pius IX. hat, wie gesagt, die Unfehlbarkeit des Papstes durch den Akt vom 8. Dezember 1854 zwar nicht theoretisch definiert, aber praktisch in Anspruch genommen" — d. h. er hat damals schon unter dem Einfluß der Jesuiten die seitherige Kirchenverfassung umgestoßen und die katholische Glaubenslehre häretisch alteriert, indem er nach dem panegyrischen Eingeständnis Schraders etwas aller und jeder katholischen Tradition hohnsprechendes gethan hat. Man war also von Pius IX. schon manches gewohnt. Er hatte auch die im Syllabus zusammengestellten Grundsätze oft genug in seinen zahlreichen Ansprachen und Erlassen nach der negativen und positiven Seite in kräftigsten Worten behandelt. Auch hatten die Jesuiten schon lange zuvor die gleichen Prinzipien des Syllabus, vor allem in der „Civiltà cattolica" vertreten und an einer Zusammenstellung eines Irrtümerverzeichnisses gearbeitet.*) Auch hatte im September 1864 der Jesuit Schrader in einer anonymen Schrift: Der Papst und die modernen Ideen, Sartori, Wien, auf den Syllabus vorbereitet. Er erklärte in der Einleitung, er hätte erwogen, „wie nützlich es wäre, den h. Stuhl selbst für die Verteidigung seiner Prinzipien und zur Bekämpfung der denselben entgegenstehenden Irrtümer in einer kurzen, systematischen Reihenfolge das Wort ergreifen zu lassen, damit jene, welchen es an Zeit und Gelegenheit fehlt, die oft umfangreichen päpstlichen Aktenstücke selbst nachzulesen, in einer gedrängten Darstellung das wichtigste beisammen finden, was der glorreich regierende Papst Pius IX. . . . über die modernen Ideen, soweit sie den Prinzipien und den Rechten der katholischen Kirche und des h. Stuhles feindlich sind, in der Ordnung des Glaubens, der Moral, der Freiheit und des Rechtes und der Politik gelehrt und ausgesprochen hat."

Trotz alledem wirkte nun dieses mittelalterliche Glaubens- und Rechtssystem des Papstes in solch drastischer Zusammenstellung, in dieser schroffen, unvermittelten, knappen Kürze und in solch feierlicher Form vorgetragen, auf die Welt verblüffend genug. Die Protestanten vor allem waren über die

---

*) Höchst interessante Mitteilungen über die Vorgeschichte des Syllabus, dessen geistiger Urheber niemand anders als der Bischof Pecci, der jetzige Papst Leo XIII. ist, giebt Rönneke a. a. O.

brutalen Anrempelungen, die sie in dem Schriftstück erfahren, mit Recht entrüstet. Die Blätter waren einstimmig in der Verurteilung des Manifestes. Nur ganz wenige unter den ultramontanen wagten offen und ehrlich sich zu den mittelalterlichen Grundsätzen Pius IX. zu bekennen. Die übrigen alle verlegten sich aufs Ableugnen und Beschönigen.

Die Staaten, vor allem die französische Regierung, deren Illegitimität der Papst im Satz 59 ff. so offen bloßgestellt, nachdem er ein halbes Menschenalter mit dem illegitimen Usurpator sich im allerbesten Einvernehmen befunden und seinen Kirchenstaat sich von ihm hatte beschirmen lassen, mußten die ungeheuerliche Tragweite des Syllabus wohl zu würdigen. Das französische Ministerium des Auswärtigen ließ durch den Botschafter in Rom das Bedauern über das Erscheinen der Encyklika und Beschwerde über den Nuntius in Paris aussprechen, welcher die Bischöfe von Orleans und Poitiers wegen Veröffentlichung der Encyklika belobt hatte. Durch Rundschreiben des Justiz- und Kultusministers an den Episkopat vom 1. Januar 1865 wurde die Publikation der Encyklika und des Syllabus untersagt, da sie Aufstellungen enthalte, welche den Grundsätzen zuwiderlaufen, auf welchen die Verfassung des Kaiserreiches beruht." Nur die Veröffentlichung desjenigen Teiles der Encyklika, welcher das Ausschreiben eines Jubiläumsablasses enthielt, wurde durch kaiserliches Dekret vom 5. Mai 1865 gestattet. Die Zeitungen, welche als Vertrauensorgane der gallikanischen Fraktion des französischen Klerus galten, so das offiziöse „Pays" bemühten sich, die Encyklika der öffentlichen Meinung gegenüber zu rechtfertigen. Das „Journal des Débats" aber warf einen Rückblick auf die Zeit des Regierungsantritts Pius IX., verglich die Begeisterung von damals mit der Gegenwart, und fragte mit Recht, wie es komme, daß die Prinzipien von 1789, die sich 1846 so gut mit Pius IX. Anschauungen vertragen hätten*), heute als verabscheuungswürdige Ketzereien verdammt würden. Gegen das Verhalten der französischen Regierung protestierten

---

*) Pius IX. war damals sogar bereit, auf den Kirchenstaat zu verzichten und sich auf das geistliche Kirchenregiment zu beschränken. Das Konzept der Rede, in welcher sein Minister Mamiani diese Absicht proklamierte, ist kürzlich aufgefunden worden. Es trägt Korrekturen und Glossen von Pius eigener Hand.

zahlreiche Erzbischöfe und Bischöfe. Als aber der Erzbischof von Besançon und der Bischof von Moulins in ihren Kathedralen auch die in Folge des Berichtes des Kultministers an den Kaiser nicht plazetierten Teile der Encyklika von der Kanzel zu verlesen sich unterfingen, wurde beim Staatsrat gegen sie „wegen Mißbrauchs ihrer Amtsgewalt" ein Rekurs anhängig gemacht. Andererseits erhielt der Kultminister gegen 500 Schreiben von Mitgliedern des niederen Klerus, welche ihre volle Uebereinstimmung mit den Schritten der Regierung erklärten. In manchen Staaten, so in Rußland und einigen Kantonen der Schweiz wurde die Verbreitung der Encyklika verboten. In den Staaten des Königs von Sardinien wurde unter dem 6. Januar 1865 dem Syllabus das königliche Exequatur erteilt: „vorbehaltlich der Rechte des Staates und der Krone und ohne irgend einen der darin enthaltenen Sätze anzuerkennen, welche den Prinzipien der Institutionen und der Gesetzgebung des Landes zuwider sind." Der päpstliche Staatssekretär Antonelli, der schon zuvor von der Veröffentlichung der Schriftstücke abgeraten haben soll, erklärte am 22. Januar 1865 in einem diplomatischen Rundschreiben, daß die Encyklika keinen politischen, sondern lediglich einen theologisch-pastoralen Charakter trage (!).

Nichts anderes, als solche leere unwahre Beschwichtigungen und Beschönigungen wußte die ultramontane Presse zu Gunsten der monströsen Schriftstücke vorzubringen. Frohschammer a. a. O. sagt darüber:

„Mit der Durchführung des einzelnen hat es keine Eile, man sucht im Gegenteil das Anstößigste und Schroffste zu mildern und umzudeuten, die öffentliche Entrüstung zu beschwichtigen, die Beunruhigung als unbegründet hinzustellen. Und in Rom läßt man sich diese Abschwächungen vorläufig gefallen, um der Nützlichkeit willen, wenn man auch keineswegs damit einverstanden ist und sie gelegentlich sicher zurückweist. Es ist ein fast komisches Schauspiel, wie die ultramontanen Blätter (wenige ausgenommen, die ganz starr und — dürfen wir fast sagen, ehrlich, an der Encyklika festhalten) je ihre eigenen Ansichten in das päpstliche Schreiben und das Irrtümerverzeichnis hineindeuten. Ganz merkwürdig ist es, was man sich auf dieser Seite nach der ersten Verlegenheit ausgedacht hat, um die Encyklika mit den modernen Verhältnissen einigermaßen in vorläufigen Einklang zu bringen. Die Encyklika, sagt man, will nicht plötzlich alles ändern, sie fordert nicht gewaltsame Umgestaltung, will nicht plötzlich ausgeführt sein, sondern sie zeigt den Katholiken nur das Ideal, nach dem sie streben müssen, sie will ihnen nur zeigen, daß sie nicht in normalem Zustand leben und nicht einer falschen Beruhigung sich hingeben dürfen, zufrieden mit den modernen Zuständen, sondern daß sie nach Aenderung zu streben haben und nach Realisierung des Ideals, wie es im päpstlichen Erlasse gezeichnet ist. Die Katholiken können also den Andersgläubigen getrost zurufen: Beunruhiget euch nicht wegen des konfessionellen Friedens. Wir wollen euch die Gleichberechtigung nicht sogleich nehmen, sondern erst — wenn wir können. Der Papst gestattet uns, aus Not zu ertragen, was wir nicht zu ändern vermögen — bis es uns möglich ist. Und stellt euch uns nicht vor, als ob nun gleich religiöse Verfolgungen, Inquisitionsproceduren, Einkerkerungen und Verbrennungen erfolgen würden, o nein, das alles ist nur ein Ideal, dem wir allerdings nachstreben sollen, von dem wir aber leider noch sehr weit entfernt sind. Wo die Verhältnisse das alles nicht gestatten, da braucht es auch nicht zu geschehen, da ist ein Notstand, den das encyklische Schreiben des Papstes gewiß als Entschuldigungsgrund gelten läßt. Ja so wenig verbindet uns die Verdammung der modernen Rechte und Freiheiten, sie ohne weiteres zu verabscheuen und zu vernichten, daß wir selbst sogar ihnen keineswegs entsagen, vielmehr gerade sie noch sehr notwendig brauchen, teils um selbst zu bestehen, da, wo die Verhältnisse ungünstig sind, wie in England, teils um sie zu benutzen zu ihrer allmählichen Zerstörung und zur Durchführung der päpstlichen Encyklika, wie in Belgien, also da, wo und so lange uns diese „verdammten" Irrtümer notwendig sind zum Bestehen und Wirken, oder wo sie uns förderlich und nützlich sind zur Erreichung unserer Zwecke, insbesondere zur allmählichen Realisierung der päpstlichen Institutionen selbst, da wollen wir sie bestehen lassen, ja nehmen sie selbst, verdammte Irrtümer wie sie sind, für uns als Recht in Anspruch und suchen sie bestens auszunützen. Seid also nur ganz unbesorgt. Betrachtet z. B. die Freiheit der Presse, sie ist in der Encyklika als Irrtum verdammt, aber wir sprechen sie doch gerade für die Encyklika an und für deren Anpreisung und Verteidigung und wir brauchen dieselbe sogar noch ziemlich lange Zeit, für uns wenigstens, um das Volk im Sinne der Encyklika zu bearbeiten, gegen die modernen Staatseinrichtungen aufzuhetzen und es gegen die modernen Ideen mit Vorurteilen zu erfüllen. Macht euch also keine Unruhe und Sorge, als ob durch dieses päpstliche Rundschreiben plötzlich alles umgestürzt und geändert werden sollte."

Doch die Hauptfrage ist, hat der Syllabus bloß akademischen Wert, sind es unmächtige Proteste, Theaterblitze geblieben, mit welchen der vatikanische Jupiter uns schreckte, oder ist der Syllabus wirklich der gefährliche Revolutionszünder, ein Zukunftsstaatsprogramm, so radikal und staatsgefährlich, wie das des radikalen Socialismus? Man hat, wo es nützlich schien, die unfehlbare, kathedrale Geltung der Encyklika und des Syllabus geleugnet. Völlig mit Unrecht. Es sind dogmatische Entscheidungen, welche der Papst giebt, und er selbst sagt ja: „Wir verwerfen, verbieten und verdammen kraft Unserer apostolischen Autorität alle und jede in diesem Schreiben einzeln aufgezählten schlechten Meinungen und Lehren, und Wir wollen und befehlen, daß alle Kinder der katholischen Kirche sie durchaus für verworfen, verboten und verdammt halten." Dazu bemerkt Schrader: „Die eben angeführten Worte bilden den Kern und den Angelpunkt der Encyklika, und der Syllabus ... bildet nicht nur einen integrierenden, sondern wesentlichen Bestandteil und ist vielmehr Zweck und die in bestimmt formulierten Sätzen gegebene Anwendung der in der Encyklika ausgesprochenen allgemeinen Grundsätze, also nicht bloß eine unwesentliche Beilage der Encyklika.

Auf alle diese 80 Sätze und auf jeden einzelnen derselben beziehen sich die oben angeführten Worte; alle die 80 Sätze und jeder einzelne desselben wurden vom Papst verworfen, verboten und verdammt ... Soweit diese Sätze das politische Gebiet berühren, hat der Papst mit denselben eine unverletzbare Linie gezogen auf dem Gebiete natürlicher Disziplinen, weil der Statthalter Christi auf Erden eben keine Trennung der natürlichen von der übernatürlichen Ordnung zugeben kann, keine Trennung der Religion von der Politik, keine Trennung der menschlichen Gesetzgebung von dem Gesetze Gottes."

Auch „nicht als eine bloße Wiederholung früherer Aussprüche, sondern als eine neue feierliche Zusammenfassung und Gesamtverdammung aller der Irrtümer unserer Zeit" sei der Syllabus anzusehen. „Das Verzeichnis der 80 Sätze stellt endlich eben so viele positive Lehrsätze auf, als es irrige Lehrsätze verdammt, da es allgemein bekannte Regel und feste Norm ist, daß mit der Verwerfung eines bestimmt formulierten irrigen Satzes der gerade einfache (kontradiktorische) Gegensatz mit gleicher Autorität als Wahrheit zu halten ist." Daß das Gegenteil der verworfenen Sätze als dogmatische Wahrheit anzunehmen ist, giebt also auch Schrader zu. Er irrt aber darin, daß er nur das vage kontradiktorische Gegenteil als Wahrheit aufgestellt wissen will und er überführt sich selbst in seinen Randglossen zum Syllabus, wo er oft genug das dem Papst vorschwebende konkrete konträre Gegenteil der verworfenen Sätze erklärend beifügt. Beispielsweise will der Papst, wenn er den Protestantismus nicht als eine gleichberechtigte Form des Christentums gelten lassen will, keineswegs sich mit dem kontradiktorischen Gegenteil zufrieden geben und jedem Katholiken freilassen, was irgend er für eine Meinung vom Protestantismus haben will, wenn er nur nicht die verworfene von ihm hegt, sondern er will selbstverständlich als konkretes Gegenteil der verworfenen die alte römische Meinung von den Ketzern, die kanonisch-mittelalterliche, festgehalten wissen.

Die dogmatischen Entscheidungen in Encyklika und Syllabus haben also, wie auch römischerseits oft zugestanden, oft gefordert worden ist, sicherlich kathedrale, unfehlbare Bedeutung. Wichtiger ist aber für uns die Frage, ob nach dem Syllabus in den 27 Jahren, die seit seinem Bestehen verflossen sind, gearbeitet worden ist und mit welchem Erfolg.

Der Syllabus war so sehr das Arbeitsprogramm der römischen Partei, daß man einer Kirchengeschichte der letzten 25 Jahre als Kapitelüberschriften die Sätze des Syllabus geben könnte. Es ist erreicht, was der Syllabus anstrebt, die Proklamierung der Unfehlbarkeit und des Universalepiskopates des Papstes, der kirchliche Verfassungssturz zu Gunsten des Papstes. Es wurde mit Erfolg gearbeitet an der Befestigung bezw. Wiederherstellung der kanonischen Privilegienstellung des Klerus. In Deutschland wenigstens hat man die Militärdienstbefreiung des katholischen Klerus einem lendenlahmen Reichstag abgetrotzt. Man hat die Wiederzulassung von Mönchen und zahllosen Nonnen erreicht, obwohl auch die letzteren direkt und indirekt vor allem Propaganda treiben. Aber auch die Urheber des Syllabus und des Unfehlbarkeitsdogma, die Jesuiten, wollen nicht für immer außerhalb der Grenzen des Landes verbleiben, dessen Rekatholisierung ihr höchstes Ziel ist und bleibt. Welche Mittel in Bewegung gesetzt werden, um sie nach Deutschland zurückzuführen, haben wir um die Jahreswende 1890/91 erfahren.

Wenn der Syllabus ferner die scholastische Philosophie als Norm für jeden katholischen Denker aufgestellt hat, so sind jene selbständigen deutschen Denker,*) welche es noch in den 60er Jahren zu bekämpfen galt, es sind ferner jene französischen Reste alter freier gallikanischer Anschauungen jetzt ganz verschwunden. Seit 1879 ist der König der Scholastiker als Normalphilosoph proklamiert, und bereits haben die Seminarrektoren und katholischen Philosophieprofessoren ihre Manuskripte nach der thomistischen Lehre umzugestalten begonnen. Allein nicht nur die Wissenschaftsgrundlage soll ganz neu gelegt werden. Alle Gebiete des Wissens müssen nach römisch-scholastischen Prinzipien neugestaltet und vom Gedankenleben der Nation abgesondert werden. Die Geschichte muß nach Mannings berüchtigtem Wort durchs Dogma korrigiert werden. Eine katholische klassische Litteratur sucht man wenigstens zu gewinnen. Die Unterhaltungslitteratur wird streng romanisiert. Die Tagespresse vollends wird, soweit sie nicht streng ultramontan ist, bereits im Beichtstuhl und in Hirtenbriefen verfolgt, um der korrekt römischen Presse und Tageslitteratur die Bahn freizuhalten. Daß das Schulwesen nach den Grundsätzen des Syllabus umgestaltet werden soll, versteht sich von selbst. Bereits hat

---

*) Soweit sie sich nicht römischem Terrorismus gebeugt haben, finden wir sie noch im Altkatholizismus, dessen Zukunftsbedeutung durch den infernalischen Haß, mit dem er von den Ultramontanen verfolgt wird, am deutlichsten dokumentiert wird.

man es erreicht, daß die Lehranstalten für den Klerus von den Knaben=Alumnaten und =Internaten an so gut wie ganz der staatlichen Einwirkung entzogen sind. Und hat man auch in Deutschland noch nicht, wie in der Schweiz, in Belgien und Nordamerika „freie" d. h. ultramontane Privatuniversi= täten zu stande gebracht, so hält man das Ziel um so fester im Auge. Um das Volksschulwesen aber soll nach den An= kündigungen Dr. Windthorsts und der „Germania" ein zweiter Kulturkampf entbrennen, ärger denn der erste.

Niemand hat ferner mit größerem Erfolg daran ge= arbeitet, die im Jahr 1848 gewonnene Vereinsfreiheit aus= zunützen, als die römische Partei. Und diese zahllosen Vereine, sie haben vor allem dazu dienen müssen, die römische Bevölkerung gegen alle nicht römischen Einflüsse hermetisch abzuschließen, die Kluft zwischen den Konfessionen, die sich von der Mitte des vorigen Jahrhunderts an zu schließen begonnen hatte, wieder weit und klaffend aufzureißen und für die verhängnisvolle politische Thätigkeit der Syllabus=Partei den Boden zu bereiten. Von dieser politischen Thätigkeit des Vatikan und seiner Anhänger bekommen wir täglich Proben, sei es, daß der Papst das mittelalterliche Schieds= richteramt und Oberregiment über Fürsten und Staaten ver= langt, das der Syllabus ihm zuschreibt, oder daß er gegen Italien und die ihm verbündeten Staaten intriguiert, oder kreuzzugartige Volkskundgebungen für den Kirchenstaat hervor= ruft. Von der Rolle, welche Dank der Miserabilität unserer Parteiverhältnisse das Centrum in Deutschland spielt, schweigen wir am besten.

Endlich aber, wann hätte ein evangelisches Kirchenregi= ment gegen Rom die Sprache geführt, welche der Papst sich im Syllabus gegen die Protestanten gestattet! Auch das hat schauerliche Früchte getragen. Wir wollen nur beiläufig an jenes eigenartige Zusammentreffen kurz nach der Prokla= mation des Syllabus erinnern: zur selben Zeit, als man in Rom zwei der schlimmsten Ketzerverbrenner, den Peter Arbues und Josaphat Kuncewicz heilig sprach, begannen in Italien jene Krawalle gegen die Protestanten, deren schlimmster das Blutbad von Barletta nach den gerichtlichen Erhebungen von Priestern und Mönchen angestiftet worden ist. Allein abgesehen von solchen Explosionen des vom Papst und dem Klerus systematisch gepflanzten Ketzerhasses, wie hat sich seit der Proklamierung des Syllabus auch in Deutschland der Ketzerhaß und die Sucht, Propaganda zu machen, gesteigert! Welche Verschlimmerung der Mischehepraxis, der Taufenbehandlung, welch niedrige Verunglimpfung der Reformation und alles dessen, was dem Protestanten heilig ist! Welche Gehässigkeit, wenn in den Mischehen nicht nur die Kinder alle katholisch getauft werden müssen, sondern auch der katholische Teil versprechen soll, den evangelischen zum katholischen Glauben herüber zu ziehen, d. h. das Vertrauensverhältnis der Ehe durch zudringliche Propagandabestrebungen zu vergiften! Welche Roheit liegt in den Versuchen, auf evangelische Beerdigungen das alte kanonische Ketzerrecht wieder anzuwenden, d. h. Protestanten sang- und klanglos im Verbrecherwinkel einzuscharren oder aber die Leichenbegängnisse durch die bekannten Friedhofsskandale zu stören, während man für katholische Beerdigungen in protestantischer Umgebung das selbstverständliche Gastrecht in Anspruch nimmt. Welche konfessionelle Gehässigkeit, wenn deutsche Bischöfe jetzt bereits ihren Diözesanen jede Teilnahme an einem protestantischen Gottesdienst verbieten und so die interkonfessionellen Freundschaftsbande vollends zerreißen! Welch cynische Roheit, wenn ein ultramontanes Blatt den Katholiken den Rat erteilt, sie könnten ja ihre protestantischen Freunde ans Grab begleiten, ihnen alle Ehre erweisen und nur — beim Beginn des protestantischen Weiheaktes sich entfernen! Wir wissen sehr gut, daß alle diese neu wieder eingeführten Vorschriften ganz dem alten kanonischen Ketzerrecht entsprechen. Dieses Ketzerrecht verlangt ja noch ganz anderes. Aber gerade darin liegt das unendlich Traurige unserer Situation, daß man auf diese längst vergangenen, längst außer Uebung gesetzten Maßnahmen, im Geiste des Syllabus, vor allem seines 80. Satzes zurückgreift, und trotzdem den Mut hat, sich als die verfolgte Unschuld, als den Friedensfreund hinzustellen und die Schuld an der konfessionellen Verhetzung auf die gegen solche neu aufkommende Intoleranz sich nachgerade zur Wehre setzenden Protestanten zu schieben. Ueberblickt man alle diese Verhältnisse, so wird man gestehen müssen: es ist alles geschehen, um mit den Grundsätzen des Syllabus überall vollen Ernst zu machen; und, wer den Syllabus nicht kennt, kennt auch nicht den modernen Katholizismus.

Ueber die Frage endlich, wer die Schuld am Kulturkampf in Deutschland trägt, wird nur der, der den Syllabus und die Encyklika mit Aufmerksamkeit gelesen hat, richtig zu urteilen im stande sein. Es unterliegt ja keinem Zweifel, daß es ein im höchsten Grad provokatorisches Vorgehen der deutschen Ultramontanen war, wenn zwei deutsche Bischöfe, Ketteler und Ledochowsky, noch während des Krieges ins Feldlager vor Paris kamen, der eine mit dem Ansinnen, Deutschland solle für die Kirchenstaatswiedergewinnung eintreten, der andere mit dem Verlangen, es sollten jene verhängnisvollen preußischen Verfassungsparagraphen von der „Selbständigkeit" der Kirchen in die Verfassung des deutschen Reiches aufgenommen werden, wenn ferner noch während des Krieges die katholische Partei bei den Wahlen mobil machte und sofort sich jene zwei spezifisch römische Forderungen aneignete. Es unterliegt keinem Zweifel, sagen wir, daß römische Provokationen zum Kulturkampf geführt haben.

Wie unwahr aber jene Legende von der Unschuld der Ultramontanen, von der diokletianischen Verfolgung der Kirche" sei, das wird uns erst recht deutlich, wenn wir die innerdeutschen Verhältnisse in den allgemeinen Zusammenhang der kirchlichen Gegenwart hineinstellen. War es denn ein so friedliebender, harmlos seinen innerkirchlichen Aufgaben lebender Katholizismus, gegen den anfangs der 70er Jahre der preußisch-deutsche Staat seine Maigesetze erlassen hat?! Hat nicht dieser Katholizismus kurz zuvor seinerseits Kampfgesetze erlassen, von einer Tragweite, von einer Staatsgefährlichkeit, wie man sie seit Jahrhunderten in dieser Schroffheit kaum erlebt hat?! Oder will man, nachdem man den Syllabus gelesen, etwa behaupten, diese Gesetze gehen dem deutschen Staate nichts an?! Oder er hätte sollen jeden Versuch, diesen Syllabus-Katholizismus in die Schranken der deutschen Reichsgesetzesordnung zu bannen, unterlassen! War es ferner ein friedliebender Katholizismus, der eben erst die Unfehlbarkeit und den Universalepiskopat des Papstes, d. h. seine und jedes künftigen Papstes absolute kirchliche Diktatur und die unfehlbare Geltung **aller früheren** Kathedralentscheidungen der Päpste dekretiert, nebenbei auch wieder einmal die „abgefallenen Ketzer", die Protestanten, eingeladen, d. h. vor den Richterstuhl des Konzils citiert hatte?

Mag die moderne blasierte Welt des Kulturkampfes müde werden. Mag sie, nach dem Erfolg urteilend, den Kulturkampf verurteilen. Die Urheber des Kampfprogrammes der 80 Syllabussätze werden des Kampfes nicht so bald müde werden. Mögen sie alle sich feig und schmachvoll vom Kulturkampf lossagen und die Hände in Unschuld waschen. Es war ein Ruhmestitel des deutsches Reiches, daß es den ihm aufoktroyierten Kampf gegen die Prinzipien des Syllabus aufgenommen hat. Es wird nicht der letzte Kampf sein. Mögen die, welche von Bündnissen mit der römischen Kirche, vom ewigen kirchenpolitischen Frieden träumen, den Syllabus lesen, um sich den Star stechen zu lassen. Auch Kompromisse, zeitweilige Friedensschlüsse, zu gegebenen Zwecken mit Rom geschlossene politische Bündnisse werden, an sich immer bedenklich und gefahrvoll, dann allein ohne Schaden abgeschlossen werden können, wenn man der wahren Natur Roms eingedenk bleiben wird. Die wahre Natur Roms aber lernt der, welcher nicht das kanonische Rechtsbuch oder die römischen Bullarien zur Hand nehmen kann, wohl am besten kennen aus der Encyklika und dem Syllabus Pius' IX.

Buchdruckerei Richard Hahn, Leipzig.